転生する文明

Métamorphose
des
civilisations

服部英二

藤原書店

転生する文明

目次

転生する文明

装丁　芥陽子

はじめに——文明は旅をする

「心は常に旅する」、今は亡き加藤九祚《きゅうぞう》さんが残したこの言葉が胸を去来する。齢九十を過ぎても中央アジアの文明交流圏アムダリア周辺の発掘調査を続け、ついにウズベキスタン、テルメズで斃れた真の学者だ。三〇年前、私が発意した「シルクロード・対話の道総合調査」計画では、準備段階から国際諮問委員会の一員になっていただいた。

何かを求めて果てしない旅を、いやむしろ彷徨を続けた私の一生にも、時として立ち現われた、きらめくような瞬間があった。あれは出会いと呼ばれるものだったのか？　恩寵にも似た時、それは確かにあった。それは絶えず「人と倶にある時」に現われた。また「自然と呼吸しあう時」に姿を現すのだった。ある時は砂漠の中で語る人であり、聳える山々を背景とした遺跡であり、風にさざめく木々であり、きらめく泉であり、またある時はうっすらとした暁であり、夕日を映す海であった。

この書は私が、過去数十年間、幸いにも一〇〇以上の国や地域を訪ねる機会に恵まれ、そこに住む人たち、そこで働く人々に出会い、人類文明が残した文物の数々に肌で触れていくうち、おのずから胸中に浮かんできた「文明の道」ともいえるものの姿を書きとどめたものである。すでに学術誌に発表したものにもすべて手を入れることにした。

地球上の各地で私は異なる文化を生きる人々と語り、その風土の中で建造物の位置と形とモチーフを見た。すると、私の胸中には文明の姿が徐々に姿を現して来るのだった。文明は生きている。それはおよそすべての生命体に似ている。静止した時空はなく、絶えず脈打っている。その姿を見つめる時、そこには「文明の〈生体〉史観」ともいうべきものが浮かんでくる。

実は、高校時代から私が胸中に抱いていた疑問があった。宗教は、特に世界宗教と言われるものは、何故その創立者の生誕地に留まらなかったのか、という問いだ。仏教はもはや釈迦の生誕地に存在しない。それはシナ大陸に渡ったころインドで消滅する。更に日本に伝わり、独自の完成を見たころ大陸でも消滅する。キリスト教もイスラエルでは消滅、西欧に渡って栄えるが、それが弱体化したころ、更にアメリカ大陸に渡る。まるで荷物リレーではないか？　その荷物はしかし、何か大切なもののように、次の渡し先が見つからない限り、そこに留まる。その先には大洋しかなかった日本列島は、受け取ったすべての荷物を抱え込み、大切に保存する運命を背負った国なのかもしれない。

文明は生き物のように移動する。そして他の文明と出会い、子を孕む。そこに生まれた新しい文明は一定期間、一定の地に美しい花を咲かせる。そしてまた旅を始める。その先に新しい出会いを予感しているかのように。文明の旅路は変貌と転生《てんしょう》の旅路なのだ。すでに消え去ったかに見えても、転生してどこかで生きている。それを知ろうとする時、我々もまた「旅する人Homo Viator」となる。

この書で私は、自分が出会った数々の文明の移行と転生の姿をなるべく忠実に書き止めたつもりである。従来の通説に反するものも多いかもしれない。そんなことをいうお前はこういう先生の本を読んだのか？という批判が寄せられそうである。もちろん必要な資料には当たらねばならない。私はパリを住居としていたので、読んだのはほとんど仏文と英文の資料であった。しかしそれよりも、私にとって心の支えとなったものがある。それは、

「自分の足で歩き、自分の頭で考えよ」

という京大人文科学研究所の格言であった。中でも親しく接した桑原武夫・梅棹忠夫のお二人から私はそのことを学んだ。

横のものを縦にするのがアカデミズムと言われた時代がこの国にはあった。それに対し反旗を翻したのがこの研究所だった。時にジャーナリズムだと批判されようと、彼らはひるまなかった。あくなきフィールドワーク優先の姿勢がこの研究所にはあった。「百聞は一見に如かず」というが、真実を知るにはその地に身を置かねばわからぬものがあるのだ。私が「現場に神宿る」とはこのことかと思ったことは数知れない。まず風土。文明はその風土と切り離せない。大学では哲学科に身を置いていた私が、ユネスコという国際機関に勤務するうちに、徐々に文明論に傾いていったのは、従来の哲学書には、そこで扱う哲学者が生きたはずの風土の記述が無く、そのためその思想が空に浮いていると実感されたからだ。風土が生みだすのが一つの文明なのだ。もちろん古文書また碑文

は一つの大きな手がかりではある。しかし、たとえ文書が無くても石は本のように語る、と私は知った。その形状、モチーフ、そして位置が重要なのだ。

時には歴史的に明かされた道のほかに、文明を結んだ「地下の水脈」すなわち目に見えない道があることに気づくことがある。大量の民族移動を伴わない「情報の伝達」もまた文明の変貌を可能にする、と私は何度か痛感した。具体的な私自身の発見といっていいものは本書の各章に任せて、ここでは私が感動で身震いした体験を一つだけ挙げておきたい。

八世紀から九世紀にかけて中央ジャワに花咲いた文明があった。大乗仏教に帰依したシャイレンドラ王朝はボロブドゥールという素晴らしい建造物を残した。ジャワではチャンディと呼ばれているが、それは頂上に大塔を置いた巨大な立体マンダラであり、ストゥーパであり、寺院でもある。しかしこのようなピラミッド型の大寺院を建立するには近くに王朝の首都があったはずなのに、それが見当たらないのだ。それは九世紀末に起こったムラピ火山の大噴火によって埋没し、今は眼下に広がる樹海の中に眠っているのだろうか？　しかしそれらしい出土品は未だにない。首都の候補地として一番近い都市はジョグジャカルタであるが、それは四〇キロも離れている。もう一つの可能性、プランバナンの寺院群も同じように遠い。ボロブドゥールが何故この遠隔の地に建てられたのかは謎であった。

ところが一九八三年二月二十五日のことである。その二日前ボロブドゥールで行われた、ユネスコによる復旧工事の完成式典を終えた私は、ジョグジャカルタのホテルを朝の三時半に出発、午前四時半、まだ真っ暗なボロブドゥールの東階段を登ったのだった。その時の情景を私はこのように書きとどめている。

「午前五時、ボロブドゥールに登れば、眼下に広がる椰子の樹海は寂として白いもやの中に眠り、遥か東の方には、ようやく朱みを増した曙光に美しいコーン形のシルエットを浮かび上がらせたムラピ山が、その頂から一条の噴煙を静かにたちのぼらせているのでした。ただ聞こえてくるのは平野のあちこちから暁を告げる鶏の声、石塔の数々はまだ冷ややかな夜の気配にしっとりと影のように立ち並び、その中で天蓋のない一体の石仏が、お顔を母なる火山に向けて端座しておりました。そこからさし来たるほのかな光にもその瞑想をみだされることなく……」

（『文明の交差路で考える』）

まさにその時だった。何故ボロブドゥールがこの地に建てられたかを忽然として私が悟ったのは。ボロブドゥールはマハ・ヴァイローチャナすなわち大日如来の聖地、そしてジャワの聖山の筆頭ムラピ火山の真後ろから太陽が昇るのを見られるのがこの丘なのだ。聖なる山からさし来る暁光、すなわち大日の光はまっすぐにこのボロブドゥールの丘を照らしだす。これこそが、何故この地に、の答えなのだ。首都からどれほど遠くてもそれは二次的な問題でしかなかった。聖なる山から昇った大日が最初に照らす丘、だからこそこの地が選ばれたのだ。——私は身震いした。ひっそりとした石塔の下に一人座し、ムラピ山からの紅色の暁光に顔面を染めた私の体を、電気に打たれたような感動が突き抜けていった。

いま振り返ると、このような聖なる朝の情景は古代エジプトの創世神話にもあった。ピラミッドテキストによると、原初の水ヌンの上を、自生した原初の陽光アトゥムが走り、原初の丘を照らしだす。その丘に建つのがベンベンという石で、ピラミッドの原型なのだ。だからそれは金色に輝く。ピラミッドのキャップストーンとオベリスクの先端はそれを今に伝えている。

このように建造物の建てられた位置の持つ意味に気づいた思い出は他にもある。まだパリ大学（ソルボンヌ）の学生だった頃にもそれはあった。パリの学生たちと春のギリシャを訪れた時だ。聖地デルフォイのアポロンの神殿は何故あの丘に建てられたのか？　麓の村を未だ暗いうちに出発し、花々の咲き乱れる払暁の小道を登りつめ、アポロンの神殿に立った時、私は知った。この地では、オリーヴの樹で埋め尽くされた谷間から昇る太陽はまっすぐに、まずアポロンの神殿を照らし出す。この神殿の位置はまさしくそれゆえに選ばれたのだ、と。

日本を見てみよう。日本の象徴は富士山と伊勢神宮であろう。真白い雪を頂く富士は美しい。そしてこの国土の朝ぼらけ、遥か東方の海から昇る太陽の光が最初に照らし出すのがまさしく富士の頂なのだ。周知のように国連機関では議論に宗教を持ち込むことを避けるのが通例である。しかしユネスコの世界遺産委員会は富士をまさしく「聖地 Sacred Place」として認めたのだった。「信仰の対象、芸術の源泉」、そこにはまた清らかな水による「大いなる生命の循環」の思想が秘められている。日本人のこころの深層に宿るこの思想を、式年遷宮により二〇年ごとに再生する伊勢神宮と共に、愛されるこの山は表しているのである。

文明は転生する。富士が孤高を保ちながら、あくまでも地球上のこの世界の中にあるごとく、日本文明もまた孤立したものではなく、世界の諸文明と通底し、呼吸しあい、その転生を生きているのだ。時には地下の水脈となり、時として姿を現す「対話の道」によって世界と結ばれているのだということを、この書を読んで下さる方が、すこしでも感じ取っていただければ幸いである。

(なお、この書は諸文明の物語として書いたので、読みやすいよう、注や参考文献は省いた。それでも必要な注は本文中にかっこ付きで入れることにした。また、人名地名のカタカナ表記は現地の人の発音によるものである。)

第1章　失われた時を求めて

文明は生き物のように移動する。そして「出会いによって子を孕む」。そこに新しい文明が生まれ、一定期間花を咲かせる。そしてまた移動を始める。

このことに気がつけば、世界の諸文明は、一見異質に見えるものも、そこに断絶はなく、実はすべて結ばれていることを知る。それはまさしく、この水の惑星上に四〇億年前に現われた「生命」が、進化すなわち多様化を繰り広げ、一見分散していくように見えながら、実は呼吸し合い、すべてがすべてと繋がっている、その実相を映しだしているかのようだ。

文明においては、私はこの現象を「通底 transversal」と呼びたい。そしてその通底においては二つの方向がある。すなわち人間の魂の深みにおける出会い「収斂 conversion」と、情報の空間的な横への「伝達 diffusion」だ。この二つの原理に基づき文明は旅をする。消え去ったかに見えるものも、実は生きている。文明は転生し、変貌して生きつづけるのだ。

このことにうすうす気づいたのは私が二十代の後半、パリ大学留学のため、ヴェトナム号というフランス郵船の船に乗って、神戸からマルセイユまでの三三日間の船旅をした時であった。香港・サイゴン・シンガポール・コロンボ・ボンベイ・ジブチ・スエズという七つの寄港地で上陸することが出来た。東から西へ、私が出会った文明は徐々に「虹のように」姿を変えていくのであった。しかし学生だった私には、それはまだ漠然とした思いで、文明の出会いの具体的な姿が浮かんでくるのは、その後ユネスコ本部に勤務することになって、自ら手掛けた「Save our common heritage キャンペーン」「世界遺産」そして「シルクロード・対話の道総合調査」のおかげである。

「シルクロード・海の道調査」のため、国王の親衛艦を提供してくれたオマーン王国の大使で私の親友ともなったムーサ・ビン・ジャファールのオフィスには、一緒にこのことを考えようと訪問者をいざなうかのように、二つの言葉が掲げてあったことを思い出す。

「東は東、西は西、この両者相まみえることなからん」というキプリングの言葉、その隣は「文明の同質性は差異性より重い」というトインビーの言葉である。

一九八八年、この年からユネスコの正規事業となった「シルクロード・対話の道総合調査」の発足を告げる記者会見で、私はこのように語った。

「我々は〈失われた時を求めて〉出帆する。その時とは、各民族がなべて他民族の文化を尊重していた時、すなわち互敬の精神が存在していた時のことだ。」

このプルーストの言葉をAFP通信はこのプロジェクトの見出しとして打電した。しかし私がこの言葉を引いたのは、シルクロード計画に先立ち、文化財の国際救済キャンペーンの一環として、ボロブドゥール、モヘンジョダロあるいはスリランカの文化の三角地帯といった数々の人類の共通遺産であるモニュメントを取り上げ、その復旧工事の現場に世界の主要新聞の文化デスクと専門家を招いてセミナーを開催していくうちに、自分の胸に湧き出てきた感慨だったからである。いまは昔、確かに、あらゆる民族が他民族に敬意をもって接していた時代があった。「互敬が互恵」だと知っていた時代があったのだ。それがいつしか人類史では失われていく。

一　砂漠上空で生まれた計画

シルクロード国際調査計画は、世界に「海のシルクロード」という新しい考え方を導入するものとなったのだが、実はそのアイデアは空で生まれたのだった。

一九八五年のことである。平壌で開いたユネスコ展（まだ建国の父キム・イルソンの時代だった。常に北京と同様の活動がしたい北朝鮮のユネスコ国内委員会は前年、北京から私を半ば拉致してまで、このユネスコ展の人民大学習堂での開催を要望したのだった）を終えて北京に帰る中国航空の機上から、私は縹《ひょう》渺《びょう》たる砂漠の大地を見下ろしていた。なぜか北方の荒涼たる大地の上を迂回して飛ぶこの小型機が、万里の長城の上空あたりに差し掛かったとき、私はふとこう思ったのだ。

「二〇〇〇年前、この果てしない不毛の大地を辿った人々がいた。いのちを脅かす砂嵐や盗賊にもめげず、何かを求めて……。彼らが歩んだ道、これが東西の文化を結んだ。その旅が無かったら今の世界文明も無かったはずだ。何も見えないこの果てしない砂漠の中に道が隠れている。シルクロードだ。それは文明間の対話の道だった。」

隣にいたポルトガル出身の同僚マリオ・ルイボはその考えにすぐに反応した。

「ポルトガルも海の道で東洋と出会った。その出会いが無かったら、近代のテイクオフはなかった。日本と僕の国は海で結ばれている。」

「西欧では海の道をスパイス・ルートと言っているが、日本では海の道もシルクロードだという見方が広がっている。大体リヒトホーフェンが言い出したザイデンシュトラッセン（絹の道）という名は、絹を交易の象徴にしたに過ぎない。多くの物品と共に思想が運ばれたことが重要だ。その点、海の道は陸の道と同じ働きをしている。」

「そうだ。海の道もシルクロードだ！」

「一九〇〇年ころから、スヴェン・ヘディン、オーレル・スタイン、ポール・ペリオといった人たちが、敦煌を目指して探検隊を出したね。しかし、彼らは現地の人々と対話していない。まるでモノ扱いだ。だからマリオ、ユネスコの名で国際調査をやろう。現地で育った研究者との対話を盛り込んで。」

「それは素晴らしい。それこそがユネスコの使命だ。対話の道の解明だ！」

それは砂漠の上を飛ぶ機中で生まれたアイデアだった。ところが何と、これが瞬く間に広がり、各地で自発的な準備会議が開かれることになる。ロンドンで翌年、私を生放送に引っ張り出したＢＢＣは、この計画を“Air-born project”と紹介した（実はこれは私にとって恐怖の時間だった。ヒュウ・サイクという名だたる早口のキャスターがニュース放送を始めている部屋に、事前の打ち合わせもなく、放り込まれたのだった）。

この、砂漠を眼下にした機中の会話を、私は一生忘れないだろう。「見えない道が異なる文化を結んでいた。そこに〈対話〉があった。独自の文化とされるものも、実は出会いによって開花したものだ。文明は出会いが無かったら生まれなかった。」

私たちがこの計画を立案したとき「シルクロード総合調査」ではなく「シルクロード・対話の道総合調査」としたのはそのためである。

“Roads of Dialogue”というこの考え方を、私は一九八五年秋、仏英二カ国語で書き上げた原案の冒頭に掲げた。「シルクロードは、優れて〈文明間の対話〉の道であった」と。この言葉は、当時の自分では思いもよらなかったのだが、のちに二〇〇一年の国連による「文明間の対話国際年」となる。しかし、この空中夢にも似たプロジェクトがやがて三〇カ国以上の政府、二〇〇〇人以上の研究者を引き付けることになったのは、この「文明間の対話」という一語の力であった、と今にして思う。マリオに言わせれば、その時何か「磁気のようなもの」が空気中に漂っていたのだった。

まだ何も公式には発表していないのに、突然この計画の先導をしたいと英国人から電話がかかってくる。ロンドン大学SOAS（東洋アフリカ研究学院）で発表してほしいと呼ばれる。シンドバッドの航海を再現した青年冒険家ティム・セヴリンはパリまで会いに来る。エルミタージュやギメ美術館の専門家が参集する。『ガーディアン』紙はたった三〇分の私へのインタビューで一ページを使い「マルコ・ポーロ、シルクロードの最後の旅人」という見出しの記事を出す。日本からはシルクロードの写真家並河萬里氏、朝日新聞・テレビ朝日その他からこぞって協力の申し出を受けた。そして何よりも海の道の総合調査を可能にしたのは、オマーンからのカブース国王の親衛艦、「フルク・アル・サラマ（平和の方舟）」の提供であった。民族間の対話を切望する空気がそこには漲っていた。時あたかもイラクのクウェート侵攻が湾岸戦争に発展し、モロッコのマーディ・エルマンジャラがそれを「第一次文明戦争」と喝破した、その前夜のことである。

対話の道を探ろうと各国が動いたその時と比べ、昨今の世界はどうか、を想わずにはいられない。英国のEU脱退Brexit、ユネスコ脱退を初めパリ条約等のほぼすべての国際条約から退出するトランプ大統領のアメリカ一国主義、プーチンという強力な指導者のもとソ連的性格を取り戻しつつあるロシア、それに加えかつてのように世界の中華たる自信を取り戻した中国の習近平一強体制、数々のテロ行為が世界の非難の的となりながら、イデオロギーとして密かに自発的IS義勇兵を増やし続けるイスラーム過激派、こうした多極構造の底にあるのは排他主義であり、ひと頃は未来社会とみられたグローバリズムという名の市場原理主義は、地上に福をもたらすものではなく、実は排除を助長するものになり下がった。世界は再び分断の時代に入った。外交はもはや「対話dialogue」ではなく「取引deal」となった。

習近平一強の主導する「一帯一路」は、果たしてかつての「対話の道」を取り返す試みなのか？　そうではない気がする。AIIB（アジアインフラ投資銀行）と直結するこの新しいシルクロード経済構想には、覇権主義の匂いが漂っている。文化間の互敬というシルクロードのこころが感じられない。

（私はここで、あの空中夢の二人を北京空港に出迎えに来ていた中国高官が、我々の構想を聞くと即座に賛成したのに、本当はシルクロードという言葉が未だピンとこない様子だったことを思い出す。この国が騒ぎ出したのは、その後私が英仏二カ国語で書いた原案に「シルクロードの旅人の目的地は長安であった、その西門は大きく西方に開かれていた」という言葉を見つけてからだった。またユネスコの正規事業となったシルクロード調査計画が陸の道のネットワークに加え海の道をシルクロードの一つと位置付けたことが、今の中国の「一帯一路」の語とぴったり一致している。しかしその実態はパクス・ロマーナに代わるパクス・シニカ構想といってよい気がする。そこには近代文明の盟主たるヨーロッパをも傘下に収めんとする野望が感じられる。)

二　対話とは何か?

では「対話 Dialogue」とは何か? それは「交渉 Negotiation」ではない。交渉ではゼロサムゲームが前提され、譲歩という語がキーワードとなるが、対話はそれとは異なり、それによって〈自分も変わる〉のだ。真の対話はそのことを知るもののみに可能となる。それは学びである。相手も自分も共に向上する、それが対話なのだ。人類史を見ると文明の進歩とはまさしく対話によるものであった。民族移動や紛争の中にも対話はあった。文明は絶えず出会い、その出会いが豊かな新しい文明を生んで行く。転生と変貌である。

二〇〇五年、ユネスコ本部で開催したシンポジウム「文化の多様性と通底の価値」のファイナル・コミュニケには対話に関する文言がある。「……対話の力をこのように再認識すべきであろう。それは旅であり、対決であり、試練であり、変貌である。強調すべきは、対話の持つ改善力である。

それは自らの文化から外へ向かい、自らを開放し、通底する世界に身を投じることを可能にする。ゆえに〈文明間の対話〉から、〈対話の文明〉へと進むことが求められている。」

一九九一年一月十六日のことだった。シルクロードが対話の道となり一千年以上続いた要因は次の三点にある、と私は語った。

それは南シナ海を行く我々の船「フルク・アル・サラマ」の船上であった。なぜその日を選んだのか？　実は一月六日、国連旗を掲げた我々の「平和の方舟」はマラッカ海峡で、湾岸戦争に向かうアメリカ艦隊一九隻と至近距離ですれ違ったのだ。それは妖しくも美しい衝撃の光景だった。その時、英国ロイヤルネイビーの士官でもあるウッド艦長と航海士の即座の計算で、私は湾岸戦争の開戦は十六日だと予測したのだ。だからまさにその日に、私自身、この航海の責任者であるユネスコ代表として特別講演を行う、そのタイトルは「シルクロードと平和 Silk roads and Peace」となる、と告げたのだった。

その日、南シナ海の荒波に揺られながら、私が、シルクロード交易に携わったものが共有していた「シルクロードのこころ」ともいうべきものがあった、として挙げたのは次の三点である。

（1）善きものを求めて旅をした。売りに行ったのではなかった。
（2）分かち合いを知っていた。独占ではなかった。
（3）国際的行為であった。一国主義ではなかった。

第一点は、絹を求めて長安まで砂漠を旅したペルシャの隊商、仏教の原典を求めて天竺に旅した中国の求法僧、香料を求めてインドネシアまで赴いたアラビアのダウ船に見られる。現在の商人のように売りに行くのではなかった。

第二点は朝貢貿易という特殊な形の互恵関係はもちろん、シルクロードを旅するもののために通過点の領主が設営したキャラバンサライにも見られる。そこでは原則三日間、無料で水や食べ物がふるまわれた（この伝統は今でもトワレグ族に見られる）。そのようなホスピタリティがのちにマルコ・ポーロやイヴン・バトゥータの旅行を可能にしたのだ。では領主達がそうしたのはなぜか？　それらの首長にはキャラバン隊がもたらす情報の大切さがわかっていたからだ。つまり売るもの買うもの通すもののすべてが、それぞれ何らかの益を受ける「三方良し」の仕組みがあったのだ。また海の道では、インド洋はアラビアのダウ船、南シナ海はジャンク、というように自分たちの知った海を受け持つのが通例であった。そのため各地の港で積み替えが行われ、港湾税が払われる。だから商品の値はひどく上がるが、その代わり各地の住民が潤った。

第三点はキャラバン隊の構成に見られる。キャラバンとは山賊からの集団防衛の形であり、同じ方面に旅をする色々な民族を受け入れて出発した（この伝統は今も北アフリカやアジアの相乗りバスやグラン・タクシーに見られる）。海の道でも、数々の沈没船の積荷が語るように、貿易船もまた多民族の相乗りであった。

この三点が成り立ったということには、すべての民族が他者を認め敬意を払っていた、ということがあったのだ。ところがこの三点の真逆の行為が、十六世紀以降、西欧列強がこぞって立ち上げた東インド会社に見られる、と私は言った。特に第二点「分かち合い」という基本的姿勢が姿を消している。そして第三点の国際行為だが、その頃頭をもたげてきた民族国家という概念が多民族の相乗りを消し去った。それらの貿易船はすでに大砲を備えた軍艦であった。同じヨーロッパ人でも他国の船と戦い、自国民だけを乗員とする自国の船で全行程を往復し、多民族が分かち合っていた利益を独り占めしようとした、それは独占と排他の思想だ。悲しいことにこれが近代的経済活動の基礎となったばかりか、戦争の世紀を準備することとなった。他者に学ぶのではなく、自分の価値観を押し付ける。いま世界は再びこの過ちを繰り返そうとしていないか、考えるべき時だ。

これが南シナ海の荒海に揺られながらの私の講演の中核をなす考察だった（英語で約一時間のこの講演の日本語版は拙著『文明の交差路で考える』に収録されている）。

三　道を歩く

フランシスコ教皇は、二〇一五年の回勅「ラウダート・シ」において、人は道を歩かねばならぬ、と説いた。歩くことにより出会いが生まれる。出会いが人間を創る、と教皇は指摘する。それが真を求める人の本来の姿だ、との教皇の言葉は私の信念と一致する。私の生涯で、人様に助けられたことは多くても、自分で誇れるものはほとんどないが、地球を何回も歩き、出会いを求めたことだけは挙げてもいいかと思う。私は特定のミッションである国に行くときも、その後自費で数日そこに残り、必ず博物館を訪れ、遺跡に立ち、現地の研究者そして現地の住民と話した。いわんやユネスコの指定する文化遺産となると、世界から専門家とメディアの文化デスクを集め、現地でセミナーを開くのを常とした。そのセミナーは室内での議論からではなく、まず現場を見ることから始めた。文明の理解に重要なことは必ず現場に立つことだ。「現場に神宿る」のである。「はじめに」で挙げた、ボロブドゥールは何故あの場所に建てられたのか、の答えの発見はその一例に過ぎない。

第2章　カラの思想
——天は黒い・北方シルクロードの宇宙観

我々の船「フルク・アル・サラマ」は南インドのマドラスを出港し、波静かなインド洋を東に進んでいた。私がデッキからその青い海を眺めていた時、その区間、海のシルクロード調査学術隊の団長を務めていたプーラット・オトカン教授が話しかけてきた。日本語もできるアンカラ大学の東洋学者だ。

「ハットリさん、黒海とか紅海とか、何故そう呼ばれるのか知っていますか？　両方とも青い海でしょう？」

「そう言えば、私が通った時も紅海は深い青でした。何故でしょう？」

「トルコでは地中海のことをホワイト・シーと呼びます。黒は北、紅は南、白が西で、西の海という意味です。トルコ語のカラ・デニスすなわちブラック・シーは北の海、レッド・シーは南の海ということです。東には海がありませんが、あったとしたらそれはブルー・シーです。」

「それは面白い。日本でも奈良朝以前の飛鳥時代、七世紀頃の高松塚古墳やキトラ古墳の壁画では方位が色分けされていました。四神と言いますが、北に玄武、東に青龍、南に朱雀、西に白虎が描かれています。これは大陸では少なくとも漢時代にはすでにあったと思いますが、朝鮮半島を経て大和に入ったものでしょう。」

「その玄武ですが、玄は玄人《くろうと》というように黒でしょう。つまりカラです。このカラが重要な言葉で、黒であると共に天、そして元、宇宙の根源なのです。天は黒いのです。」

それは目からうろこの会話だった。Kara (Khara) という言葉が黒を意味するとは前から知っていた。

しかしその黒が只の黒ではないと知ったのはその時である。それは天であり、宇宙の根源だったのだ。

私の脳裏にはそのとき、スタインが描いたタクラマカン砂漠の情景が浮かんだ。「猛然たる風を伴った黄砂が天を覆う。ひとたびそれが来れば真昼でも夜のように暗い。馬のたてがみは狂女の髪のごとくなびき、隊商は砂塵のなかに消えてゆく……」。タクラマカンとは土地の言葉で「一度入ったら戻れない」の意味だ（私がこれを、ユネスコの内部資料で、Desert of no return と訳したところ、三カ月後、ある航空会社の英文雑誌にこれが盗用されていたのを見ておどろいた）。

実はこれはのちのことだが、私自身、一度タクラマカン砂漠の入り口で黄砂の誕生に出会ったことがある。真っ白な積乱雲の中に黄色の妖しい雲がまるで原爆のきのこ雲さながらもくもくと湧き上がり、あれよあれよという間に空を覆うと、あたりは急に真っ暗になった。と、人々が慌てふためき逃げ惑うなか、一挙に猛然たる風が砂塵と共に吹き寄せてきたのだ。我々は車の中でただ息をひそめ、ひたすらそれが収まるのを待つほかはなかった。

黒い天、それはあのヨーロッパアルプスの、あまりにも澄明な青のため空が黒ずみ、真昼の星が見える空のことではない。それは恐ろしい空なのだ。だからこそそこには多くの呪術が生まれ、巫女が生まれ、天に祈り、天の意思を知ろうとした。天が下したものが天子である。だからその治世が天命すなわち天の意思にそぐわないものになると、天子は替わらねばならない。それを「革命」という。

私はここで秦の始皇帝のことを考える。中国では遠く堯舜の時代から「封禅《ほうぜん》の儀」というものが行われていたとされる。秦の始皇帝は初めて中国を統一した皇帝である。だが彼は「焚書坑儒《ふんしょこうじゅ》」という暴挙を行い、これが彼の東方六カ国の制覇、度量衡・貨幣・文字・律令の統一といった数々の業績に暗い影を落としている。四六〇名もの学者を生き埋めにするという残虐な行為を何故行ったのか？　なぜ儒学の本まで燃やしたのか？

始皇帝のこの行為には彼の欲した泰山での封禅《ほうぜん》の儀、すなわち天命を受けて天子の位に登るという北方の根源的な儀式が関わっていた、と私は考えている。聖なる山でのその聖なる儀式の仕方を儒者たちに聞いた時、彼らはそれを教えることが出来なかったのだ。だから始皇帝は我流でそれを行わざるを得なかった。これこそが儒者の無益無用を天帝の頭に刻み付けたものに違いない。この儀式が根源的なものであったからこそ、彼は儒学者を許せなかったのだ。

天子は天すなわち宇宙の申し子ゆえ、カラの位、北方に座し、南を見下ろす。すなわち「天子南面」する。その見下ろす先に朱雀通りが伸び、紅の門、朱雀門に至る。これがのちに日本の平城宮にまで伝わった、天帝の住む都の造り方なのだ。また十三世紀に蒙古軍がシナ大陸を支配し、クビライ・ハーンが北京に都を移した時、王朝名を「元」としたのも、まさしくこのカラの思想、黒＝天＝元の思想をここで確認したものに他ならない。すなわちこれは陰陽五行説の原型に基づく事柄なのである。

だからこそ中央アジアにはカラの語を付けたものが多い。ジンギス・ハーンがベースキャンプとしたのは遠くモンゴルの北の方、カラコルムであった。同じカラコルムの名は新疆ウイグル自治区とパキスタンとの国境、中国語で崑崙山と呼ばれる八〇〇〇メートル級の山脈の呼び名である。それだけではない。気がつけばこの Kara あるいは Khara の語は中央アジアにあふれているのだ。井上靖も描いた西夏《シシア》の首都でロシアの学術隊が探索したカラホト（黒水城）、ホータンの近く、崑崙山から北に流れ出しタクラマカン砂漠に玉《ぎょく》をもたらす川、カラカッシュ（黒い玉の川）、西トルクメニスタンのカラクム砂漠、あるいはカラハン王朝といった王朝名まで、あげればきりがない。読者の皆さんは気が付かれなかったかもしれないが、お隣の韓国もまさしくこのカラの意である韓《はん》を国名としている。また、北極海の一部は今も国際的に Kara Sea と呼ばれている。

この「カラ」は、蒙古語ないしトルコ語とされるが、元をたどればシベリア中部のアルタイ語族に属し、これがチュルク（突厥＝トルコ）族の移動とともに西に広がって行ったと考えることが出来る。それは同時に東方にも伝わり、朝鮮半島を経て日本列島に至る。日本語は世界的に独自の言葉という論が一時あったが、そんなことはなく、アルタイ山脈でトルコ語と結ばれているのだ。アルタイ語族の一つツングース系が日本語の文法の基礎を造った。モンゴル語や朝鮮族の言葉もこの系列に属している。国立民族学博物館の翻訳機を使ってみると良い。日本語とトルコ語は文法構造を一にしている。トルコ人が日本人に抱く、あの特殊な親密感は、日露戦争での勝利や、ケマル・アタチュルクを感動させた明治維新、また和歌山・串本の住民のやさしさを世界に示したエルトゥールル号遭難時の救出活動だけではない。もっと遠く血の中に潜む親密感なのだ。

このアルタイック・ルートを示すものに相撲がある。この儀式的格闘技は、アルタイック言語の通ったすべての国にある。東ではモンゴル・韓国・日本、西ではもちろんトルコだ。いまは観客が見やすいように房になってしまったので忘れた人も多いと思うが、少年時代の私が見た土俵には四本柱があり、四方位の色を表していた。

また、このシベリアに起源をもつ天神観がシャーマニズムを生んだことにも注意しよう。シャーマニズムは突厥《チュルク》や匈奴《フン》の西進によって西トルキスタンから北部ヨーロッパに広がったと考えられるが、東方への道は更に顕著で、朝鮮半島の諸国、シナ大陸を南下し、東南アジア諸国に分布している。これは余り知られていないことだが、中央ジャワのボロブドゥール復旧工事の起工式が行われた時、祭壇の地下には、なんと牛の首が埋められたのだ。世界最大のイスラーム国が仏教遺跡の救済をユネスコに依頼したことさえ出色なのに、その遺跡の復旧のためにはシャーマニズムの儀式がおこなわれていた、ということだ。

日本に渡来した時期は判然としないが、邪馬台国の女王卑弥呼がシャーマン（巫女）であったことは『魏志倭人伝』に「女王……鬼道を行う」とあることで明らかである。また仏教の「9」に対しシャーマニズムの聖なる数は「8」すなわち四方位とその中間方位の数であるが、これも大八島・八百万の神々・八岐大蛇・八幡宮・八紘一宇等々の呼称となっている。カラの思想の道に出現する女真族の金王朝やモンゴル帝国には八角塔が満ち溢れているが、日本にも各地に八角堂がある。聖徳太子で有名な夢殿はもともと太子一族の里、斑鳩《いかるが》の宮に建てられたものだが、これも八角堂である。

実はこの数字の妙は、いま読者の身の周りにも存在する。ＡＫＢ48という少女のグループが何故あれほど有名になり、ＨＫＴ48やＳＫＥ48、はてはインドネシアのＪＫＴ48というグループまで出現したのか？　なぜ47や49ではいけなかったのか？　よく見るとこの数字は８×６であり、ここに北方シルクロードの「カラの思想」を秘めた８と、別の章で言及するメソポタミア由来の６という数字が隠されているのだ。すなわち「八面六臂」の語と根を同じくする数字が、おそらくは無意識のうちに採用されたに違いない。一方、韓国発としてはKaraの語そのものを冠した少女グループもある。

それならば「カラ」という語自身も日本語に入っているはずだ、と言われるかもしれない。まさしくそれは入っているのだ。「唐天竺」という時のカラがまさしくそうだ。大唐の唐をタンでもトウでもなくカラと日本人は読んでいるのはなぜか。大陸では唐が終わり、宋・元・明の時代になっても日本では大陸由来のものを唐と呼び続ける。唐《カラ》はよきもの、舶来の意味に転じて使われているのだ。唐紙、唐傘、朝鮮人陶工による唐津等。『源氏物語』にも「桜のカラの綺《キ》の御直衣」すなわち「唐織」、あるいは「唐物」・「唐歌」などがある。壇ノ浦で建礼門院が幼いわが子、安徳天皇を抱いて、「海の底にも都はある」と入水したのは、「唐船」すなわち平家の旗艦からであった。

中西進氏によると、『万葉集』でもカラはすこぶる価値が高い（『古代往還』）。唐玉・唐帯・唐衣など枚挙にいとまがないそうだ。利休がわび茶を建てる前、堺の商人たちは茶会にはまっていたが、それはそれぞれが手に入れた「カラモノ」を自慢しあい鑑賞するための集まりだった。つまり日本人は無意識のうちにアルタイ語で考えているのだ。カラの思想が通った朝鮮半島では「加羅・伽耶・韓」がすべてカラに由来している。

また碁盤には天空を表す「星」が点在する。中でも中央の星は「天元」と呼ばれる。このゲームには名人位・本因坊といった位があるが、更に天元位という他では見られない位がある。囲碁は奥深い知的ゲームで、ここにはアルタイ的な宇宙観が込められているのだ。天子の子はある歳に達したとき、碁盤の中央すなわち天元から飛び降りなければならない。宇宙の根源から降下して皇太子となるのである。

正倉院に収められた碁盤の一つに「パルチアン・シュート」という、騎乗者が後ろ向きに矢を射る図が描かれたものがあるが、これは西アジア騎馬民族の典型的な図形で、シルクロードの北方の道が日本に通じていたことを示して躍如たるものだ。この碁盤には今より多くの星がちりばめられていた。

一方「西」は「西方浄土」の方位である。古代ギリシャ以来ヨーロッパでは「光は東方より」と言われたが、その東方では浄土を西の方に求めた。西は白であり、白露地・白蓮・白光等の言葉には「清らか」の響きがある。阿弥陀の浄土は西方にあり、また五六億七千万年後、人類を救いに再来するとされる未来仏、弥勒菩薩もまた西方から現われなければならない。中国で古くから言い伝えられた「西王母」の存在も発想を共にするものである。それは西域の遥か遠く、砂漠を越え、山を越えたところにあるはずの楽園の仙女なのだ。クメール王朝のスーリヤヴァルマン二世が、自らの墳墓として造ったアンコールワットの正面は西参道である――あたかも西方からヴィシュヌ神を迎え入れるかのように。

興味深いのは、こうした方位の価値付けが、人間の意識まで変えてしまい、その意識通りに地図が描かれることだ。七世紀に仏教の原典を求め、無許可で長安を出発した玄奘三蔵は、唐からみた西域にまず向かうが、パミール高原を越えて今のウズベキスタン・ソグド地方からアフガニスタンのバーミヤン渓谷へと南下、更にカイバー峠付近を越えてガンダーラすなわち天竺へ東進、インダス河上流に達した。そこからさらにガンジス河中流の学都ナーランダへと東南に進み、河口からはセイロンに渡るべくインド東岸を南下するわけだが、それでも彼の旅は西への旅「西遊記」となるのだ。韓国慶州の通度寺にはこの玄奘三蔵の『大唐西域記』の地図が保存されていて、それが面白かった。それは巻物なのだが、右から左へユーラシア大陸が見事に平坦に描かれ、シナの西にインド、そのまた西の海上にスリランカが描かれ、そのまた西の、海の果てるところにユートピアたる崑崙山が描かれていたのだ。このような意識の産物はここだけではない。私はヴェニスでも、地中海を中心としたこのような平坦な世界地図を見たことがある。

東アジアでは、古代から中世を経て近代初頭に至るまで、中華の国が上、朝鮮半島が中、倭国日本列島が下、という観念が定着していた。したがって明朝に作られた地図でも日本は南海に、ひどいときは南極付近に位置し、九州が北で本州の青森あたりが南端となり、まるで塩鮭のようにぶら

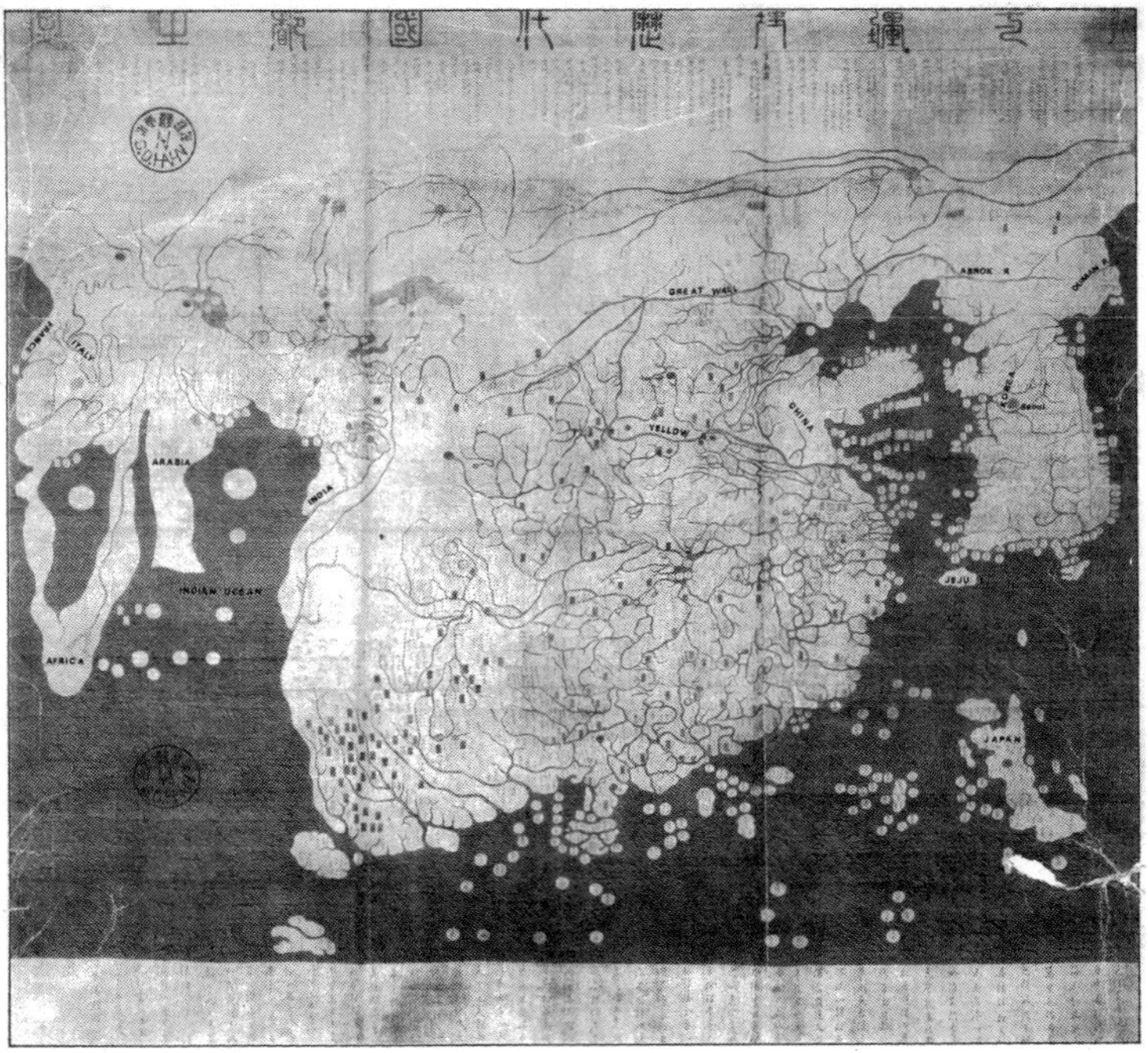

図 2–1　混一疆理《こんいつきょうり》歴代国都之図。

明代に元朝の情報により描かれた地図をもとに 1402 年、李朝朝鮮で作られた世界地図。インド・アラビア半島・アフリカまで描かれている。アフリカの真ん中はビクトリア湖か？　日本はこの図の右下、九州を上に、本州が今とは 90 度違った角度で描かれている。すなわち〈カラの思想〉が方位となっている。北海道は未存在。

下がっているのである（図2―1）。

これは当時の測量技術の欠如だけでは説明できない事象である。そうではなくカラの思想を吟味すれば初めて納得がいくことなのだ。権威は、北方すなわちカラから南の蛮地に南下せねばならないのだ。一時盛んに議論された邪馬台国論でも、この「地図とは意識の産物」という認識が欠如し、現存の地図を頭に置いた議論が多かった。三世紀頃、そんな地図は存在しなかったのだ。『魏志倭人伝』に「南に水行何日……」とあるところも書き間違いではなく、昔の「意識の地図」を想定すれば納得がいくはずだ。九州から瀬戸内海を「南行」すれば難波に着き、日本海側を「南行」すれば出雲に着くのである。

一九九一年三月三日、午前一時、私を乗せた「平和の方舟」は、満月の照る瀬戸内海を静かににわの港に向かっていた。一四五日間の海のシルクロード調査の終わりをいとおしむかのように、島々は影のように立ち現われ、また消えていくのだった。団員たちが寝静まった深夜、私は一人甲板に佇み、月光の瀬戸内海を見つめていた。何かしら涙があふれ、島々の影がぼやけていくのだった。

その時、様々な感慨と共に一つの思いが頭をかすめた。「邪馬台国はここを通ったのかもしれない……。」

第3章　南海の大乗仏教の道

——ボロブドゥール・アンコール・セイロン・ジャワ・長安・奈良を結んだ思想を追う——

一　はじめに

文明は旅をする。旅の途上で変貌する。時には時空を超えて転生する。その姿は地下水脈にも似るが、よく見ると、そこにはやはり道がある。

東南アジアにはかつて数々の大文明が栄えた。中でも八世紀にはじまる中央ジャワの仏教文明、九世紀に確立されるクメール帝国のアンコール文明は注目に値する。しかるに従来、時代的にも地理的にも隣接したこれらの文明の相互関係が論じられることは皆無に近かった。何故なのか？　その理由としては三つの要素が考えられる。

第一には、植民地主義によるアジア諸国の分割を挙げねばならない。インドネシアはオランダに、インドシナ三国はフランスに、マレー・ビルマ・インドはイギリスにそれぞれ結ばれ、アジア諸国間にお互いを結び合うものを見出そうという気運はなかった。「発見」や「解明」は、宗主国の学者によるものでなければならなかった。ボロブドゥールの最初の修復は、一九〇七―一九一一年にオランダ人テオドール・ファン・エルプ（Theodor Van Erp）によって行われ報告された。アンコール遺跡は一八六三年に出版されたフランス人アンリ・ムオ（Henri Mouhot）の手記によって一躍脚光をあびた。聖なる寺院と共に生きて来たカンボジア人はおろか、十六―十七世紀にそこを訪れたポルトガル人・スペイン人・日本人の記録も忘却されていたのである。

第二には、考古学・史学等の学問領域での縦割り主義、余りにも細分化された専門家主義すなわち「たこつぼ」的学問がある。これは、一つの傑出した文明がたとえ隣に存在しようと、それが自分の専門外とされればそれには言及しない、という風潮を生み出した。このことは、東南インドのポンディシェリー（Pondicherry）に本拠を置き数々の目覚ましい成果を挙げたフランス極東学院（Ecole Française de l'Extrême Orient）にしても例外ではない。日本の大学のほとんども同様である。

第三に指摘すべきは、これまでの学問研究における「文明の動き」の軽視である。文明は生物のように移動する。点と点を結ぶ線上にその生命が流れる。異文化は相互に呼吸し合い、出会い、子を孕む。新しい生命が生まれ、一定の期間一定の地に花を咲かせる。その動的な形態がともすれば忘れられ勝ちであった。それが一点を凝視する、深い、しかし静止画的な研究を助長してきた。

しかし、また知るべきは、文化はやみくもに動いたのではない、ということである。それは「道」のある所を通った。それではその道はどうして出来たのか？　それは「交易」によってである。ユーラシアの東西を結んだ大動脈「シルクロード」というネットワークを見れば、いかに「文化」と「経済」が密着していたかがわかる。精神文化も多くは「モノ」なくしては伝達されることがなかった。すなわち本来見えざる精神は、石や木というモノによって形象化されることにより、他民族に転移して行ったのである。「芸術」はその意味で「こころ」と「モノ」の融合体であり、接点である。一つの文化にとって、それは「真なるもの」の現われ、その「輝き」であった。そして、到来する異文化を受けとる側に既に確たる主体と「開かれた心」があった場合、文明は止揚され、かつ増幅される。それを「出会い」と呼ぶならば、歴史上刮目すべき文明はすべてこの出会いをもっていた、と言ってよい。

更に忘れてならないのは、一年以上を要する長い旅をしなければ到達しなかった東西の道には、それを可能にする「中継点」が存在した、ということである。砂漠のシルクロードにおいては、アシュハバード・メルヴ・ブハラ・サマルカンド・カシュガール・クチャ・トルファン・ホータン・楼蘭・敦煌等々のオアシス都市がそれである。隊商を迎えるべきキャラバンサライは更に多くの市《まち》に点在した。そのそれぞれに出会いによる文化の花が咲いていている。

一度イスラマバッドから北京に飛んだ時のことだ。峻険なカラコルムの雪山を越えてタクラマカンの砂漠に出てしばらく、眼下の何もないところに四角形のキャラバンサライの遺跡を発見した。ジェット機で五時間、眼下は砂漠のみだったのだ。誰がここに旅人のための館《サライ》を造ったのか、私は感動した。

同様の中継点が海の道にも見られる。中でもアレクサンドリア（エジプト）・シラーフ（ペルシャ）・ソハール（オマーン）・バンボール（インダス河口）・キロンとマハバリプラム（南インド）・マンタイ（セイロン）・パレンバンとジャンビ（スマトラ）・トゥーバン（ジャワ）・タクアパとチャイヤ（マレー半島）・オケオ（メコン河口）・アユタヤ（タイ）・広東・泉州・寧波《ニンポー》（シナ）・難波《なにわ》（日本）等はとりわけ文明史に大きな役割を果たした港湾都市である。この海のシルクロードの歴史は二千年以上に溯る。

以上のことを念頭におき、壁を越えて、仏教、特に大乗仏教の動きを海の道にたどろうとするのが本論の眼目である。

二　海の道

一般には大乗仏教はガンダーラ（Gandhāra）の地で成立し、中央アジアを経て中国西域に入り、漢の出島であった敦煌を経て大唐の長安で大成し、朝鮮半島や日本に至った、と考えられている。これを「北方仏教」と呼べば、「南方仏教」はインドからセイロン・ビルマ・ラオス・タイ・カンボジア・ヴェトナムに至る上座部（小乗）仏教を指すものとなる。しかしこのような単純な分類法では、何故八世紀の中央ジャワにシャイレンドラ王朝（Śailendra）がボロブドゥール（Borobudur）のような壮大な大乗仏教の石の寺を築いたのか、また何故アンコール地域（Angkor）に大乗の流れを汲む寺院群が出現するのか、説明できない。しかるに大乗の遺跡は中央ジャワになお数カ所、マレー半島のクラ地峡（Isthmus of Kra）、今のラオス・タイ・カンボジア・ヴェトナム南部にまたがったクメール王国（Khmer Kingdom）の全域、現ヴェトナムの中央部に位置したチャンパ王国（Champa）のあらゆる所に散在するのである。これらの遺跡は、東南アジアで中国とインドという二大文明が「海の道」によって出会って行く過程を物語るものに外ならない。

海のシルクロードの歴史は、メソポタミアがインダス文明と結ばれていた頃まで溯れば、「時の帳《とばり》に隠される」ほど古いが、遠くローマを中国と結びつけた時点を考えれば、ほぼ西暦の紀元前後

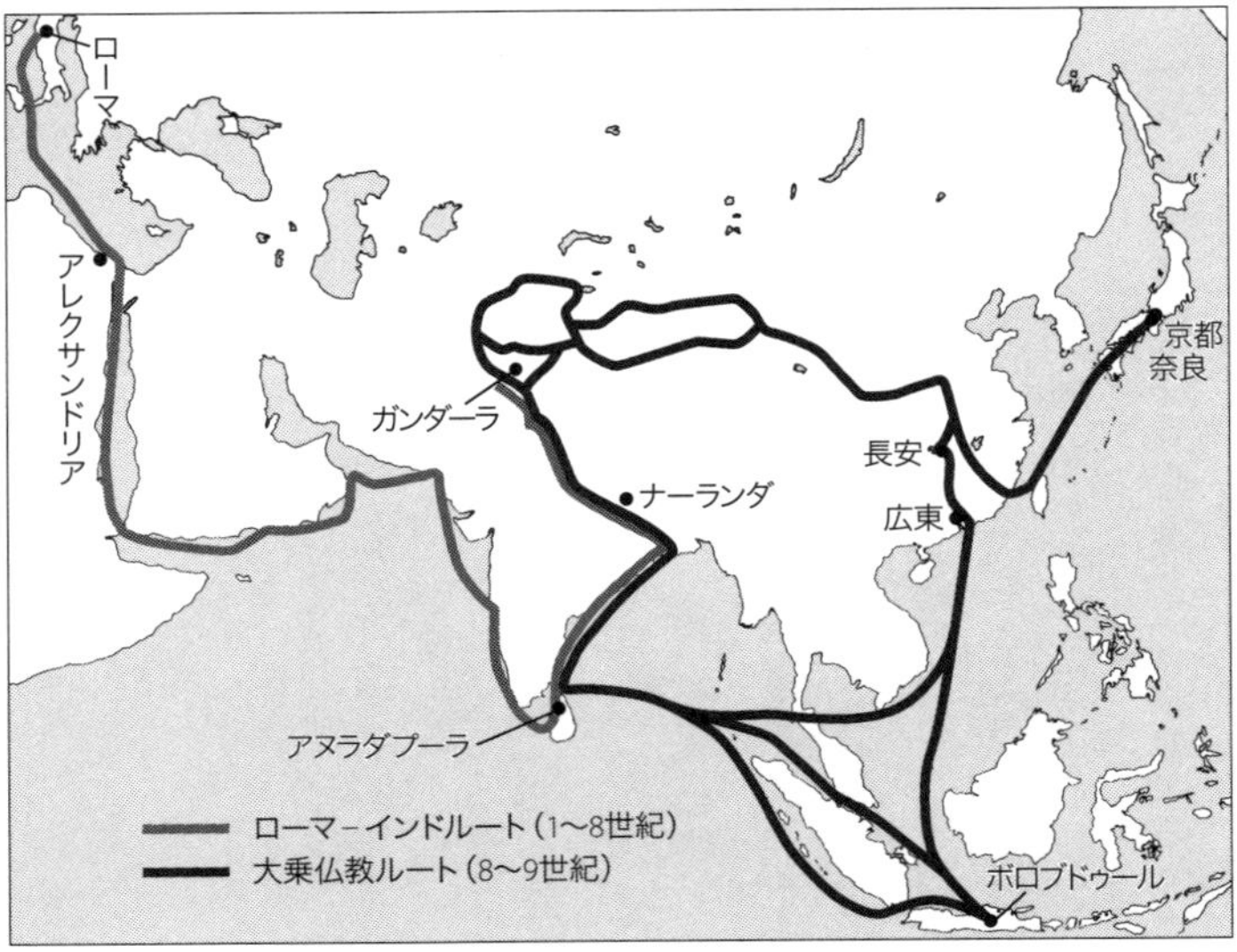

図 3–1　海のシルクロードと大乗仏教の道。

に始まる、と言ってよい。ちょうどガンダーラの地で仏教がヘレニズムと出会った頃である。一六六年には、大秦（ローマ）の王安敦《あんとん》が使節を海南島に送ってきた、と『漢書』にあるが、これは時のローマ皇帝マルクス・アウレリウス・アントニヌスのことだと今は認められている。

草原（ステップ）ルート、砂漠（オアシス）ルートという陸のシルクロードが、今世紀初頭、ヘディン（Sven Hedin）、スタイン（Aurel Stein）、ペリオ（Paul Pelliot）、フォン＝ルコック（Albert von Le Coq）、大谷光瑞といった人々によって脚光を浴びたのに対し、同じく、あるいはそれ以上に、多量の文物と共に思想宗教までも運んだ海のシルクロード（**図３―１**）は最近まで等閑視されて来たが――事実一九八八年ＵＮＥＳＣＯによる「シルクロード総合調査計画」がスタートするまでは欧米学会に「海のシルクロード」という呼称は無かった——、それは白人至上主義《エトノサントリスム》によって十五世紀末を「大航海時代」の幕あけと錯覚した欧米の学界が「海の道＝スパイス・ルート」という定義にこだわり、貿易のみを考えて精神文化の伝播の歴史を閑却してきたからに外ならない。

本論ではまずボロブドゥールの構造を取りあげ、そのような「形」を可能にした精神文化の流れを、具体的にはセイロン・ジャワ・長安・奈良を結ぶ線の存在という仮説の形で提示し、その裏付けを試みることにしたい。

三　ボロブドゥールの構造

世界に類を見ないこの石の羯磨曼荼羅《かつままんだら》（立体マンダラ）は、八世紀から九世紀のジャワに君臨したシャイレンドラ王朝が、仏教に帰依し、当時そこに至った大乗の法界を驚くべき知と技術で結晶させたものである。それは中央ジャワに咲いた白蓮の花と言ってよい。

母なる火山ムラピ（Merapi）の噴火による二〇メートルを超す火山灰の下での千年に及ぶ永い眠りからボロブドゥールが目覚めたのは、一八一四年、時のジャワ総督ラッフルズ（Thomas S. Raffles）が行った調査によってであった。その時地上に出ていたのは、中央の大塔と数々の小ストゥーパをのせた上部の三層の円壇だけであったという。その最初の復旧の試みがオランダの技師テオドール・

ファン・エルプ（前述）によって一九〇七年から三年間行われ、円壇の下に更に六層の方形壇、その壁に彫り込まれた全長三五〇〇メートルに及ぶ浮き彫りが確認された。方形をなす基壇の一辺は一一一メートル、大塔の頂上までの高さは三一メートルである。現存の大塔の上には更に三輪の塔がのっていた、と推定されている。

一九五五年、インドネシア政府はユネスコにその本格的な調査と修復を要請、日本も積極的に参加した国際協力によって、一九八三年、一〇年の歳月をかけ百万個の石を動かした作業が終了、このチャンディ（Chandi＝寺）は九世紀ジャワの姿に甦った。一九九一年には世界遺産のリストに登録されている。注目すべきは、世界最大のイスラーム国家が最初にユネスコに修復を依頼したのが仏教寺院であったことだ。それから実際に修復工事に携わった数千人の作業員のほとんどもちろんイスラーム教徒であった。異教の偶像を次々に破壊したＩＳの姿はここには無い。

図 3–2　ボロブドゥール遠望。

ボロブドゥールは厳密に言うと「寺」ではなく、巨大なストゥーパ（仏塔）であると同時に世界最大の曼荼羅である。それはケドゥ盆地の聖なる丘にムラピ山の産み出した安山岩を積んで造られたもので、近くから見ると無数の針を天空に差し出した半球状の岩山である。しかし、少し距離をおいた時、中央の仏塔はその圧倒的な姿を現わす（図3―2）。

基壇は他の方形壇より高く、また広いテラスをもっているが、これは九世紀の半ばに自らの重さで崩壊しかけた建物を補強するためにとりつけられたものと思われる。その証拠として、この内部には「隠された基壇」即ちもとの基壇があり、そこに急に工事を中止したことを物語る未完の浮き彫りが残されているのだ。この「隠された基壇」には上の回廊と同じく一六〇面もの浮き彫りがあり、カーマダーツ（Kāmadhātu＝欲望界）が画かれている。巡礼者の心を惑わしかねないこの部分を故意に隠した、という説もあるが、のちに詳述するように、ボロブドゥールの精緻を極めた設計を見る時、このようなコンセプションのミスは考えられない。この基壇を含めた方形壇が六層、更にその上に円形壇が三層、計九層がピラミッド状に造られ、その頂上に大塔が聳えている。則ちここに、マンダラの基本型である方形（大地）と円（天）が仏教の至高の数である九と合体しているのが見られる。更に中国で特に顕著な「方位」の概念も取り入れられている。基壇を「最外院」とし、東西南

図3–3　ボロブドゥール東面の向上門。上部獅子の口に注意。

図 3–4　方形壇では 3500m に及ぶ華厳経・本生譚の浮彫が見られる。

北各面の中央から頂上の「中台」に至る階段が「向上門」として真直ぐに延びている（図3―3）。

巡礼者は東方のチャンディ・マンドゥ（Chandi Mendut）から払暁にボロブドゥールに到り、東面の階段を登ったとされる。第二壇から上の方形壇の外壁には回廊がもうけられているので、一段登るごとにここを時計の針のように右廻りに歩く。その時右側の主壁、左側の欄楯《らんじゅん》にくまなく浮き彫りされた一三〇〇点に及ぶ見事な仏典パネルを見ることができる。それは「本生譚《ほんじょうたん》（Jatakas）」から「入法界《にゅうほっかい》品《ぼん》」に至る華厳（Gandavyūha）の世界で、因果応報の「色界」ルーパダーツ（Rūpa-dhatu）、すなわち釈迦の前世とその生涯を物語る三五〇〇メートルに及ぶ壮大な石の書物なのだ。一巡すると一段上の回廊に登り、これを繰り返す（図3―4）。

各回廊の主壁の上部には外側に向って仏龕《ぶつがん》があり、その中に結跏趺坐《けっかふざ》する仏が見える。その総数は四三二体、印相（Mudrā）から見て東面は阿閦《あしゅく》如来（Akshobhya）、南面は宝生《ほうしょう》如来（Ratnasambhava）、西面は阿弥陀《あみだ》如来（Amitābha）、そして北面は不空成就《ふくうじょうじゅ》如来（Amoghasiddhi）であるが、方形壇最後の第四回廊に至ると、四面ひとしく法身説法印（Vitar-ka-mudrā）を結ぶ大日如来（Mahāvairocana）となっている。

平面図で見る如く（図3―5）ボロブドゥールは限りなく胎蔵界曼荼羅（Matrix Mandala）に近いが、上述の四面四如来の配置は金剛界のそれ（Diamond Mandala）に対応しているではないか。即ちここでは真言（Mantra）の両界が一つに合体されているのだ。更にこの大日の位置に注意しなくてはならない。普通マンダラにあっては大日はその中台に置かれる本尊である。一九三〇年、極東学院の

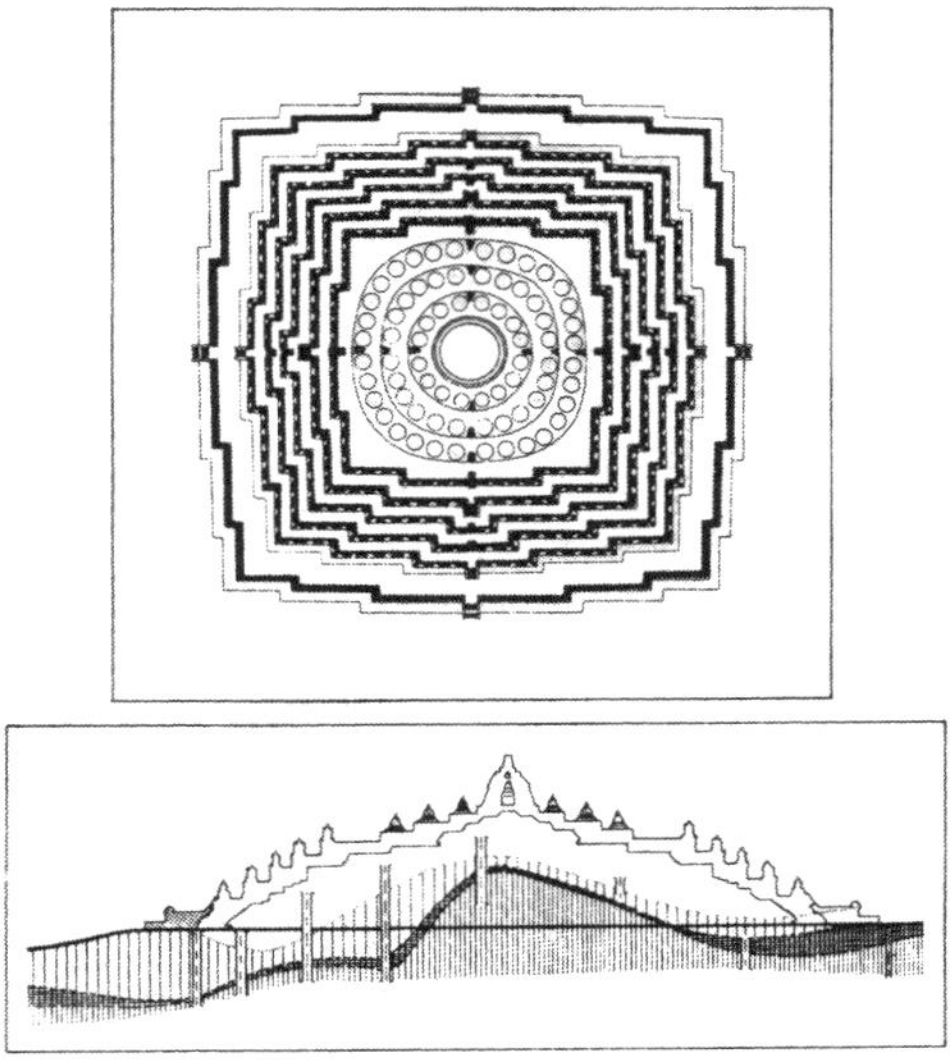

図 3–5　ボロブドゥールの平面及び側面図。

図 3–6　パルマンチエが想像したボロブドゥールの原案。

図3–7　修復作業中、円形檀に現われた釈迦像。小ストゥーパ修復後、この姿は見られなくなった。

パルマンチエ（Henri Parmentier）が「ボロブドゥールの本来の構想は現存の三層の円壇の代りに巨大なストゥーパを築くことにあった」と主張したが（図3―6）、この説が傾聴に値するのは、円壇の一部にわずかな作り替えの跡がある、ということよりも、この大日如来の位置によってである。即ちあとが大塔のみであるとすれば、今の大日の座は仏たちのうちでは最上階となるからである。

しかしボロブドゥールの上部三層の円壇に並ぶ七二の小ストゥーパの中に座す仏は、釈迦如来である。最近までこれを大日とする説が一部の学者によって唱えられていたが、仏の結ぶ印はそのほとんどが破損しているとは言え、明らかに「転法輪印《てんぽうりんいん》（Dharma-chakra-mudrā）」であり、それは釈尊の典型的な印なのである。我々はここに、ボロブドゥールを創った人々の、シャイレンドラ王朝のもとに身を寄せた僧達――これがあとの問題となるが――の、「教学の始祖」に対する並々ならぬ慕情を汲みとらねばならぬ（図3―7）。

方形壇から円壇に登ると、今まで外側の欄楯《らんじゅん》に遮蔽されていた眺望が突如として開かれ、一種の転身を感じると共に、ついにアルーパダーツ（Arūpadhātu＝無色界）に入ったことを知る。この「無相」

の世界では仏さえも姿を消している。仏はそこに有りながら無い。無にしてなお有なのである。七二の小石塔《ストゥーパ》の目透し格子は、中の仏像のお顔をかすかに拝むことができるように作られている。しかもそれさえも等質なのではなく、初めの二壇にあっては菱形、最上壇は方形であるが、窓の数は後者の方が少ない。即ち仏は無窓の大塔に近付くほどますます見えなくなって行くのである。

次に方形壇と円壇の形をつまびらかに見てみたい。完全な方形は一つもなく、すべて四面に敦煌の阿弥陀浄土図に見るような張り出しをもっている。これは基部からしてすでに上層の円への移行を準備した構造と把えるべきであろう。その証拠に、上空から見ると円壇もまたすべてが完全な円なのではない。初めの二壇はわずかに方形に近づいた「ひずみ」をもっているのだ。真円を画くのは最上層の大塔をのせた円壇のみである（前掲図3―5）。すなわち円（天）と方形（地）は互いに手を差し伸べあっている。ここでは欲望界・色界・無色界の三界は断絶ではなく連続体として表わされ、そのまま向下門でもある向上門より中台の「法性の身塔」に至る仏法を「往還《おうげん》の相」のもとに開示しているのである。「事事無礙円融《じじむげえんにゅう》」の語は、天と地が渾然とまじり合うケドゥ盆地の薄明の朝にこそふさわしい。

四　数の妙

ボロブドゥールの中心をなす無窓の大塔は、その中に何も秘めていない。それはまさしく「空

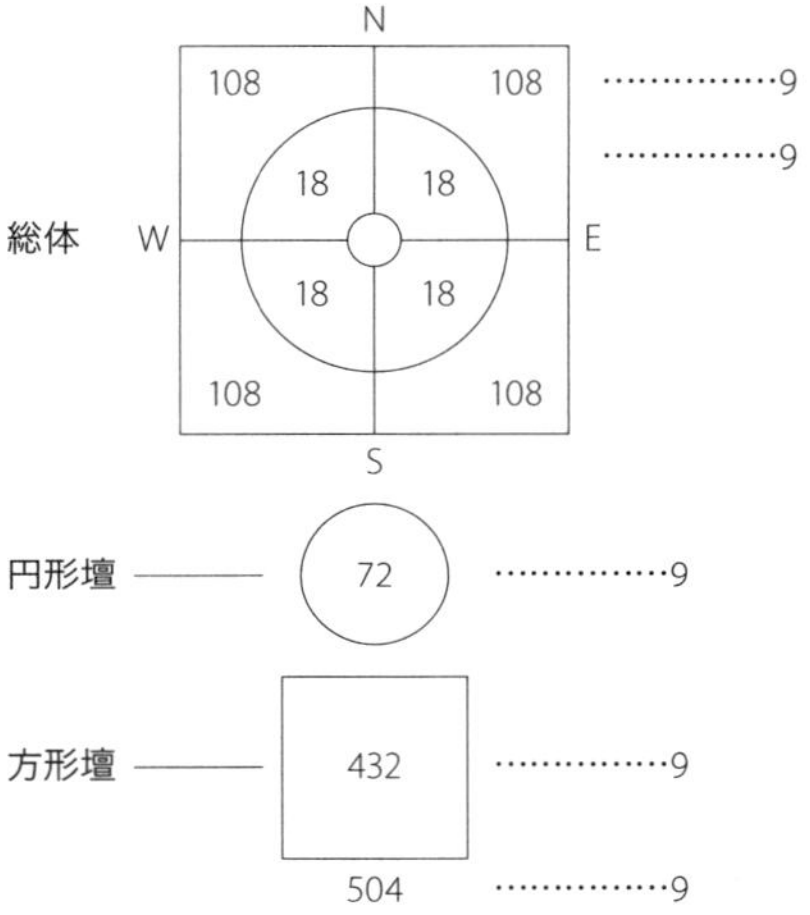

図 3–8　ボロブドゥールに並んだ仏の数はすべて 9 に収斂する。

（śunyatā）」である。ファン・エルプは、まことに西欧人らしく、この中にこそ本尊が置かれているべきと考え、当初の修復時に側面からこれを開いた。しかし大塔の内部は空洞で、仏像はおろか仏舎利らしきものも見出されなかった（彼は遺跡の近くで見つかった未完成の仏像がそれではないかと推量したが、それはいかにも本尊にはふさわしくない出来で、むしろ失敗作が放棄されたものと考えられる）。当時このオランダ人が大乗密教の秘義に思い至らなかったとしても、それを責めることはできない。

このチャンディは当時急速に南インド・セイロン・中国そして日本に起こった「純密」の「毘盧《びる》遮那《しゃな》仏（Vairocana）」すなわち「大光明仏」の具象化であった、と我々は考える。その中心は万有に変化しそのまま「無」であるところの「光」、即ち「空」としての「大光明仏」である。そして大塔が空でなければならなかったことは、ボロブドゥールに秘められた「数の妙」によって確認されることを私は現地で発見したのだった。

前述の如くボロブドゥールは三層の円壇、六層の方形壇によって構成されている。円壇に置かれた仏の数は七二、方形壇は四三二体、その総数は五〇四となる。これが四方の各辺中央から頂上の中台に延びる階段によって四等分されねばならない。

注意すべきはこの表にあらわれるすべての数字が「九」の倍数であることである（図3—8）。横に足しても九となる。「九」は仏教の至高の数であると共に「統一」の象徴たる「三」の自乗、即ち「絶対的一者」の体現に外ならない。宇宙的一者はかくして無限の「多」に現成《げんしょう》する。従って仏の総数が五〇五であることはあり得ない。大塔から一体が持ち去られた、という説が如何に小児的であるか、が納得されよう。

図3–9　部分もまた小ボロブドゥール、全体がフラクタル模様。

この石の大マンダラを羯磨（Karman＝修行、儀式）として登りつめる時、我々はそこに大乗の宇宙が現成していることを知る。それは「法界《ほっかい》の開顕」である。ここに座する仏はことごとく外を向き、四界をその慈悲の眼《まなこ》に包んでいるではないか。中台の大日の座は「形なき四面仏」、光はそこから発し森羅万象に宿るのである。よく見れば、その構造はフラクタル（fractal）、すべての小石塔《ストゥーパ》、仏龕《ぶつがん》、ボロブドゥールのすみずみが、そのまま小ボロブドゥールであり（図3—9）、それは無数の針となって天に行きかう雲と呼吸し合う。「全」

は「部分」に、そして部分は全に「遍照《へんじょう》」しているのである。一即多、多即一の玄義は、禅に先立ち、既にこの大光明仏すなわち毘盧遮那仏（Vairocana＝大日＝大方広仏）の法界に顕示されている、と言わねばならない。

マンダラはチベットに、敦煌に、そして京都の東寺にその典型的なものが見られる。しかしそのすべてが、壁に画かれる、あるいは掛けられる絵という制約から一方向性を余儀なくされている。諸仏を円形に配置した羯磨曼荼羅でも、中台の大日像は一方を指向する。それに比しボロブドゥールという立体マンダラはあまねく四方を指向し、中台は「光即空」である。これは世界最大のマンダラであると共に、その本義を余すところなく現出した比類なきマンダラであると言って過言ではない。

円と方形の九層に見る天と地の融合、転身と連続、欲界・色界・無色界の三界、空《シュンヤター》としての大塔、更にその総体に秘められた「数の妙」をつぶさに見れば、ボロブドゥールは当初より完膚なきまでに設計されたものと理解される。パルマンチエの「計画変更説」は受け入れ難い。この説は更に、このピラミッド形チャンディが盛り土で造られたのではなく、自然の丘を利用したものであること、従って上部からの建築が可能であった――事実その説もあり、未完成の浮き彫りは最下層の「隠された基壇」にのみ見出されることが、一つの立証となる――ことを考え併せると、完全に否定される。

五　九顕十密

ボロブドゥールを一〇項目の「波羅蜜《はらみつ》」（Pāramitā＝彼岸に到る状態、菩薩の徳目、一　布施、二　持戒、三　忍辱、四　精進、五　禅定、六　智慧、この智慧（prajñā）が更に方便・願・力・智に分かれ、併せて一〇項目）の具現化と考え、中央の仏塔を第一〇層に見たてようとした学者もいた。デ・カストリス（De Castris）である。しかし第九層の円壇に立つ時、そこに置かれた大塔を別の層とは実感されず、またカーマダーツ（欲界）の存在も説明されない。

私はここでふと考えた。ボロブドゥールの構造に最も対応しているのは、遠い異国にあった空海の『十住心論』ではあるまいか？「真言密」に至る過程を説いたこの教説は、「地々遷登《じじせんとう》」し「心品転昇《しんぼんてんしょう》」を意とし、いかにも立体マンダラにこそふさわしい。天台は第八心、華厳は第九心に位置づけられている。十住心の本義を踏まえたとされる「深秘釈《じんぴしゃく》」では、この過程が「九顕十密」と述べられている。即ち九層の顕と究極の密、これほどボロブドゥールにふさわしい命題はない。第一の住心「異生羝羊心《ていようしん》」（畜生の欲界＝ボロブドゥールの隠された基壇）より逐次階段を登って最後に法性の極位としての「秘密荘厳心《しょうごんしん》」（大塔）に至る観法は、大乗純密の秘義を伝えたもので、ひとたびそこに目覚めれば、今まで経てきた過程のすべては大日の光の中に大肯定されるのである。

六　長安とセイロンを結ぶ道

それでは空海とボロブドゥールは本当に繋がっていたのか？　我々はこの「見えない糸」をたぐり寄せねばならぬ。もちろん空海はジャワに赴いていない。一方ジャワは「インド・ジャワ芸術」という学名の存在が示す通り、これまで主にインドとの結びつきのみで考察されてきた。しかしシャイレンドラ王朝を語る時、忘れてならないのは唐の都、長安の存在である。そして更に重要な市としてセイロンの古都アヌラダプーラ（Anuradhapura）が浮び上ってくる。紀元前三世紀アショカ王（Aśoka）の王子マヒンダ（Mahinda）が仏教をもたらしたのはここアヌラダプーラのミヒンターレ（Mihintale）の丘であったのだ。今でも、夏の満月の夜に行われるポソンの祭りは、スリランカで最も聖なる祭りとされている。受戒した王の勅令により、マヒンダはここにMahā-vihāra（大寺）を建てている。そしてその妹サンガミトラ（Samghamitrā）は、釈尊がその下でさとりを開いた菩提樹の若木をこの地にもたらし、それはインドの原木が枯れたあとも若芽から若芽へと生きつづけ、ボディ・ツリーと呼ばれて今に至っている。このアヌラダプーラがセイロン仏教の中心であり、四世紀から十一世紀にかけては主都であった。

今は上座部（Theravāda）のみとなった仏教国セイロン（スリランカ）を考える時、我々は以下のことに注意しなくてはならない。

一、南インドとセイロンは一体であった。中国で「西域」という時、それが敦煌以西の中央アジアのすべてを指していたように、古典に現われる「南インド」の語にはセイロンが含まれている。

二、密教のうちでも「純密」と言われる体系的に完成した大乗仏教は七世紀後半に中部インドに現われるとされるが、その前にその淵源が計り知れない昔にさかのぼる「雑密」が存在した。それはそのヒンドゥー教的側面を強調すればタントリック（Tantric Buddhism）とも呼ばれるもので、南インド特にセイロンでパーリ語によって行われていた。パリッタ（Paritta 明護経）は雑密の護身の偈《げ》を今に伝えるものである。これがすでに七世紀前半ガンダーラに入っている。

三、密教の祖師といわれる人々のほとんどが南インド（前述したようにセイロンを含む）の出身、ないしそこに赴いている。

——龍樹（Nāgārjuna）、一五〇—二五〇年頃の人、南インド出身、伝説ではヒマラヤで老僧から大乗経を学び、「南海の龍宮」に至って多くの大乗経典を得た。南インドで晩年を送ったとされる。

——龍智（Nāgabodhi）、南インドの人、八世紀初頭に龍樹伝来の密教を金剛智（Vajrabodhi）に伝える。

——善無畏（Śubhakarasimha、六三七—七三五）、マガタ王国の王族出身、ガンジス流域のナーランダ（Nālandā）寺で密教を学び、中央アジアを経て七一六年長安に入り、玄宗の信任を得、金剛智と共に唐の密教の基礎を築いた。大日経を漢訳。

――金剛智（Vajrabodhi、六七一―七四一）、南インドのバラモン出身、ナーランダ寺で出家、南インドで龍智に密教を学び、七二〇年善無畏に遅れること四年、海路でセイロン・スマトラ（スリヴィジャヤ）を経て広東に入り、長安に灌頂道場を作る。本格的な中国密教の祖とされ、金剛頂経など八部一一巻を漢訳。

――不空（Amoghavajra、七〇五―七七四）、中央アジアないしセイロン出身、七二〇年唐の洛陽に至り金剛智に師事し、師の没後七四一年セイロンに渡り、密教経典を集め、龍智に密教を受けて七四六年唐に帰国。金剛頂経の他八〇部以上の密教経典を漢訳。のちに空海の師となる恵果をはじめ六大弟子をもった。

七　法顕の旅

以上のように密教の祖師達の出身と動きを見れば、善無畏を除きすべてが南インド・セイロンに関係しており、また陸路より海路が使われていることがわかる。そしてこの海の道がこれらの師の渡航前に既に存在していたことを示すのが、ほかならぬ法顕（三三七―四二二）の旅である。この求道僧は齢六十にして三九九年、同行四人にて長安を発ち、西域から天竺へと一五年の旅をする。中部インドすなわちナーランダ寺院を中心とする大乗仏教の中心地に至るだけで六年を要したという。しかしナーランダでも期待した文献は手に入らなかった。そこで彼はガンジス河口から船に乗り、セイロンに赴き、そこに二年滞在、主な経典をここで入手、インド洋を越えジャワ（ないしスマトラ）、扶南《フーナン》を経由、四一四年青州に帰着したのだ。この時、同行四人の中、生存者は法顕一人であったという。玄奘（六〇二―六六四）は、やはりセイロンに渡ろうとしたのだったが、戦乱でそれが叶わず、往路復路とも陸の道となった。義浄（六三五―七一三）は南海の道をたどり、当時のスリヴィジャヤにも滞在した。

これらの中国僧が赴いたセイロンの主都がアヌラダプーラであった。そして数あるヴィハラ（寺）の中でも我々の注目するのが、アバヤギリ僧院（Abhayagiri）である。それは八世紀に大乗仏教の一大根拠地となり、「海の道」によって長安と結ばれていたのだ。唐の都ではそれは「無畏山《むいさん》」として知られていた。そこで行われた大乗の教説は、上記に明らかな通り「密教」に外ならない。前述したインド・セイロン僧のうち善無畏だけは奇妙にも実名の漢訳名でない（実名シュバカラシンハは「浄らかな獅子」の意）点にも注意したい。Nāgabodhi ＝龍智、Vajrabodhi ＝金剛智等は実名漢訳である。彼の名となった「無畏」（アバヤ、Abhaya）は果してアバヤギリと無関係であろうか？

唐代には多数のセイロン僧が、「海の道」で洛陽や長安に赴いたのである。その取った道は、時の中継地スリヴィジャヤ王国の政情により、あるいはマラッカ海峡、あるいはスマトラ南方を迂回してジャワとの間のスンダ海峡に出た、と想定される。

八　スリヴィジャヤ王国とシャイレンドラ王朝

ここでスリヴィジャヤ王国（Śrivijaya）とは何か、を考察せねばならぬ。この南海の海洋国は、少なくとも既に前述の法顕の時代（五世紀）には存在し、唐代には「室利仏逝」と音訳された。宋代に「三仏斉国」と呼ばれたのもそれである。主都はパレンバンとされ、義浄は永くここに滞在している。即ちヒンドゥー教国であると共に既に仏教国でもあったのだ。しかしその実体は杳《よう》として摑めぬ、と感じる人が多い。しかしそれは王国という概念を中国風ないしインド風に解釈するからで、スリヴィジャヤを理解するには発想を転換すべきであろう。マラッカ・スンダ両海峡、メコン河口の扶南が交易の主要拠点であることを念頭におき、我々の下す判断は次のようなものである。

一、スリヴィジャヤは「港湾都市の連合体」であった。従って厳密に領土と呼ぶべきものはなく、その「影響範囲」があった。

二、言語学的に見て現在のスマトラ・ジャワ・マレー半島は一体であり、ここにスリヴィジャヤの本体があった。しかしその「影響範囲」はインドシナ全域に及んだ。

三、その「主都」は内外の政情、河川や海岸の変化、船の大型化等によって絶えず変わった。影響の範囲もそれと共に変わった。唐代に中国とインドを結ぶ海のシルクロードが発展すると、マレー半島のクラ地峡を横断し、アンダマン海側のタクアパ（Takua-pa）とシャム湾側のチャイヤ（Chaiya）を結ぶ「陸を通る海の道」が出来（本書第11章の2「陸を通る海の道」参照）、チャイヤは扶南と結ばれ、スリヴィジャヤの中心は一時ここに移ったと思われる。フランスのクロード・ジャック（Claude Jacques）は、このクラ地峡（Isthme de Kra）こそ、東西貿易の中継点であり、スリヴィジャヤの発生地でもある、と主張している（Claude Jacques "Funan, Zhenla, Śrivijaya—Symposium franco-thai" 1995）。

スリヴィジャヤはその形態をアメーバのように変え、その主都を移す「さまよえる王国」であった。十五世紀初頭のマラカ王国（現在のマラッカが主都）の成立も、この変化の一つとして把えねばならない。建国の王子はパレンバンから来た、と伝承にある。

以上を観察する時に、我々は従来の説に固執せず、ジャワのシャイレンドラ王朝そのものも、スリヴィジャヤ連合都市群の中の一つの中心の推移と見るのが至当と考える。

八世紀、中央ジャワの一王族に多大なる文化的インパクトを与えたのは、海賊の出没するマラッカ海峡を避けスンダ海峡への道を選んだセイロンの僧達ではなかったか？ そして彼らは主都アヌラダプーラから長安を目指す中継点としてのこの地に伝道し、しばし定住したのである。シャイレンドラ王朝の主都であったとも言われるプランバナン（Prambanan）の近くに、チャンディ・セウ（Chandi Sewu）がある（**図3—10**）。これはヒンドゥー教の形式に大乗仏教の要素が加味されたもので、ここ

図 3–10　セイロン僧が滞在したチャンディ・セウ。

にセイロン僧達が身を寄せていた、と見られる。そしてこのセイロン僧とはまさしくアバヤギリの僧達であった、と断定してよい。三〇年ほど前、この近くからこの僧院の名を刻んだ石碑が発見されたのである。

このアバヤギリの僧達こそ、シャイレンドラ王朝の庇護のもとに立体大マンダラ、ボロブドゥールを造った人々ではなかったか？　スリランカの文化財局長でＩＣＯＭＯＳ会長も務めたローラン・シルバ（Roland Silva）によれば、近年アバヤギリの廃墟からボロブドゥールの平面図を思わせる蓮状のストゥーパを画いた巻物が発見されたという。この地で発掘された仏像もボロブドゥールのそれと酷似している。

もちろん、このチャンディ・セウの僧たちがボロブドゥールを造ったと断定するそれ以上の証拠はない。それはこのチャンディがボロブドゥールからかなり遠く、またボロブドゥールの完成時以前には造られていないとされていること、そしてムラピ山の大噴火によりボロブドゥールが埋まった時、シャイレンドラの主都も壊滅し、それはケドゥ盆地のどこかにいまだ埋もれたまま眠り続けている可能性があること、による。地上に姿を現した石の外には何も語るものがないのだ。

しかし払暁のボロブドゥールに立った時、私は何故この地が選ばれたかを忽然として理解したのだった。如何に主都——例えばプランバナン——から遠かろうとも、である。

ジャワのみならずインドネシアでは古くから階段状のピラミッドの上に祖霊を祠《まつ》る慣習があった。そして山岳信仰が特に火山を対象として行われている。東ジャワのブロモ山、中央ジャワのムラピ山はその最たるものである。この点を考えねばならない。

まだ暗いボロブドゥールの丘に立つ時、東の方《かた》に美しいコーン状のシルエットを画くムラピ山は、その頂きから噴煙を静かにたなびかせ、ちょうどその真うしろから紅《くれない》色に地平を染めて朝日が昇る。聖なる山、そして大日、その「出会いの法界」はこの丘にこそ建てられねばならなかったのだ。海を渡った大乗密教のインドネシアの伝統との出会い、それこそがこのピラミッド型の大羯磨曼荼羅を生み出したのだ。

九　ジャワ・長安・奈良

それでは果して同じ大乗の純密が中央ジャワ・長安そして奈良の高野山を結びつけているのであろうか？　答えは然りである。シャイレンドラ王朝は秀れた船団をもつ港湾都市の連合体であるスリヴィジャヤの雄として航海の技術をもっていた。それはほかならぬボロブドゥールの方形壇外壁に彫られた三隻の大型船の図からも明らかである。これがインドの船ではなくインドネシアの船で

図 3–11　ボロブドゥールには 3 隻の船が描かれている。すべてアウトリガー。

あることは、独特の「アウトリガー方式」すなわち舷側にとりつけられたフロートで解る（図3―11）。

インド洋のほかにシャイレンドラの船団はどこに赴いたか？

当時の中国の海の玄関、広東《カントン》であったことは想像に難くない。同じ頃、アラビアのアル・ウダイダもオマーンからダウ船で広東に至っている。セイロンのアバヤギリの僧達もここから陸路で長安を目指した、と考えるのが至当であろう。そしてその頃その長安に「純密」を究めんと渡来した一人の日本の留学僧が居た。空海である。

空海は四国で既に「雑密」を体得、更に「純密」の秘儀を得んと八〇四年、最澄と時を同じくして遣唐使に加わり、一路長安を目指した。この学僧の才能は大唐の都でも疾くに知れ渡り、青竜寺の恵果はその訪問を心待ちしていたという。この空海の長安滞在の時期に注目せねばならない。八〇四―八〇六年、すなわちジャワにボロブドゥールか建造されていたちょうどその時である。

恵果（七四六―八〇五）は、金剛智《ヴァジュラボディ》から純密を引きついだ不空《アーモガヴァジア》の弟子の筆頭としてそれを大成し、その奥義を伝えるべく唐人ではない空海を選んだのである。その秘伝が行われたのち、その任を果したかの如く師はこの世を去る。空海は勅によりその碑文を撰したのち、時をうつさず八〇六年太宰府に帰着している。

このように史実を見れば、今から一二〇〇年前アヌラダプーラ―中央ジャワ―長安―京都・奈良を結んだ「海のシルクロード」が南海に逆Z形を画いて浮び上ってくるのだ。それは天平・奈良の頃、華厳・真言の蓮花を運んだ道であった。空海はボロブドゥールを訪れていない。しかしこの「大乗の道」の上で確かにボロブドゥールの思想と出会っているのだ。空海が高野山に建てた伽藍群の配置はボロブドゥールと同じ蓮型を描いているではないか。

注目すべきは、中央ジャワで文化の出会いがあったと同じく、あるいはもっと高度に、大唐の都長安では大きな文化的止揚がなされた、ということだ。この頃の国際都市長安では、すべての宗教思想が華々しく花開くが、密教もまたここで大成した、と言ってよい。それを如実に物語っているのが「両界曼荼羅」であろう。両界とは「胎蔵界」「金剛界」の二つを指すが、両者はインドでそれぞれ独立して成立した二つの経典「大日経」と「金剛頂経」に基づいている。恵果は不空により金剛界法を、次いで大日経の訳者たる善無畏の弟子玄超から胎蔵界法を受けている。この本来は起源を異にする教説が、「陰陽」のようにものごとを対概念で把える中国人の思考法によって合体され、完成されて行く。すなわち自然（現象界）の理法をあらわすものとしての胎蔵界曼荼羅と人間精神の智的構成を示す金剛界のそれが対となってこそ、「事理無碍《むげ》」の世界、「理智不二」の世界が現わされるのである。これが恵果のなした密教の止揚であり、空海に伝授されたものに外ならなかった。

あるいは「海の道」も、「陸の道」がそうであったように「双方向性」をもっていたかも知れない。セイロンの僧達は長安に伝教するのみならず、長安で学んだに違いない。ボロブドゥールの類いなき完成度を見る時、我々はその感を深くする。

一〇　アンコールへの道

南海の大乗仏教の道は更にもう一つの巨大文明を残した。クメール文明である。この一大文明は中央ジャワの文明とは無関係のごとく扱われているが、実は一体であることを以下実証したい。カンボジアにクメール王朝のアンコールの遺跡群を訪れる人々は、その圧倒的な規模と美に感銘を受ける。六二にのぼるアンコール期の寺院のほとんどはシヴァ神（Siva）を中心とするヒンドゥー教の流れを汲んでいるが、大乗仏教の寺院、あるいはその要素をもつ寺院も見られる。その端的な例は、十二世紀にジャヤーヴァルマン七世（Jayavarman VII 勝利の楯王）によって「大いなる城都」アンコール・トムの中央に造られたバイヨン寺院（Bayon）である。今は岩山のように見えるこの寺院は、中央の塔が高さ四二メートルに及ぶ壮大なもので、林立する塔に計一九六の四面仏が彫り出されている（図3―12）。一九三三年、この遺跡の中央の井戸の地下一四メートルの所に仏像が発見され、それは観世音（Avalokiteśvara）と判定された。

クメール人の象徴となりカンボジア国旗を彩っているアンコール・ワット（Angkor Wat）は一一

三年に即位したスーリヤヴァルマン二世（Suryavarman II＝太陽王）の建立したヴィシュヌ（Visnu）の寺である。それは盛り土によって三層を成し、その外壁の長さは一三〇〇×一五〇〇メートルという巨大な霊所である。中央のシヴァリンガをも想わせる五つの塔に特徴があり、それは須弥山（Mount Meru）を現わしているとされる。その高さは六五メートル、まさに聖山、クレン山の高さであり、クレン山から水路が引かれ環濠となっている。他の寺院と異なり、西を正面とするこの寺は、神の

図 3–12　バイヨン寺院には計 196 の四面仏が彫られている。筆者は観音菩薩ではなく梵天とみる。

図 3–13　アンコールワットの中心 5 基の塔は須弥山を表す。

住いであると共に王の墓所でもあった。しかしここにも後年仏像がもち込まれ、一時仏教寺院として礼拝された（図3—13）。

クメール文明の歴史の詳細を記述するのは本論の目的ではないので、それは石澤良昭氏の著作に譲り、ここでは、クメール王朝の成立と、スリヴィジャヤ、特にシャイレンドラ王朝との関連に焦点を当てたい。

もともと古代カンボジア人すなわちクメール民族は、現在のラオス南部に発したとされ、メコン河口に位置してインドとシナを結ぶ海の道の要衝であったフーナン（扶南）国に属していた。フーナンは一世紀から七世紀まで続くが、海の道で既に古代、小乗仏教がシヴァ信仰と共にこの地にインドから伝えられていたといわれる。しかし、七世紀に入るとクメール人の勢力がフーナンを圧倒するようになり、中国でも眞臘《しんろう》として知られるチェンラ（Zhenla）王国がメコン流域に出現する。七一三年、このチェンラは北部の「陸のチェンラ」と南部の「水のチェンラ」に分裂する。そして分裂により弱体化したカンボジア南部は、その頃台頭したジャワ王国すなわち外ならぬシャイレンドラ王朝の属国となる。

我々が注意しなくてはならないのは、クメール王朝の創始者とされるジャヤーヴァルマン二世（Jayavarman II）が、幼少期をジャワの虜囚すなわち「人質」として送っていることである。その地がどこであれ（ジャワ本島あるいはマレー半島）、彼はこの時期シャイレンドラ王朝の取り入れた大乗密教とその建造物に接したに違いない。またジャワの山岳信仰は故郷のそれを想起させた。故郷には聖なる山クレン山があった。クレンとは湧水の意である。

二　神王観

この王子は八〇二年帰国、現在のアンコールの北方に位置するこのプノン・クレン（Phnom Kullen）の山上でクメール王国の独立を宣言する。この時彼は「諸王の王」として弱体化していたカンボジアを統一すると共に、その統一原理として王即神という「神王観（Deva-Rāja）」を打ち立てている。この「神王観」こそ、それから五〇〇年にわたって隆盛するクメール帝国の基盤、アイデンティティとなるものであるが、ここで興味深い比較が可能になる。密教のもう一つの流れ、ナーランダから七世紀ヒマラヤを越えた北方のチベットに至るそれは、タントリスムの要素を入れ、チベット仏教すなわちラマ教となるのだが、その長たるダライ・ラマ（Dalai Lama）は即ち観自在菩薩（観世音 Avalokiteśvara）の化身、その宮殿はポタラ（Potalaka＝補陀落《ふだらく》＝観世音の住む山）なのだ。すなわち「神王観」もまた、究極は「即身成仏」に至る密教の洗礼を受けたもののみに可能な発想である、と知らねばならぬ。

ジャヤーヴァルマン二世はアンコールの東南、現在のロルオスの地にその都ハリハラーラヤ（Hiariharalaya――ハリハラはシヴァとヴィシュヌーの合体）を定め、その後を継いだ甥のインドラヴァルマン一世（Indravarman）はそこに最初の勅願寺バコン（Bakong）を建てた。その形はボロブドゥールの基本型に驚くほど近い。

更にその子ヤショーヴァルマン一世（Yaśovarman）は九世紀末、第一アンコールと呼ばれる都ヤショーダラプーラを現在のアンコール・ワットとトムの中間の位置に建設、その中心の丘の上にこれまた階段状の寺プノン・バケン（Phnom Bakheng）を建立している。仏教はここにもその跡をとどめている。Yaśodhara は王子ゴータマの妃、pura は市である。

またカンボジアの歴代の王の主要な任務として「治水」があった。これはまさしくセイロンの王家の伝統に見られるものである。ヤショーヴァルマンは諸々のヒンドゥーの神々を祭る寺院を自らの神王観の寺プノン・バケンの周辺に配したが、また同時に東西七キロ、南北二キロの大貯水池「東バライ（Eastern Baray）」を作っている。その中心に九五二年ラジェンドラヴァルマン（Rajendravarman）によってメボン寺（Mebon）が建てられたが、これは祖霊崇拝（Neak Tā）の寺で、やはりピラミッド状の階段寺院である。同王の手になるプレ・ルップ（Pre Rup）と共に、これらのピラミッド寺院は、同時期にインド渡来のバラモン僧によって建てられたヒンドゥー芸術の精華バンテアイ・スレイ（Banteay Srei）とは完全に趣きを異にしている。そしてクメール文明は十二世紀、前述のアンコール・ワット、アンコール・トムの建設によってその最盛期を迎えるのである。

十四世紀、アンコールの都は新興国シャムのアユタヤ王朝（Ayutthaya）におびやかされ、十五世紀にはアンコールは放棄され、都はプノンペンに移された。しかし十六世紀、クメール人は一時アンコールに帰った形跡がある。バプオーン寺（Baphuon）の外壁に巨大な涅槃像が作られたのはその頃である。

この十六世紀、ポルトガルのディエゴ・ダ・コート（Diego da Couto）、スペインのブラス・ルイス（Blas Ruis）、十七世紀には日本の森本右近太夫一房がアンコール・ワットを訪れ、それぞれ記録を残している。右近太夫はこれを「祇園精舎」と取り違えたふしがあるが、日本人にとって「天竺」は、海路をとれば既にカンボジアに始まる南の国であったのだ。

一二　結　論

以上の検証により「南海の大乗仏教の道」は、はっきりとその姿を現わしてくる。それはインド洋、南シナ海、更に東シナ海を渡って日本に達している。

セイロン・ジャワ・カンボジアにおいて、宮殿は住宅と同じく木造であったため、中世までの建築は寺院を除いてすべて消失しており、アンコールに関しても我々はその形をクメール文明の継承者としてのタイ、あるいはラオスに求める外はない。ジャワのシャイレンドラ王朝は十世紀に起ったムラピ火山の大噴火のため、前述した如くその城都のありかすら定かではない。セイロンのアバヤギリ僧院は十二世紀、度重なる小乗派との抗争のため勅令によって廃寺とされ、建物とともにその記録のほとんどが消失した。

しかし石は本のように語る。石に刻まれた碑文だけではない。寺院の形状、その置かれた位置、そこに残る様々なモチーフ、その美術様式は、その歴史を物語っているのだ。

こうして我々は、東南アジアの二つの秀れた遺跡、ボロブドゥールとアンコールは明らかに結びついていることを知る。その類似点を整理してみよう。

一、山岳信仰――ボロブドゥールは自然の丘に建てられ、聖なるムラピ山を望む。アンコール王朝の建立者ジャヤーヴァルマン二世は、聖なる山、プノン・クレン山上で独立宣言を行った。

二、祖霊崇拝――インドネシア、カンボジアに共通。カンボジアで見る数々のネアク・タと呼ばれるクメールの寺は祖霊を祭る寺である。

三、ピラミッド型建築――アンコール・ワット、バイヨン、プノン・バケン、バコン、プレ・ルップ等主要寺院は、ボロブドゥールと発想の基を同じくするピラミッド形をもつ（図3―14、15）。

四、曼荼羅――ボロブドゥールはその最たるものだが、アンコールの主要寺院もまた、マンダラの形を画いている（同図）。

五、方位――両文明共「方位」を重視している。ボロブドゥールの正面は東、アンコール遺跡群も、西方浄土への指向を伺わせるアンコール・ワットを除いて、そのほとんどすべてが東方を正面としている。インドではこのように東方を正面とし、四方位と中央の高みを持つ建築様式をヴァストゥと呼ぶ。

六、宗教の習合―シンクレティスム（Syncretism）――双方にヒンドゥー・仏教の混交が見られる。ボロブドゥールは際立った大乗仏教の遺産であるが、九世紀後半シャイレンドラは既にヒン

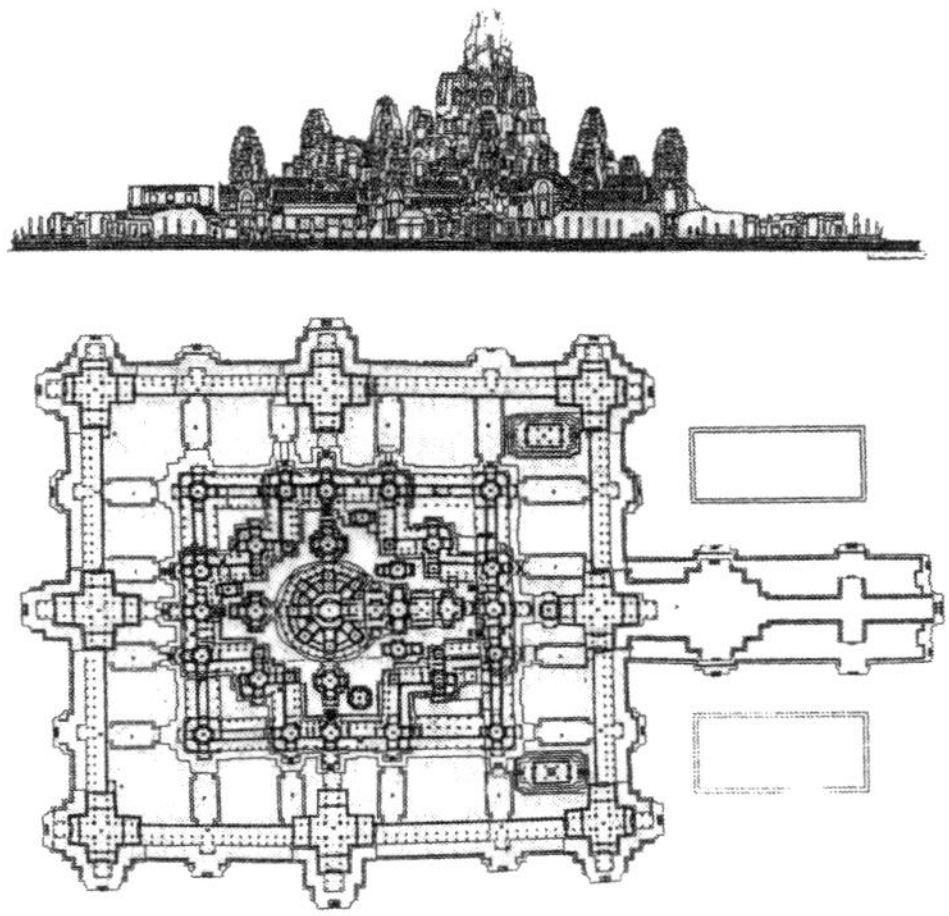

図 3–14　バイヨン寺院　側面・平面図。

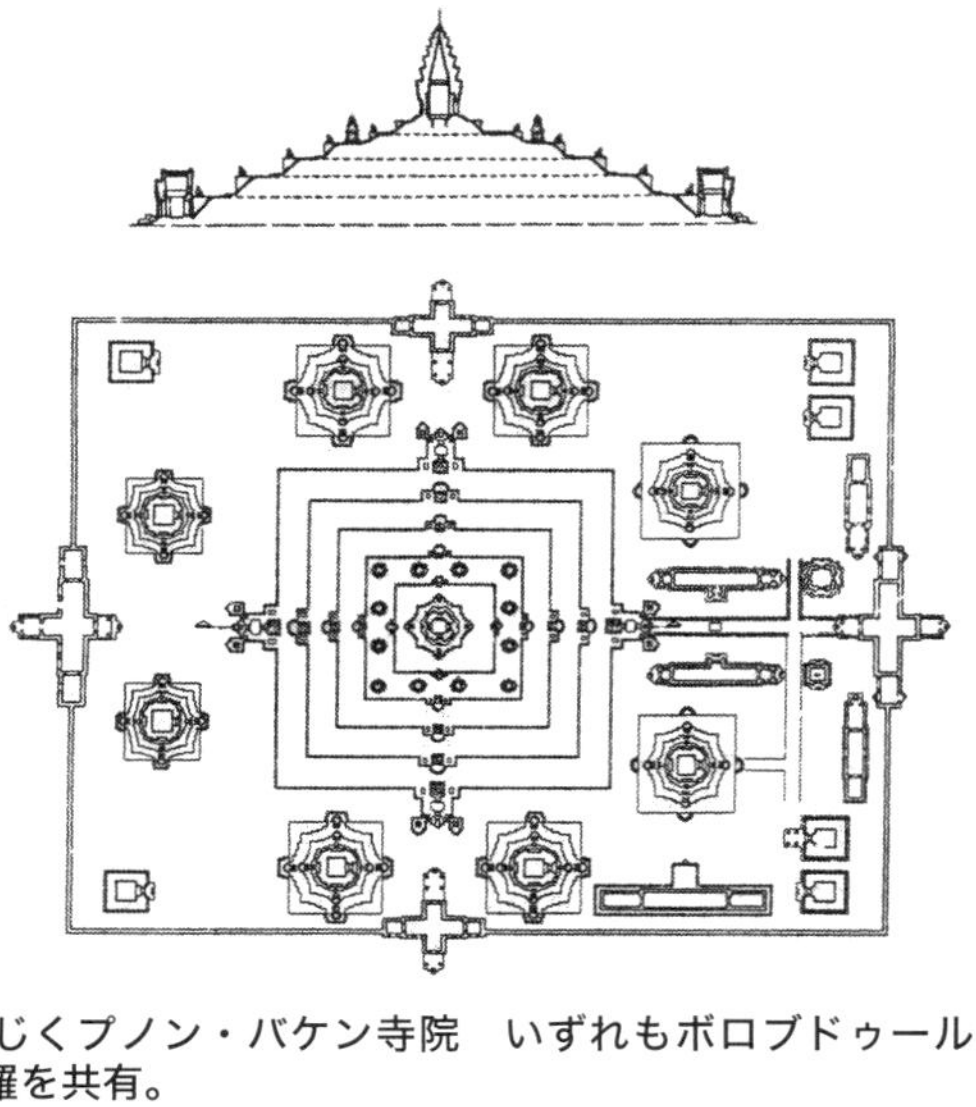

図 3–15　同じくプノン・バケン寺院　いずれもボロブドゥールの基本概念、立体曼荼羅を共有。

ドゥー教に還り、そのもとで最後の仕上げがなされた、という。バイヨンも一時シヴァ（又はハリハラ）の寺院となった。ジャワのプランバナンやディエン高原には幾多の両教共存の遺跡が残っている。

七、モチーフ――セイロン・ジャワ・カンボジアにはインドを起源とする共通のモチーフが現われる。特にナーガ（Nāga＝竜、七頭のコブラ）、シンハ（Singha＝守護の獅子、狛犬）、ガルーダ（Garuda＝ヴィシュヌーの乗りものの鳳）は、至るところに類似の形で現われる。

八、叙事詩――『マハーバーラタ（Mahabārata）』、『ラーマーヤナ（Rāmāyana）』の古代インド二大叙事詩が、双方で石に刻まれると共に現在も文化として生きられている。

九、密教――アバヤギリ、ボロブドゥール、アンコール・トムを結ぶ海の道の大乗仏教は、ガンダーラから北上、タクラマカン砂漠の北道・南道を東進した「顕教」ではなく、あきらかに「密教」、それもマンダラの形状からして、八世紀末唐の長安で大成され、九世紀初頭空海によって日本にもたらされる「真言密」と考えられる。この密教の成立は南インド・セイロンのパーリ語による「雑密」すなわちタントラ仏教（Tantric Buddhism）によるところが大きい。雑密は空海の渡航前、黒潮に乗ってすでに紀州の那智や四国の室戸岬に到達している。

古代扶南は別として、カンボジアに上座部仏教が現われるのは、十三世紀、雲南から南下したタイ族のシャム王国の興隆を待たねばならない。

我々は、このような南海の仏教の動きにはスリヴィジャヤの特異な性格が大きく関与していた、と見る。それは海流と地の利を知り交易を基としたハーバーシティーズの連合体であり、そのアメーバ状の王国の主都はパレンバンのみでなく時代と共に転々としたと考えられる。特に唐代にあってはマレー半島のクラ地峡、チャイヤ、ケダ辺りが拠点となっている。その勢力範囲は全インドシナに及び、そのことは、クメール王朝に対抗したチャンパ王国（今のヴェトナム中部）の主都がヴィジャヤ（Vijaya）とその名を共にしている（Śrī は聖の意）ことでもわかる。そしてシャイレンドラ王朝はこのスリヴィジャヤの幻のような輝ける歴史の一ページを中央ジャワに飾ったのであった。

クメール王朝は、この勢力下にあって独立を宣言した。その独立の文化的アイデンティティこそ、かのデーヴァ・ラージャ（神王観）であったのだ。そのクレン山における宣言は、泰山で封禅の儀をとり行った秦の始皇帝を思わせるものがある。しかし十一世紀、第二アンコールを現在の地に建造したスーリヤヴァルマン一世がマレー半島出身であることでも分る通り、スリヴィジャヤを中心とする幾多の民族混交と文化の交流が続いたと思われる。

現在のタイ・ラオス・マレーシア・ヴェトナムを含む地域をその傘下に収めたクメール帝国は、主都アンコール地区だけでも六〇以上の寺院を残している。それはこの帝国が、日本の安土・桃山時代の武将にも似て、「力あるもの」を王としたためで、すべての王が即位と同時に自らの寺を建てるのを習わしとしたためである。

王の像は神々のそれと重なり、同一化し、神格化される。「個人に与えられた本性はその〈名〉

と〈形〉で成り立っている」という古代インドの考え方がここに出ている。この個人の神格化の過程は、古代エジプトのファラオの造り出した神殿や肖像を思わせる。その時、彫像は単なる記念碑ではなく、生命の宿るものであったのだ。

おわりに、南海の大乗密教が意外に儚い命であったことを記しておきたい。

南海の道は記録に残るだけでも一一六年ローマ皇帝マルクス・アウレリウス・アントニヌス（大秦国王安敦《アントン》）の使節が漢朝に至った道であり、六世紀には南インドから菩提達磨（Bodhidharma）が禅を洛陽に伝えた道である。アラビアのダウ船、シナのジャンク、インドネシアのアウトリガーがこの水域を行き交い、多島海《エーゲ》のような活況を呈していた。

この対話の道を通って八世紀中央ジャワに花咲いた大乗密教は、しかし、約一世紀半の儚い命しかもたなかった。それはただムラピ山の噴火による、と言えるだろうか？　十世紀前半シャイレンドラ王朝はこの地を棄て東ジャワに移ったとされるが、本当か？　私の調査した限り、実は東ジャワにはその痕跡がない。かつてのポンペイのように、それは一夜にして壊滅したのであろうか？　しかし、もしプランバナンそのものが主都であったとすると、そこに見られるヒンドゥー・仏教の混交、そして時を追って前者に帰って行くその過程こそが南海の大乗の運命を物語っているのではないか？　そして我々は、中央ジャワが自然の打撃を受けた時、生き残った人々の逃れたのは同胞の住む所、マレー半島であった、すなわち既に「道」のあった所に違いない、と考えるに至った。こう考えてこそ、九世紀を境とするクメール帝国への「文明の移行」が理解されるのである。そのクメール王朝でも、大乗仏教（密教）の命はかなり儚い運命をたどる。前述のようにバイヨン寺院にあってさえ、シヴァ神が復帰し、仏像は井戸や壁の中に隠されねばならなかったのだ。長安で密教が完全に衰退するのは十二世紀、ちょうどセイロンでアバヤギリ僧院が廃される時期である。あるいは恵果は既にそれを予感し、最後の望みを東方の国の空海に託したのかも知れない。

思うにナーランダ・アバヤギリ・中央ジャワ・長安・奈良を結んで大成した「純密」は、ヘーゲルの哲学のように、余りにも完成された思想であった。しかるに人間は「余りにも完成されたもの」を永く背負えるほど強い存在ではないのだ。人間の限界、その弱さを知り、「神の視点」、「仏の慈悲」にすべてを託す新しい仏教が日本に誕生するのは、鎌倉期、十三世紀のことである。日蓮・法然・親鸞は高野山で学んだのではない。比叡山である。比叡山延暦寺、それは空海とともに遣唐使として留学した最澄が、秀才のみが選ばれる官学生という身分故に一年で帰国せざるを得ず、天台山まで行きながら長安の真言密には至らなかったことを悔い、一年後に帰朝した空海の門に入ってまでその極意を譲り受けようとした、すなわち自らの教学を未完と自覚した寺である。だからこそ、そこは勉学の場となり、優れた後継者たちが育っていったのだった。純密すなわち完全な密教をわが物とした空海にはそれが無い。日本の仏教界に新たな飛躍が起こった十三世紀、それは菩薩たちを持たず、唯一のブッダに向き合う上座部仏教が、新たな「南方仏教」として東南アジアに至る時期と一致している。

この章を終えるにあたって、私が想い出すのは、一九八三年、ボロブドゥールの復旧工事完成式典でのことだ。この大乗仏教の寺の前で、それはコーランの詠唱で始まった。そしてこの蘇ったチャンディを背に、櫓《やぐら》のように建てられた演壇に登ったのはユネスコのムボウ事務局長、そしてインドネシアのスハルト大統領（共に当時）だったが、この二人は、自分たちが登ったその櫓の下には、一〇年前この修復工事の起工式にあたって、この国古来のシャーマニズムの儀式に従い犠牲となった牛の頭が埋められている、とは知らなかったはずだ。

彩りも豊かに繰り広げられるインドネシア各地の民族舞踊を目にしたその式典の席で、隣に座った桑原武夫氏がそっと手渡してくれたのは一枚の紙片であった。そこには桑原さんらしい中国風の手書きで、李白の詩がしたためてあった。

今人不見古時月
今月曽経照古人
（今我々は昔の月を見ることは出来ない。
しかし今見る月は嘗て我々の祖先を照らしていた）

第4章　竜は太平洋を渡ったのか？

――マヤ文明とインドネシアに命を生み出す水の転生を見る――

一　はじめに

四〇年ほど前、ユネスコによるボロブドゥールの修復工事が始まった頃、私はジャワ島の密林の中に眠っていたこの驚くべき大乗仏教の遺跡に立っていた。その時、眼下に拡がるケドゥ盆地の樹海を眺めながら、私の脳裏をかすめた一つのことがあった。この形状はあるいはマヤに通じるものではないのか？

以来、その思いを、私は秘かに胸中に温めてきた。

しかし、時を経て、ユカタン半島に数々のマヤ文明を訪ねるに及び、この思いは確信に変わっていった。それをジャマイカで開催された国際比較文明学会で発表したところ、多大の反響を呼び、『朝日新聞』の「天声人語」にも取り上げられた。この章を読んでくださる方は、ここにこそ文明の転生と移行を実感してくださるはずだ。インドに生まれ、インドネシアを経て太平洋を渡った「いのちを生み出す水」の思想である。メキシコの風土がそれを際立たせる文明を生んだのだ。

南北アメリカ大陸の懸け橋、メソアメリカ――メキシコ、グアテマラ、ベリーズ、ホンジュラス、エルサルバドルに出現する古代から中世にかけての遺跡群は、その特異な神殿都市の形状で、十五世紀末から十六世紀に到来したスペイン人に衝撃を与えた。彼らが最初に接したのは、当時未だ隆盛を誇っていたアステカ帝国であり、南米ではインカ帝国の文明であった。この両者は必ずしも同

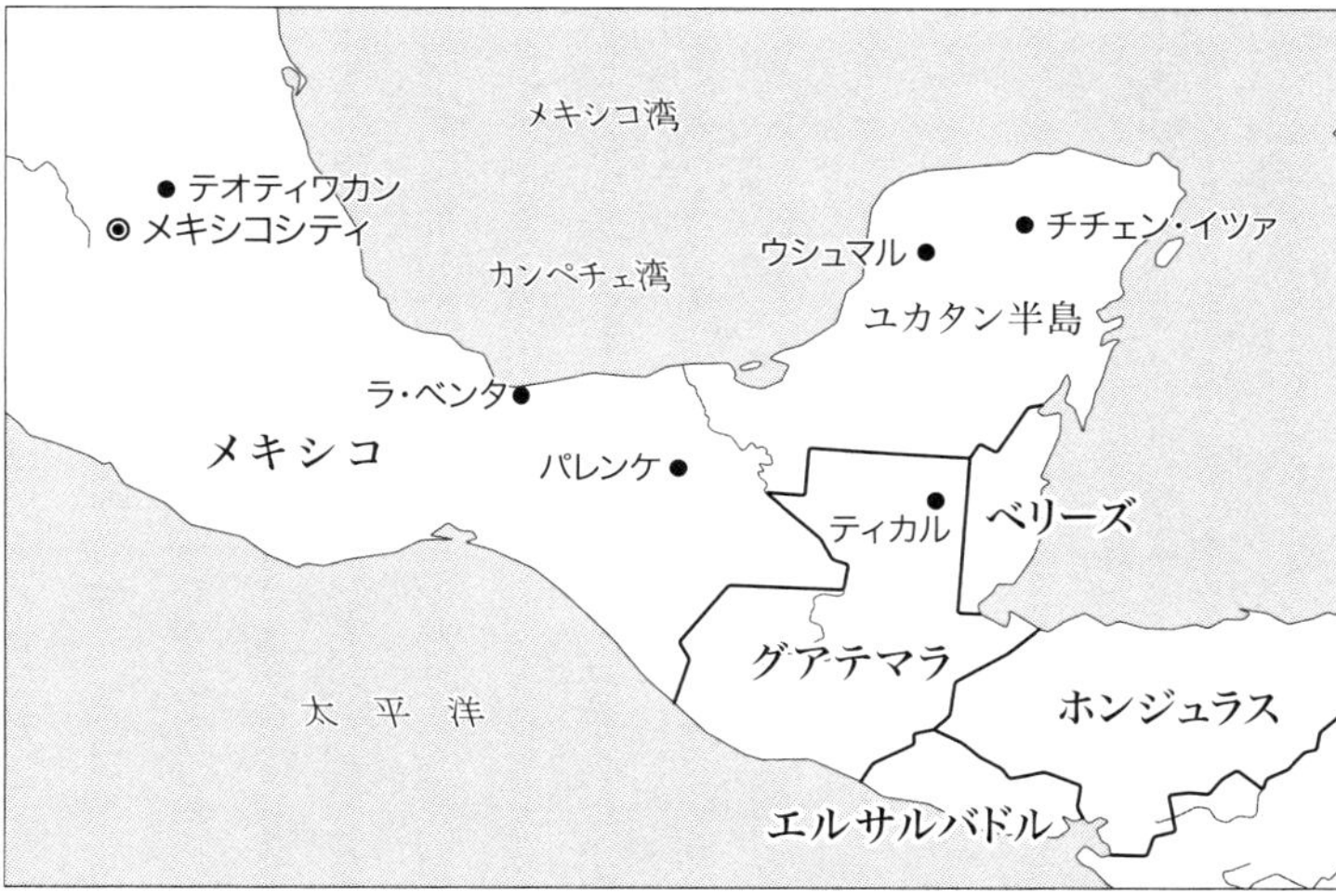

地図　メソアメリカのマヤ文明主要遺跡

質ではないが、共にコンキスタドールによって征服され、滅亡する。メキシコにあっては、人間の血の犠牲を伴う宗教儀式がキリスト教の伝道師からは悪魔の所業と見做され、ディエゴ・デ・ランダはマヤから伝わる古絵文書をすべて焼き棄てた。彼はやがてその非を悔い、自ら古老たちから聞き集めたこの地の神話と宗教の書を残すのだが、この暴挙は古代アレクサンドリアの図書館の焼失と同様、取り返しのつかないものであった。現在世界に残るマヤの古文書、コデックスはわずかに四点である。

四世紀にわたり欧米人はメソアメリカの地に次々に遺跡を発見して行く。中でもテオティワカン、ティカル、ウシュマル、パレンケ、チチェン・イツァ等の遺跡は、卓越した古代文明の存在を証明するものであった。それらを総括してマヤ文明と呼ぶこともある。更に紀元前一五〇〇年に遡るとされるオルメカ文明の存在は未だ謎に包まれ、紀元前三世紀に始まるとされるマヤ文明との接点は今後の解明に俟《ま》たねばならない。

マヤ文明の神殿都市群に顕著なのはその中核たるピラミッド型祭壇である。その形状はただちにエジプト、サッカラの階段ピラミッドを連想させた。欧米の学者は当然、古代エジプト人の大西洋横断を考え、二十世紀になってもメキシコの人類学者サンティアゴ・ヘノベスのように、エジプトの壁画に描かれたパピルスの舟を再現した「ラー号」でその可能性を実証せんとした者もいる（ラーI号は壁画に画かれていた綱のほんの一本を省略したため沈没したが、忠実に壁画を写したラーII号は無事大西洋を渡った）。しかしエジプト起源説は迅くに姿を消す。メソアメリカに存在したのは全くの異文明であった。

問題はこの一大文明が、果たして地球が最終氷河期にあった二万五〇〇〇年〜二万年前頃、凍っていたベーリング海峡すなわちベリンジアの氷原をマンモスを追って越えた、アジアからのモンゴロイド系移動民族の末裔によって内発的（endogenous）に創造されたのか、という点にある。彼らはベリンジアからただちに南下したのではない。アラスカからカナダにかけては一面の氷河が人間の行く手を阻んでいた。南下を開始したのは一万五〇〇〇年前頃、地球の温暖化によって北米に無氷回廊が出現してからである。彼らがカナディアン・ロッキー、アメリカン・ロッキーを伝いながら中南米に至るのは一万二〇〇〇年前頃と思われる。そしてこの一万五〇〇〇年前の解氷期以来、アジアからの新移民はなかったはずだ。何故ならベーリング海峡にはもはや渡るべき氷原がなかったからである。もしメソアメリカの巨大文明が一万二〇〇〇年前のプロト・モンゴロイドの所産であるとすれば、それは人類の発展が、隔絶して併行し得るということ、即ち人間性の通底を証しうるものとなる。それは人間の精神性の収斂（convergence）を意味する。祭司の長の存在、ヒエラルキー、不死を願う巨大モニュメントの制作はメソポタミア、エジプトにも共通して存在した。

しかし近年になって、北アフリカ、エーゲ海、中近東の交流は遥か数千年に遡り、更にそれがユーラシア全域に及んでいることが分かってきた。するとアメリカ大陸という孤絶していた大陸の、しかもメソアメリカ及びアンデス山脈という限られた地域に、突如として階段ピラミッドをもつ都市群が出現することは、にわかには理解できない。従って他の文化がここに及んだ、とする議論、すなわち伝播（diffusion）の立論が幾多の学者によって試みられた。あるものは日本の縄文土器との類似を見、あるものは古代シナ文明の青銅器の模様や製紙法に着目、またあるものはクメール文明の寺院との類似を指摘した。しかしそれらの指摘はいずれも、いかなる道で、どのような民族が、Transoceanic Contact をもったのか、明確には説明していない。

二〇〇一年六月二十二日、麗澤大学比較文明文化研究センターが主催したシンポジウムは、初めてインドネシアに焦点を当てた。マレー・ポリネシア系に属するこの地域の民族の有する秀れた航海能力は、二千年程前遥かインド洋を越えてのマダガスカルへの移民を可能にし、また歴史的にセイロン、インド、更に中国と結び、祖霊崇拝を基礎とするその本来の文化の上に、早くからインド教の宇宙観をとり込み、更に大乗仏教をも摂取、それらを止揚した文明を開化させていたのだ。その影響はマレー半島からカンボジアのクメール文明にまで及んでいる。とすると、あるいはジャワの文明は太平洋を越えてメソアメリカとアンデス地方にも達していたのではないか？　それを特にユカタン半島に絞って解き明かすのが本章の眼目である。

マヤ文明とは何であったのか？

メソアメリカ文明を「マヤ文明」という象徴的な言葉で総括するならば、その建造物群の更なる象徴は階段ピラミッドである。十六世紀以降、密林の奥に驚くべき古代文明の存在を次々に確認していったスペイン人は、当初その思いをエジプトに馳せた。サッカラ（Saqqara）の階段ピラミッド（Step Pyramid）が連想されたからである。しかしこの両者は似て非なるものだ。紀元前二七〇〇年代、エジプト古王国時代のジェセル王が自らの墳墓として築かせたこの階段ピラミッドは、元来マスタバ（mastaba＝ベンチ型墳墓）であり、それが逐次拡大、層を重ねていったものだ。中央竪穴の下部に玄室がある。頂上には何も無い。従ってそこに登る階段がない。

マヤのピラミッドには必ず階段がある。そして頂上に祭祠の間がある。すなわち頂上が最も神聖な場所なのである。実は、マヤのピラミッドもまた墳墓であるという論説が証拠を得たかに思われる発見が一九五二年にあった。パレンケ（Palenque）の碑銘の神殿（Templo de las Inscripciones）（図４―１）の内部に、巨大な石棺が発見されたのだ。石蓋には見事な彫刻がほどこされ、そこに眠る貴人は翡翠《ひすい》の仮面をつけ、口にも翡翠を含んでいた。その近くのマヤ文字から、この玄室の築かれたのは西暦六九二年、人物はその頃パレンケを興したパカル王と特定された。しかしマヤ地方には、このパレンケを例外として、王のピラミッド型墳墓は一つも発見されていない。しかも近年、現在のピラミッド型神殿は、パカル王の死後、王位を継いだその王子が、後述するマヤの暦法により継ぎ足したものであることが分ってきた。

エジプトではジェセル王以降階段ピラミッドは姿を消す。サッカラの南六キロのダハシュール

図 4–1　マヤ地方パレンケの碑銘の神殿。

図 4–2　神殿都市テオティワカン、左側に太陽のピラミッド。

(Dahshur)にはテオティワカン(Teotihuacán)の太陽のピラミッド(Pirámide del Sol)(図4—2)を思わせる屈折ピラミッド(Bent Pyramid)がある。その次に現われるのが、ギザ地区(Giza)の余りにも有名な三大ピラミッドであるが、その四角錐の表面は元は磨かれた化粧板で覆われていた。それらのいずれにも階段はない。墳墓であることは疑わしいが、それらは内部に玄室を持つ。

マヤ文明の最も秀れた建造物としては、チチェン・イツァ(Chichén Itzá)のカスティーヨ(El Castillo)と呼ばれるピラミッドを挙げることが出来よう。それは完璧な九層の正四角錐ピラミッドで、東西南北に階段を持つ。階段はそれぞれ九一段、四面合わせて三六四段に頂上の祭壇を加えると一年の日数となる。北面階段の下部にククルカン(Kukulkán=羽を持つ蛇)の頭部が残っていたが、欄干には何の彫刻もほどこされていない。ところが近年ここにその胴部が発見されたのだ。一年に二度、春分と秋分の日の午後五時、九層のピラミッドを照らし出す夕日は、陰となる北面階段の欄干に踊り下る竜の姿を画き出すことが分ったのである(図4—3)。

図4–3　チチェン・イツァの羽根を持つ蛇ククルカンの神殿(カスティーヨ)。春分と秋分の日、その階段にククルカンの姿が浮かび上がる。

マヤ人は天文学と数学の天才であった。そのハアブ暦(太陽暦)の割り出した一年は三六五・二四二〇日、現在の暦との差はわずかに〇・〇〇〇二日である。この天文学と数学がカスティーヨすなわちククルカンの神殿を造り出したに違いない。月と太陽、そして火星が観測の主な対象になった。マヤ人がそこまで天体観測に執着したのは、それが生命の水に関わっていたからである。ユカタン半島の土壌は石灰質で地表に水を残さない。雨水は地下の河となり、所どころに深い穴底の泉セノーテ（Cenote）として現われるのみである。雨が降らないと主食のトウモロコシも枯れる。従って雨の神チャック（Yun-Chac）は偉大な神なのだ。犠牲はジャガーを象《かたど》ったこの神に捧げられる。選ばれた若者の心臓は戦士の神殿の頂上で待つチャックモール（Chac Mool）（**図4―4**）が腹上に捧げ持つ受け皿に供えられ、選ばれた乙女は泉《セノーテ》に身を投じた。この地においては他にも増して「水こそが生命」であったのだ。そしてその水の神が他ならぬククルカンであった。

図4–4　戦士の神殿のチャックモール。胸の上に犠牲の心臓を乗せる皿を持つ。

　チチェン・イツァでこの精巧なピラミッド、カスティーヨを見る時、太平洋をへだてた遥か彼方の島にもう一つ精緻を極めた建造物があることに思いを馳せずには居られない。ほかならぬ中央ジャワのボロブドゥールである。この比類なき大乗の寺《チャンディ》は八世紀後半から九世紀にかけて、当時の仏教に帰依したシャイレンドラ王朝によって建てられたものである（第3章参照）。

メキシコ、ユカタン半島のチチェン・イツァで現在目にする建造物は、十世紀この地でマヤ文明を継承したトルテカ人によって造られたものである。カスティーヨの内部には古いマヤのピラミッドが眠っているが、その形状はしかとは分らない。現在一カ所に開けられた隧道でその頂上に登り、そこにこぶし大の翡翠をちりばめた赤いジャガーの玉座とチャックモールを見ることが出来る。しかしピラミッドの原型はわからない。トルテカ人のチチェン・イツァ到来以前のマヤの遺跡（古チチェン）は木の生い茂る丘陵状となっており、今はその昔の姿を偲ぶよしもないのだ。

我々の注目するのは、まず、両文明の栄えた時代の整合性である。メソアメリカ文明の興隆期、古典期後期（西暦六〇〇～九〇〇年）はヒンドゥー教と仏教双方のインパクトを受けた中央ジャワの隆盛期と一致する。そしてもう一つの興隆期、メソアメリカ文明の後古典期前期（西暦九〇〇～一二〇〇年）は、中央ジャワ文明がスリヴィジャヤの道を通って現在のカンボジアの地に壮大なマンダラ状のピラミッド型建築群、すなわちアンコール文明を出現させた時期とぴったり一致する（もちろんメソアメリカにもそれに先立つ歴史があるが、現在地表で見られる建造物のほとんどはこの期のものなのだ）。果してこの不思議な一致は偶然なのだろうか？　偶然でないとすると、或いはジャワ文明こそが太平洋を越え、メソアメリカ文明の発展にインパクトを与えたのではないか？

二　両文明の類似性

以下我々は、両文明の残した建造物のコンセプト及びそこに彫られた重要モチーフを比較し、そこに現われる驚くべき類似点を指摘すると共に、もし文明の接触があったとしたら、それを運んだ人々は誰であったのか、推論することとする。

1　階段ピラミッドの意味

第3章で詳述したように、ボロブドゥールは八世紀、インドのナーランダ、セイロンのアヌラダプーラに起り、中央ジャワ、唐の長安を経て、九世紀の初め空海によって日本にもたらされた大乗密教の毘盧遮那《びるしゃな》仏（Vairocana）すなわち大光明仏の具現化であった。それは仏塔であると同時に羯《かつ》磨曼荼羅《まんだら》（立体マンダラ）であり、四方に中央大塔に至る向上門を持つ。全体は六層の方形壇と上部三層の円形壇から成り、総計五〇四体の仏像が整然と配列された階段ピラミッドである。チベット、インド、中国、日本に存在する曼荼羅が何故この地でのみ壮大な石造ピラミッドになったのか？　それはインドネシアに古くから存在する山岳信仰、それに起因するピラミッド型建造物と無縁ではないことを我々は既に指摘した。実は、ピラミッドはインドネシアでは有史以前から存在していたのだ。

山岳信仰は祖霊崇拝と密接に関わっている。山は祖霊の住む所、そこから流れ出る水が大地を潤し、諸々の生命の種を養い、やがて海に入る。海の水は蒸気となり、上昇して雲となり、やがて山に還る。この水の循環を太陽が照らし、そこに生命の環が出来る。

中央ジャワのムラピ山、東ジャワのブロモ山、バリ島のアグン山は殊に聖山とされ信仰の的となってきた。共に火山である。払暁、ボロブドゥールの東面に立てば、白くかすむ樹海の遥か東に噴煙をたなびかせたムラピ山のコーン型のシルエットが浮び上り、その真後《うしろ》から紅《くれない》の太陽が昇る。曙光は中央の大塔、そして巡礼者の顔を赤く染める。大日の法界はまさしくこの丘にこそ築かれねばならなかったのだ。バリ島最大の寺院プーラ・ブサキ（Pura Besakih）の参道は真直ぐにアグン山を指向している。ヒンドゥー教の三主神、ブラフマ、ヴィシュヌ、シヴァを祠《まつ》るこの寺は、それ自体が本体なのではなく、その背後に真の神、すなわち聖なる山をいただく霊場なのである。バリ特有のスプリット・ゲイト（第5章図5—2参照）はその背後の神へ至る道標《みちしるべ》なのだ。従ってブサキ寺院は、バリ・ヒンドゥーの寺院でありながら、庄内の出羽三山の趣きを帯びる。羽黒山には神である三山の合祭殿がある。那智では滝が本体であり、大社内に本体があるのではない。およそ日本でも同じ山岳信仰が行われており、それが仏教と習合したことは、仏教寺院につけられた「本山」「山門」といった呼称で明らかである。

山岳信仰は深く祖霊崇拝と結ばれている。祖霊は山に住み、そこから一生命系としての子孫を見守る。生命は永遠に死せず、山から海へ、そしてまた海から山へと循環する水と共に、その道程で聖樹となり、稲魂となり、それを新嘗《しんじょう》（共食）する人の血となり、子々孫々に受け継がれてゆく。

ボロブドゥールの聖なる中心は無窓の大塔のそびえるその頂上、アンコール・ワットのそれも須弥山（Mount Meru）に擬せられる中央の塔である。その構造の至る所に水の化身である蛇（Nāga）が現われる。上層部は雨水を貯える精緻な池、そこから水は三層の建築の各層を潤し、遂に外壕に至る。アンコール・ワット、アンコール・トムは治水すなわち灌漑で繁栄を築いたクメール王朝の水の都であったのだ。そしてこの地では、大貯水池東バライの中央の浮き島に造られたメボン寺のように、階段型ピラミッド上に祖霊（Neak Tā）の寺が建てられた。

マヤ・トルテカ、そしてテオティワカンからアステカに至るメソアメリカ文明の一帯にも、明らかに頂上を聖なる場所とする建築物群が現われる。その典型的なものが階段ピラミッドである（同じコンセプトによる階段ピラミッドは、ナスカ等の南米アンデス地方にも現われるが、その一致の理由は本章の終わりで明らかになる）。この一帯では神殿の頂上で犠牲が捧げられた。何故犠牲か？ それはここでは雨が途切れることがあったからである。それは種の死を意味した。雨の神チャック（テオティワカンではトラロック（Tlāloc）と呼ばれる）を呼ぶ

図4–5 チチェン・イツァの球技場の壁には犠牲となった青年の図、切られた首からは再生のシンボル蛇が飛び出している。

儀式で生け贄となるものは、マヤ独特の競技、重いゴムのボールを腰と肘と肩を使って打ち合い、競技場の壁面に取りつけられた石の輪を通す、ポク・タ・ポクという球技の勝者であったらしい。のちには生贄は捕らえた敵方の頭目になったようだが、本来はその集落の選ばれた若者であった。球技場の側壁に残るその図を見るとよい（**図4―5**）。そこには手を膝に置き（縛られていない）、寂《じゃく》として死に就く若者の姿が画かれているではないか。その撥ねられた首からは鮮血が噴き出しているが、それは再生のシンボル蛇の形をしている。すなわちここで行われていたのは、生命の水が涸れんとする時、「個が死んで種が生きる」祈願の儀式であったに違いない。

2　四方位

ボロブドゥールそしてその同時代のプランバナン（Prambanan）に見る寺院群はすべて四方位をもつ。階段が東西南北の四方に造られている。アンコール地区の寺院も同じく四方位をもち、スーリヤヴァルマン二世（Suryavarman II）が自らの霊所として建造した、西方に参道をもつアンコール・ワットを例外として、すべて太陽の昇る東方を正面としている。十二世紀にジャヤーヴァルマン七世（Jayavarman VII）によって造営されたアンコール・トム（大都）の中央十字路に位置するバイヨン寺院（Bayon）にも立体マンダラの形が認められるが、クメール王朝の最初の都ハリハララーヤ（Hariharalaya）のバコン寺院（Bakong）の形は完全な階段ピラミッドである（第3章**図3―14、15**参照）。ボロブドゥールと同様、ここからヒンドゥー・仏教の要素（仏塔《ストゥーパ》等）を取り除き、代りに祭祠の間

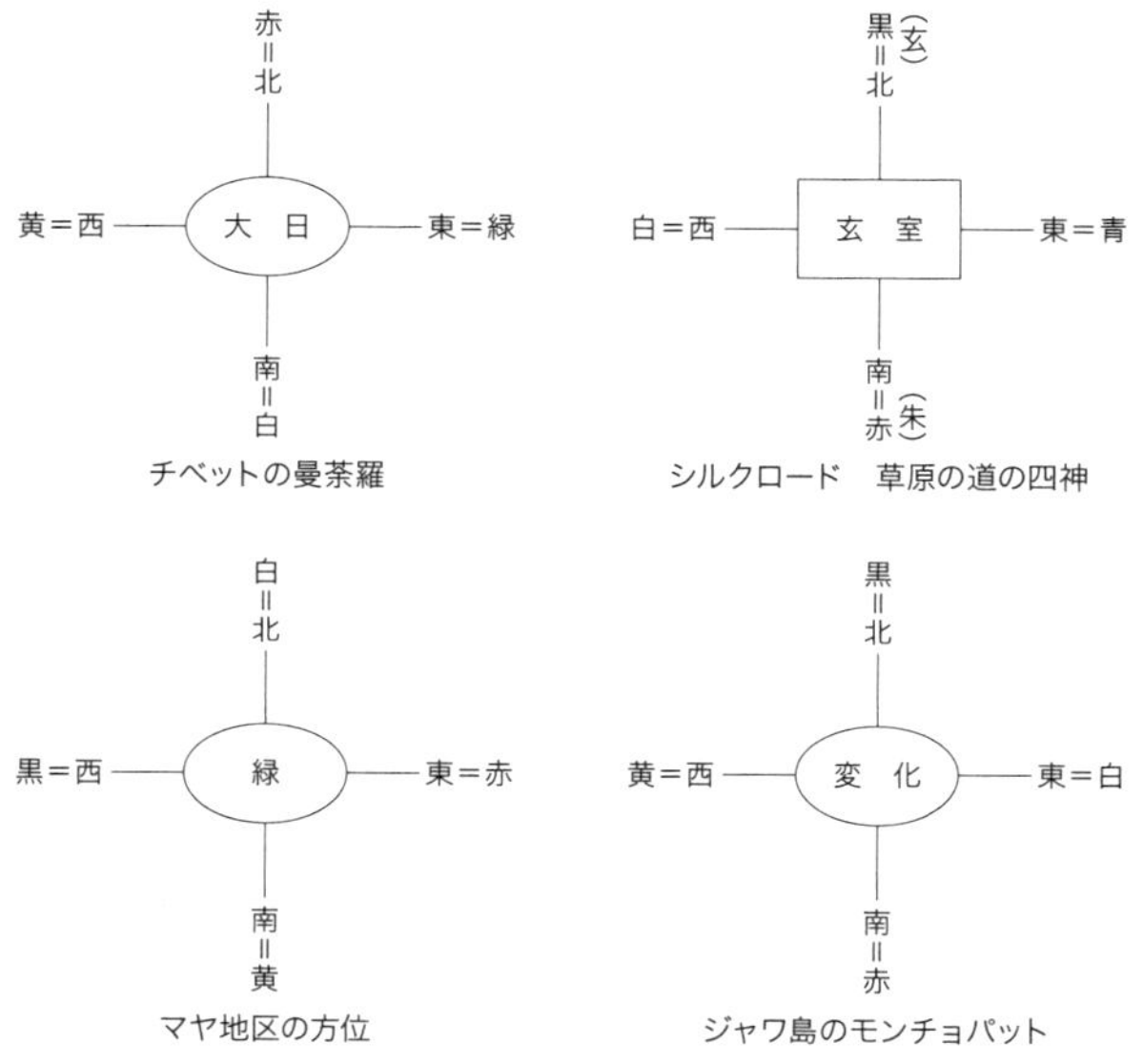

図4–6　四方位とそれに与えられた色の比較。

を置けば、それは先述のカスティーヨそっくりのピラミッドとなる。

四方位はまた色をもつ。これを比較して見よう（図4―6）。

色は異なるが、注意すべきは方位が色をもつという考え方である。これはシルクロードの草原《ステップルート》の道に現われ、中国から日本にも至った陰陽五行説に関わるものだが、チベットではそれは緑＝地、青＝水、赤＝火、黄＝風、白＝空となる。すなわち万有を形造るこれらの要素は互いに結び合い転身していく、という考え方が秘められている。そして、今挙げた四組の方位とその色の中で、ジャワの四色とマヤのそれは完全に一致する。それだけではない。マヤ世界では例えばティカルが神殿都市として村々の中心にあったように、インドネシアのモンチョパット（mancapat）の概念は「四方位の中心が高みを持ち、聖なる場所」という考え方なのだ。この概念を建造物に当てはめた場合、聖なる場所は頂上に置かれねばならず、四方位を階段としたピラミッドとなる。ポロブドゥールはかくしてジャワに出現した。チチェン・イツァのカスティーヨは果してこれと無関係なのか？

四方位がそれぞれ色をもち、しかもその十字路に中心があるという考え方は、アジア大陸でも紀元前数世紀に遡り得ても、一万二〇〇〇年前には遡り得ない。するとベリンジアを越えて南下したとされる古代モンゴロイドの末裔であるマヤ人はどこからそれを得たのか？

3　聖域の考え

ジャワのプランバナンは神殿都市であるが、メソアメリカに出現した都市群も、ティカルを初め、テオティワカン、パレンケ、ウシュマル、チチェン・イツァ等すべて神殿都市である。そこには神官は住み得ても村民の住居はなかった。即ち神殿遺跡群は「聖域」であった。住民の村はその外にあり、木造であったため今は見ることが出来ない。プランバナンやアンコール・ワットと同様である。この聖域の考えはジャワのみならず広くポリネシアに見ることが出来る。タヒチ島ではそれはマラエと呼ばれる祖先の霊所で、やはり階段型ピラミッド状となる。これが更に東に進むとイースター島のアフとなり、その上に巨大なモアイ像が立ち並ぶ。モアイは祖霊の現われなのだ。メキシコ高原に十一世紀開花したトルテカの都トゥーラの神殿上に立ち並ぶ巨大石像群は、モアイの聖域アフを想わせる。

4　主要モチーフ

以上の類似点を念頭においた上で、それぞれの地域の建造物に現われる主要モチーフの考察に移ることにしよう。実はここにこそもっとも驚くべき類似が認められるのだ。

マヤ文明（メソアメリカ文明）の主要モチーフは「羽根の生えた蛇」である。それは水の神であり、マヤ地方ではククルカン（Kukulkán）、テオティワカンではケツァルコアトル（Quetzalcóatl）と呼ばれる。もう一つの主要モチーフは「ジャガー」、雨の神である。それはマヤではユーン・チャック（Yun-Chac）、テオティワカンではトラロック（Tláloc）と呼ばれる。

この二つがインドネシアに、そして広く東南アジアに、更にインド・セイロンに、中国・日本に存在することに我々は注意しよう。すなわちナーガ（Nāga）及びシンハ（Singha）である。それは中国や日本では竜と獅子になる。狛犬にも変身する。沖縄ではシーサーとなる。

バリ島のバロン（Barong）もまさしく獅子である（図4―7）。仮にバロンとは呼ばれなくても、この種の妖怪はジャワでは森の神、門上の守護神として至る所に出現する。

竜の起源は、安田喜憲によれば約八千年前、中国東北部であると言う（『龍の文明・太陽の文明』）。安田はこれは長江の南の蛇（ナーガ）の信仰とは本来別であるとするが、文明間の対話により両者が合体していくことは明らかである。

図4–7　バリ島のバロンダンス。獅子舞との類似性は明らか。

獅子舞等で知られる獅子の象徴化の起源は、紀元前十世紀のアッシリア帝国に存在した、王の権威の象徴としてのライオン狩りにまで遡ると思われる（獅子舞の布に画かれる渦巻き模様はアッシリアの若獅子の肩に現われる渦巻である）。この獅子がシルクロードを通ってはるばる日本までもたらされた。バリ島のバロン劇もまた獅子舞である。アショカ王も自らの象徴に獅子を用いたが、当時存在したインドライオンではなく、これまた西方からの観念移入であると思われる。ヴェネチアではそれは十三世紀、東方のビザンチンから輸入され、サンマルコ広場を飾る。メソアメリカではこの空想の聖獣獅子はそこに現存した動物ジャガーに変身する。

この二つの聖なる神獣の観念が、一万二〇〇〇年前までにベリンジアを越えてアメリカ大陸にもたらされたことはあり得ない。二つとも未だ誕生していなかったからだ。もし仮にもっと近年、例えば前二～三〇〇〇年頃、ベーリング海峡を越えてアメリカ大陸に渡った内陸アジア人の群があったとしたら、少なくとも竜のイメージは伝え得る。しかし、その人々が通ったはずのカナダからアメリカにかけてその痕跡は無い。

この二つの主要モチーフに加え、メソアメリカに遍在する太陽の神、鷲を語ることも出来よう。

インドネシアではガルーダ（Garuda）である。ガルーダも太陽を運んだ。ヴィシュヌの乗り物であるこの鳥の音写は迦楼羅《かるら》、意訳が金翅鳥《こんじちょう》となり、中国から日本に入っている。金翅鳥とは美しい羽の鳥で、メソアメリカで尊ばれた鳥ケツァルを想わせる。

5　死と再生の思想

マヤの暦においては複雑な周期が歯車のように嚙み合っているが、祭祠を司《つかさど》るツォルキン暦は二〇（手足の指の数）×一三（天の一三神）の二六〇日、ハアブ暦（太陽暦）は前述したように三六五日である。この主要な二つの環が回転し還暦するのは五二年目となる。従ってマヤ人はこの周期で建物を造りかえ、あるいは大々的な補修をほどこし、スクラップ・アンド・ビルドを繰り返してきた。日本の伊勢神宮のように完全に同じ形を復元するのではない。メソアメリカの諸部族は移動し、相戦い、互いに影響し合い、常に新しい様式を取り入れてきた。従って既に述べたパレンケの碑銘の神殿のように、またチチェン・イツァのカスティーヨのように、上から被せられた建物の中に眠る何代か前の建物の形状を知るのは難しい。

しかしメキシコ・シティの人類学博物館その他の資料館で目にする出土品は、この文明の本質を勇弁に語っている。そこに見られるのは「死と再生の思想」なのだ。深く死の影を宿すこの文明は、時を追うごとに奇怪な造形となり、生贄の儀式のイメージとも重なって、一見怪物が人を食べているように見えるものもある（図4—8）。しかしそうではない。人はトラロックから、またケツァル

図 4–8　メキシコ人類学博物館に見るアステカ時代の像。怪物は人を食べていない。生み出している。

図 4–9　マヤ時代のククルカン（水の神）の口から人は生まれる。

コアトルから、生まれ出ているのだ（図4―9）。水の神である蛇（竜）は大きく口をあけ、そこから前向きに人の顔が現われている。すべては「大いなる水の循環による再生」の信念を指向しているのだ。テオティワカンに続いて現われる都市カカシュトラ（Cacaxtla）に残る壁画は、この二体の神に更に聖樹となったトウモロコシが加わり、「水こそは生命」という理念を如実に画き出している。

ところが、この蛇の口から人間が生まれる、という特異な造形がまさに中央ジャワに存在するのだ。それも一カ所ではない。遍在する。

まずボロブドゥールの四面の階段の下部突端にそれは見られる。階段の欄干がナーガ、その大きく開けた口から生命が生まれる（図4―10）。それは時に菩薩、時に狛犬（獅子）である。その近くに、そこから生まれて大きくなったよう

図4–11　プランバナン神殿群の階段下部。ナーガが菩薩も生み出す。

図4–10　ボロブドゥール階段の下部。ナーガ（水の神）の口から狛犬が生まれる。

な狛犬が愛嬌を振りまいている。階段のみならず、よく見るとこの仏跡の各層のすべての門にナーガの意匠が凝らしてある。そのすべてが羽根をもち、その口から生命を生み出しているのだ。

ボロブドゥールだけではない。その近くのチャンディ・マンドゥ、チャンディ・パオン、プランバナンのシヴァ派の諸寺院（図4―11）、仏教のチャンディ・セウ（図4―12）、更に聖地ディエン高原に残る古寺チャンディ・アルジュナにさえそれが見られる。ジョグジャカルタ近くのチャンディ・サリ、チャンディ・カラサン、更に近年地下から掘り出されたチャンディ・サンビサリに至るまで、すべては生命の蛇、羽根の生えたナーガにあふれているのだ。

更に言えばこの蛇の形象はジャワ島に限られない。セイロンの古寺ポロンナルーワにも菩薩を生み出すナーガが残っている。セイロンは前にも指摘した如くジャワと密接な関係にあった。

これらはケツァルコアトル（ククルカン）の姿そのものである。これが偶然の一致と言えるだろうか。更にトラロック（チャック）もまたジャワに居るとなると尚更である。ここに示すプランバナン、ロロジョングラン寺院の側壁の浮き彫りはバロンと目されるが（図4—13）、その口から水があふれ出し、双方に環状にナーガが降り来て、向い合っている。ところが、アステカの暦（図4—

図4–12　チャンディ・セウでも同様。

図4–13　ロロジョングラン寺院で見たバロン。口から水、両側にナーガが降る。その象に似た口元に注意。

14）と呼ばれる有名な巨大円盤をよく見ると、驚くべきことが分かった。その外縁部は二頭のケツァルコアトル、それが環状に降って頭を向き合わせている（図4―15）。しかもその頭部の形状はジャワのナーガに完全に一致するのだ。こうして見るとボロブドゥールの向上門から古寺アルジュナの入口の扉（図4―16）まで各地に遍在する怪物カーラこそがトラロックではないのか、と思わざるをえない。ただしこのような発想はマヤに先立つオルメカの文化に既にあった。時代の特定は難し

図4–14　メキシコ人類学博物館の至宝、アステカの暦（太陽の石）。

図4–15　太陽の石の下部を拡大、ククルカンの口に注意。図4-13及びボロブドゥールを初めとする中央ジャワ寺院群のモチーフと全く同型。

いが、ラベンダには有名な巨大人頭の他に、墓状の石から人物が出てくる造形があるが、その上部には同様の神獣が画かれており、開いた穴はその口なのだ（図4—17）。カーラと同じである。そしてカーラあるいはバナスパティと呼ばれるものは、インド文明がジャワに到来する前から古代ジャワに存在した森の神なのである。

実はこの「命を生み出す水」の形象化には「マカラ」というインド起源の名があり、東南アジア

図4–16　ジャワ・ディエン高原、アルジュナの神殿。入口上部に注意。ボロブドゥール向上門に現われるカーラ（獅子）の口がここにも。

図4–17　ユカタン半島ラベンダに見るオルメカ時代と言われる墓状石。入口の上部に獅子状の口（雨の神チャックの口）が描かれている。水から人が生まれる。

から南アジア、そして中央アジアまで遍在する。魚の形をとることもある。西はアフガニスタンにも及び、その出土品の中には素晴らしい美術品もある。このマカラの意味を知らなければ日本の坊さんがたたいている木魚も意味不詳となる。

6　太平洋を渡った竜

以上行ってきた検証は我々を何処に導くのか？　それは疑うべくもなく、ジャワ文明とメソアメリカ文明の間には接触があった、ということだ。竜は太平洋を渡ったのだ。東北アジア、恐らくはモンゴルで生まれた竜は、最初はスキタイの模様である鹿や猪、はては亀といった動物の化身であったが、次第に南下、シルクロード、あるいは南シナをインドに結ぶ東南シルクロードで長江以南の蛇信仰、インドのナーガ信仰と出会うことにより、羽根をもつ蛇としての竜に変身したと思われる。チベットで造られたナガーニャ（ナーガの娘）の像は菩薩形、その下半身は蛇となってとぐろを巻き、頭上の光輪は五匹の蛇である（図4―18）。その形はチチェ

図4–18　インド発ナーガの娘、ナガーニャの像。羽を持ちとぐろを巻いた蛇に乗る。頭から5匹の蛇が生まれる。マヤで生贄の青年の頭から噴き出した血は再生の象徴、蛇であった。手には法螺貝を捧げ持つ。

ン・イッァの球技場でみた犠牲者の首から立ち昇る蛇と極めて近い。そしてナガーニャは背中に天使のような翼を持つ。まさしく「羽根の生えた蛇」なのである。

三　海の道

我々は、かくして、メソアメリカと東南アジアの両文明に接触があったという結論に達する。問題はそれが如何なる道で、何時行われたかである。

ここで我々の注目するのが、テオティワカンやマヤ地区で顕著な海のモチーフだ。ケツァルコアトルの神殿をはじめ、貝、特に法螺貝（カラコル）が各所で目に入る（図4―19）。カラコルは時に石の彫刻ともなる。テオティワカンは内陸なのに、何故この海にしか産しない巻貝が意味をもつのか？　我々は、ケツァルコアトルの身体自身が海を思わせる形態をとることにも鑑み、推量する。これは民族の海との関連の秘められた記憶なのだ。先述のナガーニャが捧げ持つのがこの法螺貝である。チベットは言わずと知れた観世音（Avalokitesvara）の聖地、この菩薩は海の彼方、補陀落《ふだらく》（Potalaka）に住むとされる。

法螺貝を実用品としている所はどこか？　ポリネシアである。それは船上で時を告げる。この法螺貝が海洋民族によって迅くに日本にももたらされ、修験道の重要な道具となっている。

メソアメリカと東南アジアを結んだのは「海の道」であった。それも大西洋ではなく、太平洋であった、と今我々は確信する。

一九四七年ノルウェイのヘイエルダール（Thor Heyerdahl）は、古代ポリネシアの舟を復元したコンチキ号（Kon-Tiki）で、ペルーからポリネシアのラロイア島に百日をかけてたどり着き、海上交通の可能性を立証した。しかし我々は、スンダランドの昔から、民族移動は東南アジアから常に東へと行われてきたことを忘れるべきではない。最近ではカナダ・バーナビー大学のバーレイ（David Burley）とアメリカ・アリゾナ大学のディッキンソン（William Dickinson）がトンガ王国のトンガタプ島で紀元前八〇〇年の住居跡を発掘したことが報告されているが、アジア人による「太平洋の占拠」（La conquête du Pacifique）は紀元前五〇〇〇年に遡ると現在の専門家達は見ている。移動した民族の出発点としては現在のインドネシアと同時に台湾が注目されている。台湾―フィリピン―ポリネシアルートも大いに考えられる。民族の海上移動を研究するワシントンのステッドマン・ノブル（Stedman Noble）はミトコンドリアDNAの分析から、台湾の六千年前のサトウキビがニューギニアのそれと一致し、更にメソアメリカ原住民の遺伝子はシベリア・シナ・オーストラリアのそれとは一致せず、

図 4–19　メキシコ・人類学博物館の大理石の法螺貝。テオティワカンのケツァルコアトルの神殿壁面にも無数の法螺貝。海の道の象徴か？

反対にポリネシア人と一〇〇%、フィリピン原住民と九〇%、台湾人と四〇%の確率で一致する、と二〇〇二年の国際比較文明学会で驚くべき数字を挙げた。ステッドマンは言及しなかったが、実は日本列島の先住民アイヌ民族のＤＮＡは南米のケチュア族のそれと極めて近い。梅原猛のようにアイヌ民族南方渡来説をとるなら、日本と南米もまた結ばれているのだ。かつてボリビア大使館の参事官が、私に語ってくれたことを思い出す。彼は日本語とケチュア語の類似を語った。聖なる湖「チチカカ」は何を意味するか？「ちちはは」だ、と。また「あたたかい」という語はそのままケチュア語なのだ、と。

旧スンダランド地方（東南アジア諸島）からのこの東への民族移動は、同時に黒潮に乗ることによる北上をも可能にした、と我々は考える。こうした民族の移動を可能にしたのはマレー系原アジア人の驚異的な航海能力であった。彼らはあたかも蜜蜂が、ある時新しい女王蜂と共に移動を開始するように、突然大洋航行用の大型カヌーを作り出し、前途に希望の島を求めて出帆したことが知られている。今でもポリネシア諸島で伝統的に受け継がれている保存食は三カ月の航海を可能にするもので、日本列島で我々が食べてきたチマキは明らかにこの名残りである。紀元前後、マレー・インドネシアに発したこの同じ人々は、インド洋を越えてマダガスカルに達し、今の同島の住民の核となった。

今まで大西洋は語られても太平洋が語られることがほとんどなかったことには、メソアメリカ文明の歴代の研究者が西欧人ないしはその子孫であったことと無関係ではあるまい。彼らの見てきた

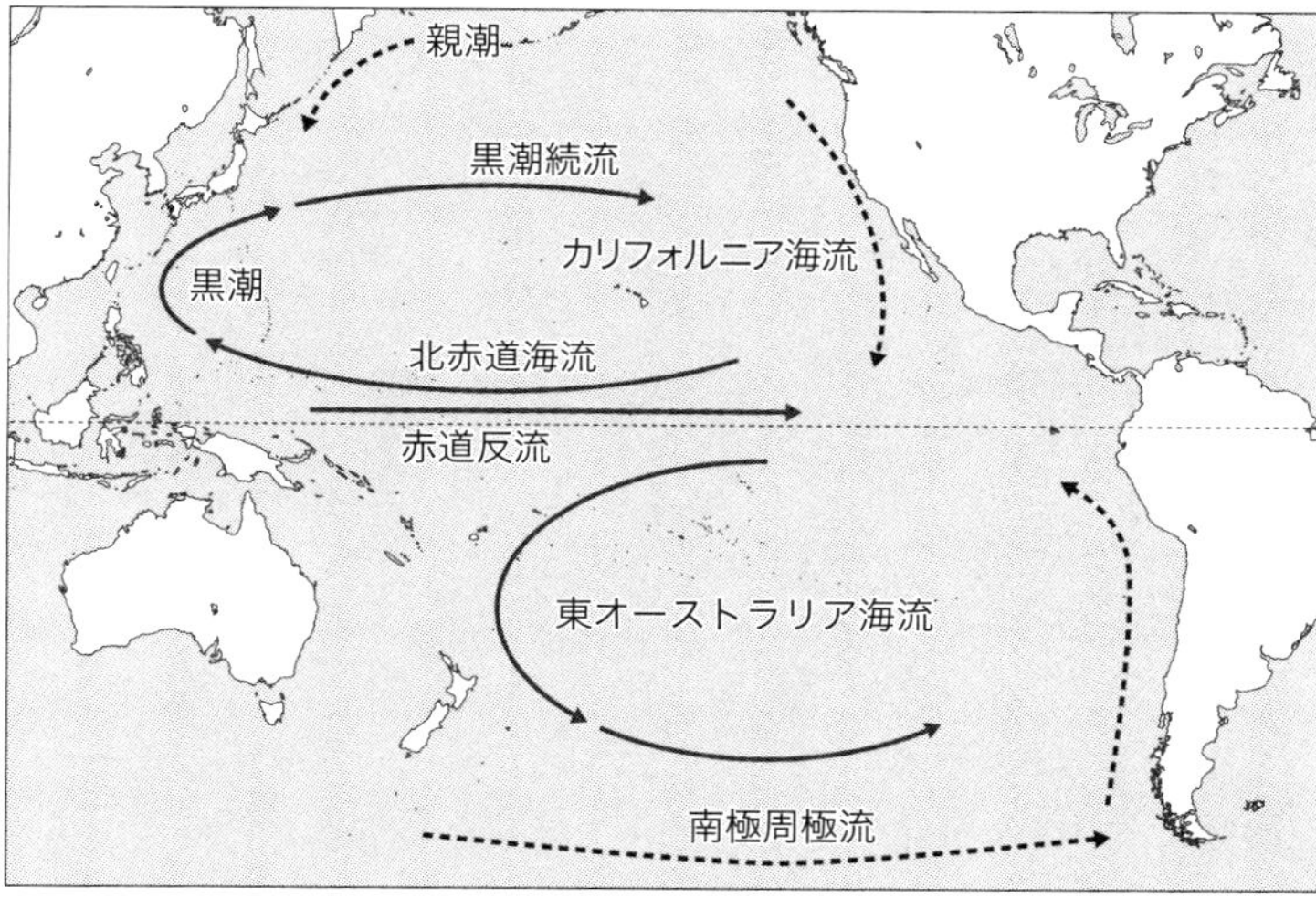

図 4–20　赤道反流

世界地図はヨーロッパを中心とする故にアメリカ大陸の西で切れており、反対に東南アジアは東端となっている。つまり太平洋は地図の両端に二分されているのでそれが道だと気が付かないのだ。しかし我々は今、南太平洋にこそ目を注がねばならない。ヘイエルダールとは逆に西から東へ、七千年前に始まったアジア民族の移動の軌跡をそのまま延長すれば中南米に至る。そしてこの航海をより容易にしたのは、黒潮とは逆に赤道直下を西から東へ流れる「赤道反流」であると考える。それはインドネシアとメキシコ、そして南米アンデス地方をほぼ一直線に結んでいる。マヤ文明はメキシコ湾に突き出たユカタン半島で栄えたが、モンテ・アルバン、カミナルフユ等の紀元前に遡る初期遺跡は太平洋岸近くに位置しているのだ。南米アンデス文明に見る遺跡も然りである。そしてある遺跡では、トラジャ民族のタウタウと同じ発想の人形が墓を守っているのが見られる。環太平洋、パン・パシフィックの民族移動があったに違いない。

もしこのような航海による民族移動があったと仮定すれば、それは一度だけではなく数度にわたっているであろう。時期としては西暦紀元前後がまず考えられる。何故ならばこの時期は世界的に各民族が海に乗り出した時期であり、海のシルクロードもこの頃開かれているからだ。

四　問題点

しかしこのような仮説にはまだ多くの問題点が残ることも否めない。一つはジャワ島にマヤ文明発生時まで遡れる遺跡が発見されていないことだ。その理由としては、古代インドネシアでは建造物は木と竹で造られていたため、今にその姿を残していないこと、メソアメリカに比して考古学的発掘調査が進んでいないこと、が挙げられよう。この点について、ブルガリアのインドネシア文明専門家セザール・ヴート（Caesar Voûte）は、ダヴィッド・ケイス（David Keys）が報告した西暦五三六年のスンダ海峡に起った巨大噴火に注目、この自然災害がそれ以前の建造物が石に変わっていく契機となったのではないか、と考えている。

もう一つの問題点は西暦前一〇〇〇年頃に始まるとされるオルメカ文明の存在である。オルメカとマヤの接点は定かではない。マヤに関する限りでは、確認された最古の日付はティカルの二九号ステラ（石碑）に残された、西暦にして二九二年に当るそれである。ティカルには紀元前から石造建築があったとされるが、その形状は明らかでない。今見るティカルの建造はボロブドゥールと同時期である。それに対し、ラベンダに移った第二期のオルメカ文明は西暦前四〇〇年に始まるとされ、前述のトラロックの口をもつ墓所は、少なくともこの文明の終りとされる前三〇〇年には造られていなければならない。このことをどう説明するか？　オルメカ文明はそのネグロイド系を示す巨大人頭（図4―21）も含め未だ謎に包まれている。

図 4–21　ラベンダの巨大人頭。数点存在するが、その出所は不明。

それにまた、マヤ文明の歴史は、新しい発見により年々遡行している。グアテマラの密林に埋もれていたエル・ミラドールは紀元前十世紀にはじまり、前三世紀から四世紀には最盛期を迎えたと言われる。その最古にして最大のピラミッド、ラ・ダンタは高さ七二メートルを誇ったらしい。そこには既にマヤの神々が刻まれている。こうした古代都市の存在をどう説明するのか？

五　おわりに

しかしながら本論で展開した諸々の検証により、我々は次

図4–22　ヴィスコンティ家の紋章。特別展に出品されたもの。

のように結論したい。

太平洋を越えて運ばれた文明があった。それは原住民の育んできた文明と接触し、新しい文明の花を咲かせた。この出来事をTrans Pacific Impactと呼ぶことにしよう。それは必ずしも多数の民族の渡来を意味しない。少数の人々であってもそれがもたらす「情報」が大切なのだ。情報こそがインパクトなのだ。

前にも触れたが、筆者は梅棹忠夫氏と、何故日本では安土桃山時代に、それまでの「砦」ではなく突如として「城」が出現するのか、を話し合ったことがある。筆者の考えは、それはちょうどその頃渡来したキリスト教の伝道師たちが信長にもたらした「情報」による、というものであった。梅棹氏は答えた。「それは大いにあり得る。天主閣という名を見ればよい」。幕末の函館に造られた五稜郭もそうだ。それはポルトガルのエルヴァス、またフランス西部海岸のラシェルに築かれた城塞の写しなのだ。

この情報のインパクトを示すものとして、最後にメトロポリタン博物館所蔵になるミラノのヴィスコンティ家の家紋を画いた大皿（図4―22）を掲げておきたい。まさに「人を生み出す蛇」である。この皿が作られたのが十五～十六世紀、ちょうどヨーロッパ人が東アジアに赴いた頃である。

追記

本論の初稿は、二〇〇二年四月『比較文明研究』に発表し、『朝日新聞』の「天声人語」にも取り上げられたものであるが、二〇〇三年九月 *Nature* 誌 Vol. 425に、Rolando Gonzales-Jose 以下のスペインチームが「南部カリフォルニアにおける原始アメリカ人生存の頭蓋骨研究による証拠」を発表、アメリカおよびオーストラリアへの「東南アジア人」による海の道が四万年前から存在した、と立論、小論を裏付けることとなった。

第5章　聖樹の旅

——雲南・ジャワ・日本をつなぐもの

およそ緑の樹々の枝葉は、水が光を慕って天空に差しのべた手の形をしている。南仏の詩人ポール・ヴァレリーは、紺碧の空の下、太陽が燦々と降り注ぐ大地に立つ一本の大樹に見入った時、そこに「空中に注ぐ、屹立《きつりつ》した一条の河」を見た。水こそはいのち、その水は光に向かって流れる。そこに詩人の魂は、原初の海を揺籃とした生命が天に向って流れる姿を見て取ったのであった。

生命は三八億年前、この青い惑星の上で、太陽の光が水と出会うことによって誕生した。詩人の直感は、ここで明らかに、天と地を繋ぐもの、生命の象徴としての樹を把えている。しかし西欧文明の命脈にあっては、ヴァレリーの直感は例外と見なくてはならない。確かに西アジアにおいても、木は様々な形で神話に登場する。メソポタミアの神話「ギルガメッシュ叙事詩」にはフンババの森の神殺しがあるが、それはまさしく「樹を伐る文明」の記録であり、人間による自然制覇の象徴でもある。メソポタミア文明の遺伝子を持つ西欧文明においては、森は永らく悪霊の棲むところであり、これがグリムやアンデルセンの童話にも反映されている。赤ずきんちゃんの通り抜ける森、それは暗く恐ろしいところとして描かれている。森を切り開くこと、clearance（開拓）が文明の道とされ、ヨーロッパの森は二千年の間にその八〇％が失われた。

実はこのヨーロッパにも元々は聖樹があった。それは先住民たるケルト民族が崇拝したオークで、ドルイド教を奉じたケルト民族はこの樹に神を宿すものを見ていたのだった。しかしケルト人がローマ帝国やゲルマン民族によってヨーロッパ大陸を追われ、ブリテン島に、更にゲルマン系のアングロサクソンによってアイルランドにまで追いやられるに及び、森の文明はこの地で姿を消していったのだ。

ギリシャ神話には、槍で大地を突き、アクロポリスの丘にオリーヴの木を出現させた知恵の女神アテナがいる。その行いは、三叉の槍で塩水を噴出させた海神ポセイドンよりも神々に祝福され、この地はアテナに与えられたのであった。これは地中海文明の姿を映した神話と考えられる。大地母神を持つエーゲ海文明に顕著だが、およそ母性を尊ぶ地中海文明は、のちに現われる父性的西欧文明とは一線を画すものであったのだ。

『聖書』を持つヘブライの神話では、エデンの園に神が初めに植えた生命の樹の存在が語られている。しかし第二の樹たる智恵の樹、すなわち「その実を食べればあなたは神のごとくになる」と蛇がイヴを唆《そそのか》した第二の樹たる「善悪を知る樹」と、神の言葉に背いた人類の祖が楽園を追放される話があまりにも有名になり、第一の樹たる「生命の樹」は忘れ去られていく。

聖書に顕著なもう一つの樹は、燃える樹だ。モーゼはシナイ地方の山中で「燃える木」を見て初めてヤハウェと遭遇する。神はここでは声のみ、その現存は炎と光によって示される。

しかし、エデンの園の第一の樹、人類史が忘れ去ってゆくこの樹を除いて、西ユーラシアに登場するその他の樹木は、およそ生命の樹と呼びうるものではない。フレーザーの画いた、月光の下で大鎌をふるい、ヤドリギを刈るドルイド教の司祭も、枯木の中で唯一つ緑を保つヤドリギに生命を見ていた、ということだ。

図 5–1　ボロブドゥール近く、チャンディ・ムンドゥの壁画の菩提樹。

仏教ではどうか？　紀元一世紀後半ガンダーラの地で初めてブッダが姿を現わす前、この尊師を示す形象は法輪、仏足跡、そして聖樹であった（図5―1）。特に釈迦がその下で悟りを開いたとされる菩提樹は聖なる木とされ、紀元前三世紀、アショカ王の娘サンガミッタはその若芽をセイロンの都アヌラダラプーラにもたらした。それはボディ・ツリーと呼ばれ、今も信仰の的となっている。ネーランジャ河で沐浴し、村の娘スジャータの捧げる一杯の乳粥をおしいただいた時、この苦行僧に何が起こったのか？　それは大いなる生の肯定であったに違いない。このことと、彼がその直後に大樹の下に座したこととは無関係ではあり得ない。インドの各地で秘やかに崇められ、ジャワのボロブドゥールの回廊をはじめ数多くの寺院に彫り刻まれた聖樹は、いかにも生命の樹の趣きを帯びている。そして釈迦はその死を迎えるに当って、沙羅双樹の間を選んだ。

しかし、このような描写で象徴される生の肯定は、あくまでも個なる生、連綿と繋がる生命の縦の線、すなわちいのちの共同体の観念には、そのままではただちには結びつかない。

明らかに木が人間の共同体の誕生に関わるのは、アイヌすなわち縄文人の神話である。その創世記とも言える「カムイ・ユーカラ」では、丘の上に一際美しくそびえるハルニレの木に天の神（雷神）が恋をし、空から降り来たってその木を抱く。そして生まれたのがアイヌ民族の祖アイヌラックルであった。

神道は遠くこのユーカラの世界と根を一つにしている、と私は見ている。およそ神社は鎮守の杜《もり》と切り離し得ない。杜は神の住いである。そこには神離《ひもろぎ》という聖樹があり、神霊はそこに降りる。これは、「森の文明」なのだ。観光に日本を訪れる外国人は temple あるいは shrine という表記のせいで、建物はどこかと探しているが、彼らが探し出した神社は西欧の大聖堂とは比べ物にならない簡素なものだ。およそすべての神社は実は拝殿に過ぎず、本体は山であり森なのだ。岩であり滝であることもあるが、それも山の一部だ。平安時代に仏教が神道と習合してもそれは変わらない。故に寺院の門は「山門」と呼ばれ、本院は「本山」と呼ばれている。

このことは日本の創世記たる『古事記』冒頭の描写で明らかにされている。「天の御柱」とは何か？　天の神々はまずこれを見立て（即ち聖樹を選び）、その近くに広い宮を建てた。イザナギとイザナミはこの「御柱」の廻りを廻ってまじわりをなした、とある。柱は樹、そして神は柱に宿る。故に神を一人二人と呼ぶことはない。神は一柱《ひと》、二柱《ふた》なのである。

伊勢神宮、出雲大社、そして元伊勢と呼ばれる丹波の籠《この》神社の本殿の床下には、神の降り来たった聖樹が「心《しん》の御柱《みはしら》」として埋め込まれている。

我々の祖先、縄文人は秀れてこの森の文明を生きた人々であった。三内丸山遺跡を訪れ、巨大な柱の跡を見た時、私はこの思いを深くした。直径一メートルもある六本の立派なクリの柱の構造は、単なる見張り台としては如何にも不合理なのだ。作業用の機械のなかった五千年前、人々は何故遠くからかくも巨大な木材を運び、今尚謎とされる方法で建てねばならなかったのか？　そのような力を引き出すものは只一つ「信」である。「用」ではない。梅棹忠夫の言う如くそこには空中神殿があったとしたら、それは出雲の空中神社の心柱に見る如く、巨木信仰が存在したことを証している。

この不思議な列柱の前に立った時、出雲の次に私の脳裏に去来していたのは遠く離れたエジプト、カルナック神殿の円柱の間であった。その巨大な石の列柱には、上部構造を支えるものとしては必然性が無かった。柱自身が意味を持っていたのだ。すべての柱が巨大な蓮とパピルスであり、円柱自体がエジプトの繁栄の象徴、この地における生命の営みを示すものだ、と私は気が付いた。

一　森の文明と稲作

森の文明は深く稲作と関わっている。稲作は既に縄文後期に日本列島にもたらされたと考えられるが、本格的な稲作、特に水田を語るには弥生時代を待たねばならない。山と森と水田、これが不可分の生物連鎖を生み出す、そして森に生まれた川は、田を潤したのち海に注ぎ、そこに豊かな生命を宿すのである。諏訪の御柱《おんばしら》はまさしくこの水の循環を寿ぐ儀式なのだ。

木のない所では雨は濁流となって地表の土壌を流し去り、不毛の地肌をさらけ出す。砂漠には雨は降らない、と思う人が多いが、そうではない。私はアラビア半島に降った雨が奔流となって砂上を走り、空しく海に入って行く姿を見た。木を伐る者、特に途上国の森を伐採する者は、武器を売る黒い商人と同様の犯罪者だ、と知るべきだ。

またある時、私はパキスタンのイスラマバッドから北京まで、カラコルム山脈を越えて飛行したが、実に五時間の間、そのジェット機の眼下に見えるのは砂漠だけであったことに愕然とした。「南船北馬」というが、その北馬の中国は砂漠なのだ。更に砂漠化した西・中央アジア、アラビア半島、アフリカのサヘル地帯とは対照的に、東南から東アジアへかけてのモンスーン地帯には、雨雲を受け止める山々とそれを蓄える豊かな森がある。そして稲作文明はまさしくこの地帯に起り、拡がった。一見平坦な地に思えても、水田のある所に立てば必ずや山々を遠望することができる。深山ではそれは棚田となり、あたかも集積回路の如き精巧な作りで、水は上段から下段に徐々に流れ、すべての田を潤す。

稲作の発生は、今のところ、一万二千年ほど前の長江中流域とされている。長江の河口附近から水田による稲作の技法が北九州そして朝鮮半島南部に到達するのには、必ずや黒潮が大きな役割を果したに違いない。黒潮が運んだ文明という仮説に立てば、稲作も朝鮮半島経由ではないかもしれない。対馬暖流の右寄りに乗るか左寄りに乗るかで船は北九州にも南朝鮮にも着くからだ。また、大河が一文明の伝播の道だとすると、長江に並ぶもう一つの大河メコン河も同様の役を荷なったはずである。メコンは雲南に発し南に流れる。途中滝があってもそれは妨げにはならない。山歩きする人は「滝を巻く」という。そして道は再び川に出る。十三世紀タイ王朝を「幸福の暁」スコタイに起したタイ族もこの道をたどって南下して来たのだった。雲南の稲作はこの経路でその沿岸の地、今のラオス、ヴェトナム、カンボジア、タイに拡がったに違いない。中でもその昔水のチャンパと呼ばれたカンボジアは秀れた灌漑技術を身に付け、その治水の上にクメール文明が開花した。ここで忘れていけないのはメコン河口地方に栄えたフーナン(扶南)であろう。山岳信仰を生き、アンコール・ボレイを首都として六八年〜五五〇年に栄え、インドやペルシャと結ばれ、既に二世紀にはローマの使者さえもがここに立ち寄ったとされるこの地の港オケオ、それは諸民族がマレー半島へ、そして近隣の島々へと船出した港である。スマトラ・ジャワ・ボルネオ(カリマンタン)・セレベス(スラウェシ)・フィリピンは海の道によって結ばれていた。すなわちかつてのスンダランド、二万年前の最終氷河期には一つの大陸であったこれらの島々は、海面の上昇により独立した島々となった後も、あたかも民族の記憶がそれを誘ったかの如く、船による交流を絶やさず、それが海洋民族を創り上げて行ったと考えられる。

そして、このスンダランドの生み出した島々の、あるいはその記憶の舟が黒潮に乗れば、それはそのまま日本列島に到着する。

二　雲南と日本

「アマ」という日本語は三つの意味を持つことに注意しよう。天、海、女である。それは同音異句にはあらずして一つに「生命を育《はぐく》むもの」を指す言葉であった。ところがこの「アマ」という言葉をほぼ同様の意味で使っている民族が存在するのだ。雲南のハニ族である。この地に永年入って研究を続けている欠端實によると、ハニ族が田植前に行う祭り「アマトゥ」では人、家畜、穀物を守る三柱の神が聖樹に降りてくるのであるが、「アマ」は聖樹であると共に女、「トゥ」が祭りであるという。更に「ア」そのものは天神である。この祭りは稲魂信仰を明確に現わしている。聖樹は生命の木、それは豊作の祈願と同時に子孫繁栄の象徴でもあるのだ。選ばれた聖樹の近くに祭祀の場が造られる。先述の『古事記』の記述そのものではないか。

少数民族に注目することは限りなく正しい。漢民族による他の諸民族の征圧が中国の歴史であるが、かつて長江の中流域に住んでいた諸民族は、漢民族の中原制覇と共にあるいは河口に、あるいは山間部に押しやられ、交通の不便さから孤立する。と共に彼らこそ古来の文化伝統を保持するものとなったのだ。雲南のハニ族の村には日本のルーツを示すものが数多く存在する。村の入口に、鳥居がある。本当に鳥が乗っている（日本では復元された吉野ヶ里の祭祀殿入口にこれがある）。しめ縄がある。家屋は高床式で屋根には千木《ちぎ》や鰹木《かつおぎ》が見られる。大黒柱がある。豆腐や納豆、そして赤飯があり、丸餅がある。あるいは我々が祝い事に赤飯を食べ、正月に丸餅（鏡餅）を飾るのは、非日常のその時間、無意識のうちに故郷帰りをしているのかも知れない。中でも重要なのは新嘗祭であろう。神道の長たる天皇が感謝の意を込めて新穀を神と共に食す。すなわち「共食」の儀は雲南での収穫祭の最も大切な祭事であるという。雲南の諸民族の村にはかならず聖樹がある。

三　インドネシアの聖樹

聖樹信仰は稲作と共に東南・東北アジアに拡がって行ったに違いない、という思いが私の中ではだんだん強まって行った。東ではそれは諏訪大社の「御柱《おんばしら》」の儀式となった。この信仰が生まれるには、モンスーンを受け止める山、雨水を貯える森、生命を運ぶ川がなければならない。いのちを運ぶ川を、そしていのちの蠢く海を生み出す原始林は「柞《ははそ》」と呼ばれる。この地形を東アジアの「豊饒の三日月地帯」、川勝平太の言う「グリーン・アイランズ」は共有している。とすれば、それはインドネシアにも存在しなければならない。しかし迅くにヒンドゥー教と共にインドの建造物が渡来したこの国では、絶えて聖樹が語られることがなかった。中央ジャワでメール山（須弥山）やマンダラを形象化した巨大石造モニュメントの数々に接したものは、その壮麗さに目を奪われ、かつてこの地にも森の文明の聖樹が存在したことに思い至らない。

二〇〇一年夏、私はバリ・ジャワ・スラウェシの三島を再訪し、より細かい調査を行った。この調査の目的の一つは、古代インドネシア人が太平洋を越えて中南米に達した可能性を探ることであった。建造物のコンセプトもさりながら、水の神である竜、その口から人間を生み出す羽根の生えた蛇、マヤ・アステカのククルカン（ケツァルコアトル）はジャワに幾多確認することができた。雨の神チャック（トラロック）も然りである。これらは「竜は太平洋を渡ったのか？」という前章で語ったところである。

しかしもう一つの課題、日本のルーツと言える雲南に源を発してこの地に至ったはずの聖樹信仰の証しには、ただちには接することが出来なかった。ところが幸運はバリ島で訪れた。バリ島は、元朝クビライの送った蒙古軍をスラバヤで巧みに利用して成立したマジャパイト王朝が、十五世紀新たに渡来したイスラム勢力に駆逐され、逃れた島である。ここにはイスラム化されなかったヒンドゥー文化が残っていて、それが土着信仰と結びついたものがバリ・ヒンドゥー（アガマ・ヒンドゥー・バリ）と呼ばれる。しかし山岳部には、更に土着信仰のみに生きる古バリ人（バリ・アガ）が現存する。アニミズムの世界である。

ジャワでも顕著な山岳信仰は、ここではその最たる姿を伴っている。

バリ島最大の寺院、ヒンドゥーの三主神を祠るブサキ寺院は、満月の夜、人々で埋めつくされる。この寺院の参道から仰ぎ見ると、その一直線の先に聖なるアグン山が位置するのだ。バリ寺院に特有の山門スプリット・ゲイト（縦の直線で真中を切り開かれた扉）（図5―2）は、この聖なる方向（カジャ）を示す門だということに私は気づいた。

図 5–2　ブサキ寺院のスプリットゲイト。この先にアグン山がある。

山は神すなわち祖先の霊が住むところ、そこから生命の水が流れ下る。その反対の方位（ケロッド）は海、そこには悪霊が住むと言う。山が浄、海が不浄である。人間はその中間に住む。バリにはまた日の昇る東が「生」（カンギン）、日の没する西が「死」（カウ）という観念があるから、日没の海は最も恐ろしいものとなる。しかしその暗い海に向って祈る人の姿もあるのだ。この海に邪気が住むという考え方は、日本とは全く異なるように思われる。その理由は更に追求されねばならないが、私は秘かに、それがスンダランドの消滅に関わっているのではないか、と考えている。陸地が沈没し、それを呑み込んで行く恐ろしい海、かつては高山であった島々、その民族の記憶が無意識の底にあるのではないか、と。

　こうした民族の記憶が如実に映し出されているのが、エーゲ海のサントリーニ島である。紀元前一五〇〇年頃の大噴火によって沈没したこの島、プラトンが語ったあの消え去った文明の島アトランティスの第一候補であるこの島では、その三日月形のクレーターの山頂付近にほとんどの住居が密集し、このいかにも不便な場所に白亜の美しい街を形造っているが、三五〇〇年を経た今も、それは変わらない。沈みゆく島が民族の記憶の底にあるのだ。

バリ島の住民達が毎朝至る所で供養する敬虔な姿とはうらはらに、大寺院前に群がる商人や押し付けがましいガイド達に辟易していた私に、偶然の機会が訪れた。妻が海岸で出会った古老から、観光客の絶えて訪れないバリ島最古の寺の名を教えてもらったのだ。それは北方の第二の聖山バトゥール山の近くであった。名はプヌリサン（Penulisan）、別名をトゥグ・コリパン（Pura Tegeh Koripan）という。

私達はそこに出掛けた。標高一七一七メートルの火山の造り出したバトゥール湖、その左手の山道を登るとバリ島第二の寺院ウルン・ダヌ・バトゥールがあり、運転手はそこまでだという。それを説きふせて更に山を登り、人気のないプヌリサンの町に入る。そこから更に数百段の石の階段を一歩一歩登る。途中で右折する所にはスワスチカ（卍の印）があった。更に登る。頂上の石門はスプリット・ゲイト、他の寺院と変わらない。しかしそこから中をのぞいた時、私は息を呑んだ。数名の村人が地に座し、頭上で手を合わせて祈っている。その前の神殿は、神道の祠とも見紛う簡素な茅葺きの屋根、高床式の木造建築であった。祈る人々は、足を忍ばせて一周する我々を感じても微動だにしない（図5―3）。寺院を囲む外壁には、この辺りで発掘された石像の数々が並んでいるが、これらがこの木造の祠に収められていたものではないことは明白だ。石の重さに耐え難い造りだからだ。

明らかに我々はバリ・アガ（古代バリ）の世界にいた。聖なるバトゥール、プヌリサンの両火山

図 5–3　古代バリ寺院、プヌリサンには祈る人々が。神殿は簡素な木造。

図 5–4　プヌリサンの階段下には「聖樹」。

を間近に望む選ばれた地に立っていたのだ。そこにはインドの石造建築にとって代られる前のバリ人の信仰の空間があった。そして、その寺院に別れを告げ石段を降り来たった時、私は見た。数本の樹がそれのみで石塀に囲まれているのを。「聖樹」である（図5―4）。その前には供え物の檀も造られていた。

私は感動した。雲南と同じ聖樹が、この遠く離れた島で、今私の前にそびえていたのだ。

帰途、この静寂の寺が何時までもこのままで残って欲しい、と心の中で祈らずにはいられなかった。

四　祖霊の国タナ・トラジャ

私たちはスラウェシに飛んだ。かつてのセレベス、この島の中央山塊部に神秘の国タナ・トラジャがある。島の南端のウジュンパンダン（マカッサル）から車で八時間、峨々たる山々に囲まれた緑の桃源郷だ。それは麓のブギス族の簡素な、しかし千木や鰹木をおいた高床式家屋とは全く異った空間なのだ。そこに見る、まるで合掌造りのような大家族用家屋、しかもその巨大な角を突き出した特異な屋根は船を思わせる。ファサードと側面には全面彩色彫刻がほどこされている。トンコナン・ハウスである（図5―5）。水田はちょうど収穫をおえたところだった。夕景の光が美しい。一五年前、葬儀を人生最大の儀式とするこの祖霊の国を訪ねた時、私はトンコナンのもつ棟《むな》

図 5–5　タナ・トラジャの部落の一つ。稲作は日本と同じ。

図 5–6　トラジャの葬儀、死者のために建てられたモガリの小屋。

持《もち》柱が唯一神明造りを思わせ、その前に必ず造られる米倉の柱の組み方が、伊勢神宮の御稲《おいね》の御倉《みくら》と酷似しているのに一驚し、ユネスコから帰国後最初に出した書『文明の交差路で考える』に一章を割いたのだった。中でも伊勢神宮の建築の特徴である「棟持柱《むなもちばしら》」は、このトンコナン建築によってのみ説明される柱なのだ。それは張り出した巨大な棟を支える大切な柱である。

しかしその最初の訪問時には、話に聞いてはいたが肝心の葬儀を見ることが出来なかった。葬儀の日程は村のヨリアイで決められるが、それが何日も、何カ月も続く。死者は薬草によってミイラ化され、そのために建てられた「殯《モガリ》」の小屋に入れられ、病人の如く扱われて家族と共に暮す（**図5—6**）。私は既にこの仮葬（密葬）と本葬という二本立ての葬儀方式が、世界の或る一部にしか存在しないことに注目していた。インド洋を越えて古代のアウトリガーが行きついたマダガスカルはその一つで、そこでは死者は一度葬られるが、一、二年後その遺体は一旦取り出され、清められ衣装を新たにして葬られる、フランス語でルトゥールヌマン（返し）と呼ばれる儀式がある。日本ではどうか？『古事記』のイザナギが死せるイザナミを追って行く場面、それがまさにモガリの館ではないのか？　この日本では密葬と本葬の二重の葬儀形式がある。トラジャ民族はこうして死者と共に暮しながら稲の収穫期を待つ。それが時には一年にもなる。そして本葬に全財産をはたくのだ。今回、私は初めてそれを見ることができた。

Tana Toraja の Tana は land（国）、更に To が people、Raja は hospitality（優しさ）を意味するという。この Raja には更に great の意味もあると言うが、それは後に入ったインド的解釈であろう。実はタナ・トラジャそのものが略称で、正式名はトンダク・レポンガン・ブラン・タナ・マタリック・アロといういかにも長い名となる。これを解くと、Tondak（land）Lepongan（circle）Bulan（moon）Tana（land）Matarik（circle）Allo（sun）となる。「月廻《めぐ》り、日の廻る、郷《くに》のまほろば」といった趣だ。これは我々の祖先が「豊葦原《とよあしはら》の千秋の長五百秋《ながいほあき》の水穂国《みずほのくに》」（古事記）と自らの国を呼んだのと同じ言い廻しではないか。

葬儀を出す村では客人のために桟敷が作られ、色とりどりに飾られる。遺体の入った舟形の棺は一段と高い所に安置されている。幾多の水牛と竹で縛られた豚が居る。犠牲《いけにえ》である。犠牲の最高位は水牛、わけても珍しい白い水牛だ。水牛の数が死者の位を物語る。有力者の場合それは二百頭にも及ぶという。水牛は一頭ずつ広場に引き出され、屈強な男が短刀で下から喉を一撃、血は一条の滝となって大地にほとばしる。もんどり打って倒れた牛は即座に息絶える。村の長老が青竹の筒にその血を受け、お濃茶《こいちゃ》のように自ら飲み近隣の人に飲ませる。

牛は寂然として死に就く感がある。豚たちのキーキーと泣く喧噪はここにはない。水牛が倒れた

図 5–7　トラジャの家屋の文様。上部に太陽に乗る鶏が 2 羽向き合い、下部には 3 頭の水牛が渦巻文様の間に描かれている。

時、突如として不思議な音が鳴り響いた。村の女達が舟形の脱穀器を杵で打ち鳴らし、それが太鼓のような絶妙のリズムをもつ音楽となっていたのだ。牛の魂を天に送る楽の音である。

私の頭をアイヌのイオマンテ（熊送り）の儀式がよぎった。自然と共生するアイヌ民族にあっては、引きしぼった弓から大空に放たれた矢が人間のために死んでくれた熊の魂を天国に送るのだ。

トラジャ民族にとって水牛は神と人を仲介する存在なのだ。その昔、神が人の祖を創り給うた時、アダムとイヴに似たその二人は兄妹で交わった。それを嘆いた神はこの二人を山に変えた。その時神の怒りを解く仲立ちをしたのが水牛であり、そのお蔭で人は人の姿を取りもどした、という。故にトラジャ民族の巨大な舟形の家トンコナンのファサード、側面、窓枠に至るまで、必ず水牛が彫り込まれている。その頭上に人の霊が乗っている。もう一つの重要な生き物は鶏である。鶏は「裁き（justice）」の象徴であり、何日も続く大葬の最後を飾るのが闘鶏である。

鶏は裁きと共にもう一つの意味を持つ、と私は見る。太陽である。故にそれは円盤の上に立つ（図5―7）。鳥を太陽の象徴とする考えは、雲南にある。安田喜憲によると苗《ミャオ》族はフゥの木を宇宙樹（聖樹）とし、その上に、鳥がのっているという。

トラジャには更にもう一つ、重要なモチーフがある。渦巻き模様だ。これはまさしくエーゲ海文明に通じる循環の思想、連綿たる生命の繋がりを表すものに他ならない。それはいのちの継承である。そして完全な渦巻き模様を穀倉にほどこすのを許されるのは、格式の高い家族のみであるという。

犠牲の式が終ると、棺は水牛の角を思わせる小型のトンコナンのモガリの宿ごと岩窟に運ばれる。ロンダやタンパン・アロのような村では、洞窟の入口の岩壁に打ち込まれた木材の上に、棺がところ狭しと並べられている。その形は、この民族の由来を語るかのような舟形だ（図5―8、9）。レモという村では、切り立った岩壁に無数の墓孔が穿たれており、棺は竹梯子で運び上げられる。それらの墓孔の前にはバルコニーが作られていて、そこにミイラかと見まがう死装束の人形が立ち並んでいた。白装束のそれらはその両手を前に差し出し、不動のまま、大きな目を見開き、村を見守っているのだ。タウタウである。実はタウタウには祖霊が宿っている、という（図5―10）。

図 5–8　石窟に積まれた棺桶は舟形。

図 5–9　子供たちはその下で骸骨と遊ぶ。

初めてこのタウタウの目を見たとき、この目はどこかにあった、と思った。そう、それはイースター島のモアイの目だ。いまはうつろに見えるモアイには、本来は白サンゴと黒曜石で造られた目があった。それが約三世紀前、樹を伐ったために川をなくし、食糧難から起こった部族闘争で引き倒され、特に相手部族のモアイの霊《マナ》を放つ目は踏み砕かれたのだった。モアイの目は祖霊の目で、子孫たちを見守っていたのだ。だからモアイは海を見ていない。内陸を見ているのである。

図5–10　レモの村には岸壁に累々と石窟が穿たれ、バルコニーには祖霊たちがタウタウとなって並び、手を差し伸べている。

日本で吉見百穴の謎を解きたい人には、一度このタナ・トラジャのレモ村を訪れることを勧めたい。

五　トラジャ民族の聖樹

この死霊の国にも聖樹があることを、今回感動をもって知った。それは各村に一本ずつ在るのだが、今まで外国人には見せなかったものだ。州政府の要請を受けて一つの村だけが最近それを見せることに同意したのだ。竹の群生する中央にその大樹はあった。ベビー・ツリーという（図5—11）。見るとその樹の側面数カ所に樹皮で覆われた四角の扉があり、その一部は苔むして樹に同化している。これらは幼児の墓所なのだ。まだ歯の生えぬ幼い子供が死ぬと、その遺体はこの穴に埋め込まれる。子供は木と同化し、樹液と共に天に昇る、と信じられているのだ。何とこの章の冒頭のヴァレリーの言葉を思わせる考え方ではないか。

雲南のある部族では、墓所としてではないが、生まれた子供を聖樹である杉の木にくりつけ木の生命と同化させる風習があったが、これも根を一つにする発想であろう。一方チベットでは、幼児が死ぬと、一般の鳥葬ではなく谷川に流す。その川はやがて聖なるガンガ（ガンジス河）に合流し、海に出、観世音の住むポタラカ山に至る、と信じられている。この同じ風習が紀州熊野にあった。高僧の補陀落《ふだらく》（＝ポタラカ）渡海という。

図 5–11　トラジャで初めて公開されたベビーツリー。死せるわが子を木の幹に埋める。

六　アジアの三日月地帯を結ぶもの

チベットもそうだが、雲南、インドネシア、日本の距離は意外に近い、と実感させられることが多い。その一つがここに取り上げたタナ・トラジャである。フランスの人類学者によれば、トラジャ民族は紀元前二五〇〇年前頃南シナからセレベス島に漂着したという。スマトラのトバ湖周辺に至りついた人々も同じ起源をもつらしい。やはり舟形の合掌造りに住んでいる。

舟形の家と棺桶はその民族の起源を語るものだが、最初海岸線に住んでいた彼らは、後発のブギス族に追われ次第に山の中に入って行ったのであった。

東アジアの豊饒の三日月地帯を結ぶものとは何か？　それは第一に稲作、それも水田である。トラジャの国ではバリ島と同じく棚田が美しい。この地帯は山・森・川・海が密接な循環の生態系を生み出す同じ風土をもつ。生命の源である太陽の位置によって四方位が決まる。トラジャ民族にとっては、北＝生、東＝成長、南＝誕生、西＝死である。更に色が意味をもつ。トンコナンの装飾に用いられる四色は、白＝清浄、黄＝善、赤＝力、黒＝死である。この黒＝死は負の概念ではない。死は再生の始まりであり、死者は祖霊となって子孫の中に生きる。雲南と同様トラジャにも黒米があるが、これを四分の一ほど白米に混ぜて炊くと赤飯になる。

こうして我々は、稲穂をたずさえて天孫が降臨した日本が、深くこの「西太平洋の豊饒の三日月地帯」に結ばれていることを知る。ここでは森の文明は稲作と切り離せない。山があり、生命の木「聖樹」がある。タカミムスビ（高皇産神）とは何か？　高木の神である。根の国とは何か？　地霊、まさしく地下の木の根なのだ。そして「海の神」スサノオはその地に稲作ともたらした。生命の神秘を表わす言葉が「忌」である。そして神殿の地下に埋められた心柱はかつて忌柱《いみばしら》とも呼ばれていた。

稲作を基にした「生命の循環の思想」の象徴が聖樹信仰である。それは森の文明の際立った形象化に他ならない。いまは知床と小笠原諸島が加わったが、一九九三年日本が初めてのユネスコ世界遺産への登録を行った時、その自然遺産の筆頭が白神山地と屋久島であったことには意味があると思う。二〇〇一年、私も起草委員を務めた白神山地憲章には、森の文明の秘めた「大いなる生命の循環の思想」を世界に伝えたいという願いをがこめられているのだ。

もし読者が白神山地に行かれたら、母なるブナの大樹、マザーツリーを探し出し、その幹に耳を当ててみると良い。陽光を慕って登りゆく水の音が聞こえるはずだ。

第6章　大和民族の成立

——海の道から考える

宗教的あるいは文化的純粋性などというものは原理主義者の空想に過ぎない
——V・S・ナイポール

海は開き、陸は閉ざす
——三笠宮崇仁親王

「名も知らぬ遠き島より……」、渥美半島の先端、伊良湖岬に流れ着いた一個の椰子の実を見て「海上の道」に思いを馳せた一人の東京帝大二年生がいた。柳田国男である。この時の感慨を柳田が島崎藤村に告げたことから、およそ日本人なら誰しも一度は学ぶこの詩が生まれた。しかしこの歌を口ずさむ人も、いま自分がここにあることが、海と結びついていると実感しているだろうか？

「海こそが道」と私が悟ったのは、中東を旅し「ラクダは砂漠の船」という言葉に出会った時であった。この表現により、海と陸のどちらが先だったかは明白なのだ。海は陸の道が開かれる遥か昔から人々を運び、もろもろの民族の出会いをもたらした。時代を追うごとにそれが運ぶ物量も増えていき、船の大型化によって航路も港も変わっていく。

「歴史を知るには何よりも海を見なければならぬ」と、第二次大戦中、ナチスの収容所の中で、大著『地中海』をものしたフェルナン・ブローデル。彼に触発され『文明の海洋史観』を世に問うた川勝平太。共に海が歴史を変え、歴史を作ったことを明らかにした卓越した比較文明学者である。

一九八五年、私は「シルクロード・対話の道総合調査」の原案を起草するにあたり、「海の道 Maritime Route」をシルクロードというネットワークの重要な一つであると位置づけた。それは、従来の欧米人による「海の道＝香料の道 Spice route」という認識への挑戦であった。UNESCOという名が幸いしたのか、この提案は欧米の学者たちに意外にすんなりと受け入れられ、その後数カ国語で「海のシルクロード」と題した書物が市中に出回ることになる。中国泉州には「海上絲綢之路博物館」まで出現した。

大河もまた海の延長である。大河文明を語る時も、その興隆の理由を、ただ農耕地に適していたから、と思い込んでいる人がいる。そうではなく、大河もまた海と同じく船を運んだから、と気付かねばならない。交易がそれらの文明を創ったのである。農業だけなら小川でもよかった。大河は海とつながり、遠洋へ、別の世界へ開かれている。古くはインダス文明のモヘンジョダロ、エジプトのテーベ、中世になってスマトラのパレンバン、更に近くタイのアユタヤ等は、海に直結した貿易港の一例である。いずれも海から遠く河を遡行したところにある。花の都パリもまた港であった。紀元一世紀、この地に至ったローマ人はパリージと呼ばれる先住民を征服し、この地をルテシアと名付けた。パリージの言葉で単に「川」を意味する「セーヌ」がそのまま川の名になった。パリ市の紋章は船である。

次に留意すべきは海流の存在である。海流は新幹線のごとくすべてのものを運ぶ。マリアナ海域で生まれたウナギの幼魚は黒潮に乗りやすい柳の葉の形をとり、日本に至る。柳田国男の見た椰子の実も遥か南の国から黒潮に乗って流れついたのだが、ほかにも数えきれない植物種が海を渡った。もちろん日本列島がまだシナ大陸と陸続きだったころ移動してきた植物もあるが、陸の植生も海中の植生と同じく、海流のおかげで日本という極東の島にたどり着いたものが多い。そして同じ海流が人を乗せた船も運んだ。中南米もまた赤道反流（第4章図4―20参照）の存在によって東南アジアと結ばれていて、竜も太平洋を渡ったことは本書で見てきた。

私が日本の特殊性と海の関係に気づいたきっかけは、一九七〇年代、パリで聴いた桑原武夫の高校生向けの講演であった。京大人文科学研究所の総帥、多くの俊才を集めたこの人はこう言ったものだ。「フランスの植物学科の学生はフランスの植生のすべての名を言える。日本の植物学科の学生は日本の植生のすべての名が覚えられない。なぜか？　それは日本にはフランスの一〇倍の植物種があるからだ。」

桑原さんが言わんとしたのは、日本という国の生物多様性である。それは世界に冠たるものだ。熱帯から寒帯に至る動植物がこの小さな列島に混在し、共存している。その理由の最たるものが日本を取り巻く海流の存在なのだ。すると、とその時私は思った。そこに住む人間もまた同じではないのか？

一見単一民族のように見える日本の成り立ちについて、伊勢に鎮座する前にアマテラスが滞在したとされる、丹波の吉佐宮《よさのみや》、籠神社《このじんじゃ》の八十二代目の宮司、海部《あまべ》光彦氏は「大和民族のこころ」と題した短文でこう述べている（ちなみに海部氏家系図は国宝に指定されている）。

「本来大和民族は単一民族ではなく、多民族国家であったのです。すなわち歴史の揺籃期の日本列島は、古代国際文化の坩堝《るつぼ》であったと私は思います。こうして渡来者やその先進文化、技術は、日本列島の坩堝の中で、完全に同化され、更に大倭《やまと》の国魂《くにたま》の奇《くす》しい霊気と由縁の地の地霊の息吹をも受けて、あたかも純一なる大和文化として再誕して来たのです。」

私は以下、日本人の本質をなす多様性の源流を五つの視点から解き明かしてみたい。（1）言語学的アプローチ、（2）建築様式からのアプローチ、（3）風俗習慣からのアプローチ、（4）地名の意味するもの、そして結論としての、（5）「言霊のさきはう国」。このすべてが海洋史観に深く関わっており、日本文明が転生と変貌を経て海の彼方の諸民族と結ばれていることが実感されるはずだ。

一　言語学的アプローチ

日本民族は単一民族であるという議論はさすがに影を潜めた。しかし日本という国は特殊な国であり、日本人は特殊な人間である、あるいは「ありたい」という思いは多くの人の胸に潜んでいるのではないか。高天原から高千穂の峯に降臨した高貴な民族の末裔である、と言いたい気持ちがどこかにあるのかもしれない。この日本人特殊論に輪をかけたのが、四〇年ほど前に出た、角田忠信《つのだただのぶ》の『日本人の脳』という本であった。難聴の専門家であった角田は、ある夏の夜、偶然、開け放った窓から聞こえる虫の声が彼の音波分析器では母音に近い曲線を描くことに気が付く。そして日本人の脳は、日本語という母音優位の言葉によって形成されており、西洋人なら右脳が捉えている音、例えば谷川のせせらぎの音、松風の音、虫の声を左脳で捉えていることを発見する。それらの音の描くカーヴは母音系だからだ。そこからして日本文学・詩歌には自然描写が数多く現われることも理解できるという。左脳はロゴス、右脳はパトスを扱うという世界的に認知された大脳生理学のパターンを破り、日本人の脳は、右は「もの」、左は「こころ」を扱うとするのだ。故に日本人は論理に弱い、というのではないが、その「理」には常に「情」が含まれる。

驚くべきは、彼が行った実験では、ヨーロッパ人だけではなく、ジブラルタルから韓国までの人間、つまりユーラシアのすべての民族が同じパターンを示すのに、対馬海峡を越えるとこの日本人独特のパターンが現われる、ということだ。アメリカはヨーロッパの延長だから、これを言い直せば要するに「世界vs日本」ということになるではないか。パリから東大に帰っていた阿部良雄が、この本を読めと私に送ってくれたのは、日本語を一切使わない国際機関で働いていると、お前は日本人であることを止めるぞ、という警告だったに違いない。

私はこれは面白いと思い、その翌年モントリオールで開かれたユネスコ人権部会主催のシンポジウムに日本代表として角田さんを招待した。彼の発表は大きな反響を呼び、当時三四カ国語で同時出版されていた『ユネスコ・クーリエ』誌は、私のコメント付きで角田論文を紹介した。しかし、そのあとで角田さんに会ったとき私は聞いた。「あなたは日本人の脳が世界的に特殊だというが、ポリネシア人の脳を調べましたか?」「いやまだ調べていません」「それを是非やってください」。しばらくして角田氏から答えが返ってきた。「ポリネシア人の脳を調べました。日本人と同じでした！」

この日本語における母音の優位が、日本人を理解する言語学的アプローチの第一歩である。大野晋は、その晩年『日本語の起源』において、タミール語こそが日本語を形成した、と説いたが、それは祭祀・農業・生活に関わる約五〇〇の日本語の語彙がタミール語起源であることを示唆するもので、相当な説得力を持っていた。例えば大野がカミの語源とするKomanはやはり「隠り身」であること、「あわれ」という語の由来、また「ホンガホンガ」や「ドンド焼き」の生活習慣など私も納得したものが多いが、特にタミールの古代叙事詩「サンガム」が七・五調、五・七・五・七・七までも含む韻律を持つ、という話には感動した。すなわちモーラ（拍）と言われるもので、その民族の魂に関わるリズムなのだ。和歌や俳句はそれを体している。金子みすゞの詩が愛されるのも、この拍をこの少女が幼くしてわが物としていたからだ。

例えば「大漁」。

朝焼《あさやけ》小焼だ／大漁だ／大羽鰮《おおばいわし》の／大漁だ。／濱はまつりの／やうだけど／海のなかでは／何萬の／鰮のとむらい／するだらう。

私は大野さんとはたびたびお話しする機会を持ったが、「あなたの論は大変説得力がある。しかし南インドのタミール族がにわかに日本にやってくるとは思えない。遠い日本まで到達するにはどこかに中継点が無くてはならない」と指摘したことを思い出す。大野さんがそれはまだ分からないと言うので「陸を通る海の道」という小論を紹介し、「その中継点は実はマレー半島の可能性が大きい」とその道を示したら、大野さんは大変喜ばれ、直ちにそのことを次に出した本に紹介している。

このすぐれた言語学者、大野晋は、タミール語ばかりを重要視しているように見られがちだが、実はその著ではっきりと、日本語のベース（基調語）はオーストロネシア語（南方語）だ、と述べているのだ。つまりマレー・ポリネシア語であり、私が角田さんに調べてもらった言語である。ここでこそ母音優位は揺るがない。Moai は子音が一つであとは母音、Aloha Oe という時、七文字の中で五つが母音である。火山 Kilauea やリゾート Waiakea も同じだ。ポール・ゴーギャンには晩年彼がタヒチで恋した美少女を描いた「いつお嫁にいくの?」という作品があるが、彼が付けた原名は“Nafea Faa Ipoipo”である。一四文字に子音は五個しかない。タヒチ島の首都パペーテの空港名は Tahiti Faaでaが三つも並んでいる。では日本の方はどうか? 井伊大老はローマ字では Ii、大江健三郎は Oe、大井競馬場も Oi だ。このような母音だけの名前や地名はヨーロッパには皆無である。愛 Ai という名もそうだ。「愛を追う」はすでに一つの文章だがローマ字で書けば Ai o ou、この中に子音は一つもない。ヨーロッパ語で子音のない文章は書けない。

もう一つ、日本語とポリネシア語に共通するものがある。それは反復音だ。雨が「しとしと降る」、雪は「さらさらと降る」、ジメジメした気候、ぐるぐる回る、ワクワクする、「まだまだ、いろいろ」

あって枚挙に暇がないから、「そろそろ」やめないと三ページくらいが直ちに埋まるだろう。蕪村の「春の海ひねもすのたりのたりかな」が訳せるか？　電話するときはどうか？　英語ならHello、フランス語ならAlloだが、日本では「もしもし」だ。ところがこうした反復音がとりわけ多いのがマレー・ポリネシア語なのだ。モナモナ（美味しい、タヒチ）、ジャランジャラン（散歩しよう、マレー）マカンマカン（食べよう、マレー）、すでに紹介したスラウェシのトラジャ部落の崖から子孫たちを見守るミイラ型の死者の人形タウタウ。イースター島の大島ラパ・ヌイで人類を創った神マケマケ。すべての島に必ずあるずんぐりした地蔵のような石像は祖霊を表すティキだが、土地の人はティキティキと呼ぶ。あなたはボラボラ島ではマヒマヒを食べることが出来る。

英語ではpersonの複数はpeopleだが、日本語では人の複数を「人びと」という。われの複数は「我々」である。ところがこれと同じ用法をマレー・ポリネシア語族のインドネシア語に見ることが出来る。オランウータンは「森の人」だが、人は「オラン orang」、人びとは「オラン・オラン orang orang」なのだ。マレー・ポリネシア語族と日本語の姻戚関係は疑えない。大野晋のいう日本語の基調語とはこのポリネシア語族のことであった。大和ことばの持つ澄明さも、ポリネシア語に見る母音優位、子音に必ず母音が付くその語法にその根を見出すことが出来る。ハワイ、カナカ族のカメハメハ王も遥か昔から我々と遺伝子でつながっているのだ。日本語の音と拍、これが「海の道」による日本人の起源を指し示すものと私は確信している。そして、この海の道が住居の建築様式にも対応していることを後で見て行こう。

ところが文法となると、事態は一変する。日本語の構文 syntax は、シベリア中央部のウラル・アルタイ語族に近い。すなわちアルタイック言語なのだ。それがその一部であるツングース系民族により朝鮮半島を経て日本列島に至ったとみられる。私はターキッシュロードという表現を使うが、アルタイ山塊を出たこの言語族は東に進むと同時に西にも進み、西トルクメニスタン（今のトルクメニスタンではなく、二十世紀まで欧米の地理学者がシルクロード北方の道の国々を呼んだ総称）を横断、今のトルコに至る。平面的な地図では実感がわかないが、地球儀で見るとこの道はほぼ一直線の帯状なのだ。トルコ人の日本人に抱く親密感はここまでさかのぼって考えないといけない。文章の発想法、シンタックス（構文）を考えたとき、江上波夫の「騎馬民族渡来説」は、その信憑性を増す。それは第2章「カラの思想」にも通じるものである。

次に語彙だが、ここではアルタイック系がフェードアウトしていく。大野晋のタミール語起源の語彙は一部認められるが、大半は明らかに漢・魏・唐・宋・明と大陸系、すなわち中華語が多い。それらの漢字による文明語が一部は朝鮮半島を経て、または直接遣唐使の道で日本列島にもたらされ、『万葉集』や『古事記』に見るように「表意文字による表音表記」がなされた。それらはあくまでも南方風＝和風の発音で読まれ、それが日本語となっていく。この作業により大陸文明は我々の骨肉ともなって行ったといえる。ただ日本人は四書五経を中国語では読んでいないことに注意しよう。それを日本語の音、言い換えれば今述べた南方系の音で読むのである。「子曰」を Shi iwaku と読む。学校で学んだ漢文とは大陸語の日本化なのだ。故に漢文を習ったから中国語を習得したとは決して言えない。およそ言語とはまず音なのだ。日本語は極めて表音文字に適した言葉であったため、平安時代、漢字は仮名となり、仮名が紫式部や清少納言等の女流文学を生んだ。これらの日本文学はまさに詩である。そのリズムが心地よい。漢文を習う日本人は、本来は別系統の言葉を、上に述べた南方系の日本語の音に置き換え、返り点をつけてアルタイック構文に直すことにより、「瞬訳」し、日本化しているのである。つまり日本語とは、多くの源流を持つ重層構造を持った言語なのだ。

実は寺子屋等で行われた江戸時代からの漢文教育の成功が、日本人の外国語学習の世界に冠たる下手さの原因となった、と私は見ている。語学を聴覚ではなく、視覚で習う習性がついてしまったのだ。素読は日本の音でなされ、ここで中国語を離れている。表音文字で書かれるに適した欧米語を学ぶ時、これは障害にこそなれ、武器にはならなかった。外国語を読めても話せない日本人はこうして創られた。

こうした文法と語彙の蓄積は日本語の進化として起こったことだが、日本人はあくまでもその基調音であるオーストロネシア語族の音とリズムを体して生きてきた。子音が必ず母音を伴う。アイヌ語には一部子音止めがあるが、全体としてはこの原則を脱していない。梅原猛はアイヌ＝縄文人南方渡来説をとなえたが、あるいは縄文人と古代の海人ラピタ人は同じルーツを持つのではないか？　古代、アジアから太平洋に進出した民族がラピタ人と呼ばれる。ラピタ人はモンゴロイドであるが、彼らこそが太平洋の島々に次々に移り住んでいった海の民だと言われている。アジアからの「離陸」は約六千年前、琉球・台湾あたりが出発点であったらしい。その最古の土器はパプアニューギニア・カレドニア・バヌアツで発見されている。渦巻模様と雨滴模様が目を引く。私はニューカレドニアでメラネシア人となったラピタ人の遺物を見たが、彼らも船で移動したことが分かった。しかし内陸でイモを栽培するメラネシア系カナック族と海洋民族ポリネシア人との関係は謎のままで残った。あるいはラピタ人といわれるのは、ただ一つの民族ではなかったのかもしれない。大河を行き来した船を持つ民族が、ある時海に出た、と考える方が自然だ。すると長江と共にメコン河口が出発点の候補となる。

二　建築様式からのアプローチ

言語で起こったことを、今度は家屋建築で見てみよう。日本の本来の建築様式は、木造・高床式・掘立《ほったて》建築である。すなわちこれも南方系なのだ。復元された平城宮を見ても、主要な建物、例えば朱雀門の柱は大陸からもたらされた石の土台を持つが、それを取り巻くその他の建物は掘立柱のままである。

もし日本建築の原型を伊勢の神宮に求めるならば、その「神明造り」こそが、まさしくこの基本、高床式掘立柱建造物なのだ。この様式、特に高床式は神社仏閣のみか、今なお日本人の個人住宅に受け継がれている。なぜか？　それは日本の高温多湿という風土に最も適した建築様式だったからだ。仮に、今見てきた日本語の構文を重視し、我々の先祖が「騎馬民族渡来説」に従って大陸から半島を経てやってきたとする時も、この風土という要素を考えないと、何故大陸の建築様式が踏襲されていないか、が分からない。一つの可能な説明は、騎馬民族がやってきたとき、すでに日本列島には南の海から渡来した多くの民が住んでいて、高床式の住宅を建てていた、ということだ。後発の大陸系渡来民族は、この地では風通しの良いこの建築様式の方が快適であると直ちに理解した。騎馬民族が朝鮮半島南部に一世紀ほど滞在してから渡来した、という梅棹忠夫の「騎馬民族水軍説」を取るならなおさらである。

神明造りだが、その一番の特徴は「棟持柱《むなもち》」の存在である。棟を支える柱というその名にも関わらず、実はこの柱は「なくても建築物の強度には影響しない」柱なのである。では何故その柱が重要なのか？　欧米ではそこになくてもよいものがある時、そのオリジンを調べる。第10章「エデンの園の変貌」で解き明かすつもりだが、ヨーロッパの修道院や宮殿の庭に残された十字型の庭園空間、それは遥かバビロンに遡り、聖書にも描かれた四本の川の流れ出るエデンの園の形象化、チャハル・バーグ（四分割庭園）なのだ。

伊勢の神宮建築を思わすものは、南方のどこかに必ずあるに違いない。そう思っていた私は、そのものに、前章で述べたように、セレベス（スラウェシ）の山奥のトラジャ民族の国、タナ・トラジャで行き当たった。スラウェシの南端ウジュンパンダン（現マカッサル）でジープを探し、まず海岸線を北上、次いで山道と計一〇時間ほど走り、山奥に入って行った時、突如としてそこには驚くべ

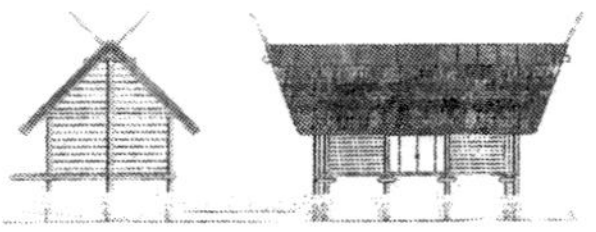

黒田龍二氏による建物C復元図（宝庫形式、神明造の原型か）

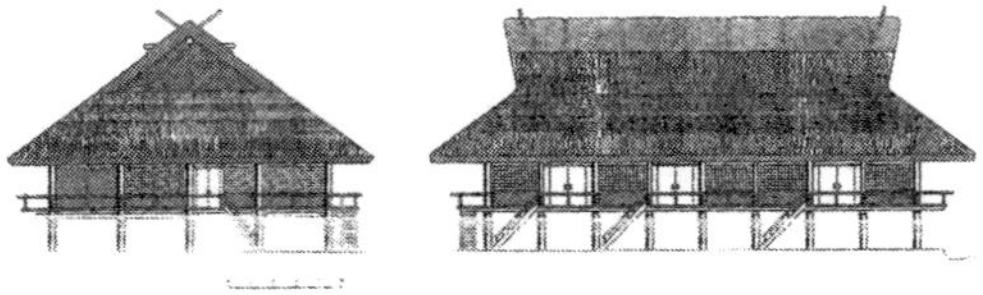

黒田龍二氏による建物D復元図（宮殿形式、大社造の原型か）

［いずれも同氏著『纏向より伊勢・出雲へ』（学生社）より。見やすくするため一部修正］

図6–1　箸墓古墳に近い纏向遺跡の建造物復元図。大和王朝は伊勢と出雲の合成なのか？

き光景が広がっていたのだった。白川郷の合掌造りほどの大きさの、大きな角を突き出した舟形の建物群が夜空の下に並んでいたのだ。トンコナンである。すべての住居はその前に穀倉を持っているが、その形は伊勢の「御稲御倉《おいねのみくら》」にそっくりなのだ。柱の形、その数まで同じだ。そして巨大な母屋と同じく、その両端で棟持柱がまさしく切妻を支えているではないか。違うのはトンコナンの屋根のカーヴだけである。伊勢の直線がここでは舟形のカーヴを描いている。しかしである。トラジャ部落の隣のブギス族の建築の屋根は直線、しかもことごとく千木《ちぎ》を結び、鰹木《かつおぎ》を置いているのだ。つまり、棟持柱というあまり類を見ない柱を持つトラジャ建築の柱と、ブギスの屋根を合成すれば伊勢が出現するのである。ちなみにブギス族はすぐれた海の民で、スリヴィジャヤ連合王国とも関連している。

所功《ところいさお》氏に教えてもらったのだが　神戸大学の黒田龍二氏によると、卑弥呼の墓ともいわれる箸墓古墳にも近い「纏向《まきむく》遺跡の建物Cは伊勢神宮の正殿と極めてよく似ている」そして「一番大きい建物Dは出雲大社の本殿と等しい類似性を持つ」という。するとこの地で大和と出雲が融合する、すなわちここが邪馬台国の首都であった、という驚くべき仮説が成り立つ。私の注目したのはしかし、黒田氏が描いた建物の復元図だ（図6―1）。建物Cは今の伊勢神宮よりも両棟が張りだし、まさしくトラジャの穀倉の形となっているのだ。柱跡しかない遺跡で、どうして屋根の形が復元できたのかは分からないが、これが正しいならまさに棟持柱の存在理由を語るものになっている。

フランスの研究者達によると、トラジャ民族は紀元前、一説によると前二五〇〇年頃、南シナからはるばる海を渡ってきたという。おそらくはフーナン（扶南）から、と私は推測する。彼らは、初めは海岸で船の陰で暮らしていたが、後発のブギス族に追われだんだん山奥に入って行った、とされる。実はこの現象はセレベスのみならず世界的にみられる。例えば、北アフリカのベルベル族がそうだ。いまは内陸のアトラス山系に住んでいるが、もともとは地中海の海岸線に住んでいたのだ。それがカルタゴ帝国を創ったフェニキア人、次いでポエニ戦争以来のローマ人、そして七世紀からはコーランを掲げたアラブ人と、次々にやってくる新勢力に追われ、住みにくい山の中に入って行ったのだ。住みにくいところに追いやられる。これは日本の先住民アイヌの歴史でもあり、雲南の少数民族の歴史でもある。近くはアメリカの先住民が同じ運命を背負った。

山奥のトラジャの家屋トンコナンが舟形の屋根を持つのは、海から渡来した民族の記憶なのである。だから岩窟に並べられたその棺は何時か故郷に帰ろうとするような舟形なのだ（第5章図5―8参照）。殯《もがり》の屋形を持つその大々的な葬儀が『古事記』の黄泉の国、イザナミの死を思わせることについてはすでに述べた。そしてこの密葬と本葬の二本立てという世界的には変わった葬儀は、他でもない日本の葬儀形式であることも述べた。皇室の葬儀は「お舟入りの儀」と呼ばれる。舟形の埴輪も存在する。

一つの逸話を挟んでおこう。ある時ロンドンで、マダガスカルの青年がインドネシア（スラウェシ）から来た青年と出会った。英語は共に不得意。ならばと、それぞれが自分の言葉で話してみたら、それが通じた、というのだ。マダガスカル人の祖先は、遠くインドネシアからインド洋を渡ってきたのだった。このマダガスカルには、ほぼ一年後に一度埋葬した死者を掘り起こし、衣類を改めて本葬として埋葬するルトゥールヌマン（返し）という儀式が残っていることは既に述べた。私の大学でのセミナーでマダガスカルの音楽の紹介があった。それを聴いた学生たちの反応はこうだった。

「初めて聴くが、なにか懐かしい。」

おそらくトラジャ民族の渡海は意図的なものではなかったのではないか。彼らは追われてきたのだ、と私は思う。船に乗った彼らの一部はスマトラ島に流れ着き、トバ湖のほとりに住みついた。ガタック族と呼ばれているが、やはりトラジャ風の大きく突き出した屋根を持つ長屋を建てている。もう三〇年前になるが、東京と京都で井上靖・桑原武夫・梅原猛の諸氏も参加した「アジア作家会議」というものを開催し、外国からの諸氏を京都御所に案内したとき、インドネシアの作家が「これはスマトラの建築にそっくりです」と言ったことを思い出す。

このトラジャとブギス、もし彼らが、私の推測するようにフーナン（扶南）から出航したとするならば、雲南で同じような千木と鰹木を見かけることも納得できる。フーナンは大河メコンの河口、メコンをさかのぼれば雲南に至るのだ。トラジャの人々は追われた山奥を切り開いて、一見日本かと思わせる美しい水田を造った。雲南の二七の少数民族も元は長江の中流域にいたのが、漢民族によって中原から追いだされてきた人々なのだ。彼らもまた住みにくい山奥を切り開いて美しい田園を造った。集積回路と見まがうばかりの見事な棚田は、限りある水を、バリ島風に言えばスバック（水組合）によって管理し、トゥルム（堰）によって配分し、助け合いながら共に生きようとした人々の産物である。そこに「和」の文化が生まれた。それらすべての部族が聖樹を持つ。

樹木信仰は、ヨーロッパの先住民ケルト民族のオークへの思いがそれにあたり、第5章「聖樹の旅」で示したバリ島やトラジャ民族の例で、特に東南アジアに存在することがお分かりかと思う。ただそれはブータンから日本に至る「照葉樹林帯」では特に顕著であった。日本ではそれは「鎮守の杜《もり》」の思想となった。南方熊楠は明治政府の神社合祀令に断固反対し、身を賭して戦ったが、それは生物多様性を保つ鎮守の森を守るためであった。その森には神籬《ひもろぎ》という神が降りてくる依り代があり、それは宮崎駿の映画にも登場している。神籬とはすなわちご神木＝聖樹である。ここで人と神は出会い、人は悠久のいのちを体感する。

では、ブータンや雲南には鎮守の杜はあるのか？　無い！　なぜなのか？　実は集落を取り巻くすべての山、すべての森が鎮守の杜だからだ。日本でもかつて自然そのものに囲まれ、人々が山岳信仰を生きていたころ、鎮守の杜は無かった。人が森や林を伐り、田畑を広げていったため、神社の周りの残された森が鎮守の杜と呼ばれることになったのだ。

図6–2　寨心石の一例。必ず樹と石の組み合わせで造られる。

前にも述べたが、雲南では今でも驚くほど日本に出会う。鳥居・しめ縄・大黒柱・神棚・丸餅・赤飯・豆腐・納豆等々。日本の源流の少なくとも一つはここにある、と思わざるを得ない。我々が正月に鏡餅（丸餅）を飾り、お祝いに赤飯を食べるのは、ハレの日、無意識のうちに、祖型帰りをしているのかもしれない、というのが私の実感である。鳥居は日本独自のものとされてきたが、雲南の村々へ行くとそれは村の入口であった。上に鳥が載っているのもあった。なるほど鳥居だ。鳥が異邦人の接近を知らせるらしい。ちなみに北九州に吉野ケ里を訪れた時も、修復された塀の入口には鳥が載っていて驚いた。柱の跡しかない遺跡だ。何故鳥がそこに載っていたと分かるのか、と聞くと、発掘の際、入口の辺りに鳥の木彫りが落ちていたから、という答えだった。

雲南の二七部族のうちでも倭族の建築は注意に値する。屋根は日本の農家を思わせる茅葺き、ここには「心柱」に当たる柱がある。三本の柱の中心で、それに使われる材木は栗、あの三内丸山遺跡の柱と同じである。倭族の村の中心には「寨心石《さいしんせき》」がある。これは神木とされる柱（聖樹）と石を組み合わせたものだ（図6—2）。近年、一部の倭族の部落では、中央政府により伝統的な木造の住居が撤去され、無残なコンクリートブロック造りの家に建て直された。しかしそれでも、村の中心である神聖な寨心石だけは残されているのを見た。（雲南では何カ所かで山が丸裸にされているのを見た。少数民族が伐ったのではない。中央から来た木材商人によるものだ。清流だった川が濁流となり、この環境破壊を見た中央政府は、急遽、樹の伐採を禁じたが、この禁止令は少数民族にも適用されたので、彼らは木造の家を建て替えることが出来なくなったのだ。「彼らも文明を享受する権利がある」と案内の役人は言った。私が「では彼らが自分たちの伝統文化を享受する権利はどうなるのか？」となじると、役人はプイと横を向いて去った。）

この柱と石の組み合わせが私の心に残った。実は前にも触れた元伊勢、丹波の籠《この》神社を訪ねたと時のことだ。その奥の院、眞名井《まない》神社は、心柱を持ち、その構造は伊勢の正殿と酷似している。ここにご神体が祀られているのか、という私の問いに、案内してくれた宮司から返ってきた答えは違っていた。実は本当のご神体は本殿のわきにある樹の茂みだ、というのだ。その茂みにはしめ縄が張りめぐらされていた。今は沢山の樹が生い茂っているが、よく見ると中央にくぼみを持つ岩、それと樹の組み合わせなのだ。樹と岩が男女の性を表しているのが歴然としている。命の湧出、産霊《むすひ》の形なのだ。インドなら石にシヴァ・リンガ（男根）とヨーニ（女陰）が刻まれるが、日本では樹と岩であった。ところが雲南の寨心石がまさしく同じなのだ。柱すなわち樹と岩、この組み合わせなのである。しかもこれは倭族だけではない。タイ族はこれをツァイマンと呼ぶ（ツァイは中心、マンは村）。クメール族も「初めの柱」サオ・エークを建てる。

図6–3　雲南の村の入口にはダリョウと呼ばれる魔除けが。

日本神話にもこの組み合わせが初めから登場する。アマテラスの命で稲穂を携えて葦原の中《なか》つ国《くに》に下った天孫瓊瓊杵《ニニギノ》尊《ミコト》が最初に出会うのは、山の神オオヤマツミノカミの娘コノハナサクヤヒメとイワナガヒメ、すなわち樹と岩なのだ。

心柱だが、ミャオ族（苗族）の蘆笙柱（フゥの樹）にも注意したい。これは広場の中心に立てられる宇宙樹とされる。上に太陽を表す鳥が載っている。トラジャの穀倉にも鳥と太陽の文様がある。もう一つ私の目を引いたものを挙げるなら、雲南の住居の入口には「ダリョウ」と呼ばれる魔除けのしるしがある。タイ語ではダレイ（鷹の目）。竹を二本ずつ斜めにX型に交差させ、そこに水平な二本が交わる（図6—3）。竹でダビデの星が描かれることになるが、それはもちろん偶然であろう。ただ、このしるしは伊勢地方に古くから住む人にとっては、ある神秘的な力を持つと聞いた。

日本の建築が南シナ、そしてマレー・ポリネシアと結ぶことを示すものには、さらに、第4章「竜は太平洋を渡ったのか？」でも述べたように、狛犬の原型となる獅子、インドネシアの各地で見るカーラあるいはバロンと呼ばれる怪獣の口がある。魔除けの怪獣が大きく口を開け、門や入口を守っている。これが日本では鬼瓦となったことは、昔の鬼瓦がまさにその怪獣の形をとり、口を開けていたことでもわかる。赤坂の明治記念館にはこの建物にあった元の鬼瓦が展示されていて、そこには「獅子口」と明記してある。

建築学的考察を終えるに当たって、大和と出雲はどのような関係にあったか、について私見を述べたい。これについては数々の専門家がおられるので、その方々は、以下は一人の非専門家の妄想であると考えていただいてよい。

日本の歴史では四世紀が難しい。欠史八代とは何か？　卑弥呼とは誰か？　高天原族と根の国の関係は？　何故国譲りがあったのか？　三輪山は何故特別なのか？　等々。これらの問題を解く鍵として一つのヒントを得たのは、マラッカで十五世紀のマラカ王国の地図を見たときであった。イスラームの東南アジアへの進出は実はかなり遅い。それがスマトラへの十五世紀なのだ。なぜか？　アラビアのダウ船はすでに八世紀以来たびたびインドネシアに現われている。だがそれらの商人の念頭にはイスラームの教えの普及はなかったらしいのだ。十五世紀初頭、スマトラがやっとイスラーム化されると、パレンバンから一人の王子が対岸のマラッカに渡来し、そこに王国を開いた。だからその王国は今のマレーシアかと思いきや、地図にみるその王国は何と全スマトラを含んでいるではないか。すなわちマラッカ海峡はマラカ王国の「内海」だったのだ。これは驚きであり、歴史理解のヒントであった。確かにこれで八世紀のスリヴィジャヤとクメール王朝の動きも分かってくる。マレー半島・スマトラ・ジャワが一体となっているからこそ、八〇二年クメール王朝を打ち立てたジャヤーヴァルマン二世は、それまでジャワに監禁されていた、という記述になるのだ。

そのジャワとはスマトラかもマレーシアかもしれない。あのボロブドゥールを建てたシャイレンドラ王朝かもしれないのだ。これはさまよう王国スリヴィジャヤとも関係がある。この海洋民族による港湾都市の連合体はアメーバのように刻々姿を変えた。パレンバンは最も重要な都市だが、ある時はケダ、ある時は今のヴェトナムに位置してクメール王朝と闘ったあのチャンパ王国ともなったらしい。その都の名、ヴィジャヤがそれを示している。こうしたアメーバ状の、変身する王国はユーラシア大陸の砂漠の道にもあった。ソグド人の国ソグディアナである。一方は船で、一方はラクダで、共に「旅する民族」の国なのだ。

上に触れた伊勢と出雲の建築が一七〇〇年前、この国に何が起こったかを語っている。マラッカ海峡がスリヴィジャヤやマラカ王国の内海であったように、対馬海峡は三韓時代にこのあたり、つまり半島の百済・新羅と列島側の北九州・筑紫の共有する「内海」だったのではないか、と私は考えた。海は障害ではなく、道だったのだ。それを国境のように考えるから歴史がおかしく見えてくるのだ。伽耶《かや》とか任那《みまな》はこの内海を挟み筑紫族が移住した地方だ。コロニーと考える必要はない。半島側で百済と新羅が争い、負けた百済人は大挙して身内の居る北九州、次いで瀬戸内を通って河内、そして大和に移動する。ヤマト王朝は百済人によって作られたといっても過言ではなかろう。だから最初に建てられるのが百済大社、そして百済観音が置かれる。高松その他、瀬戸内の要所にはあとを追ってくるかもしれない新羅軍を迎え撃つための城塞が築かれる。奈良という語は百済語で「わが故郷《くに》」を意味する。百済という国名もペチェイと読むべきなのにクンナラ↓クダラと、そのナラの語を使っているわけだ。敵性国となった新羅はシーラなのにシラギと軽蔑音を入れて読む。神功皇后の三韓征伐とは、半島での両者の戦いに、身内として百済援護の軍を出さざるを得なかった、ということではないのか。このジェスチャーは外交上必要なことであって、ヤマトはすぐ兵を引いている。半島側には記録が無いほどの規模であったらしい（今でいう集団的自衛権の行使のジェスチャーか？）。六六三年、白村江の戦でも倭国は百済と組み、唐と連合を組んだ新羅と戦い、大敗する。そして百済は滅び統一新羅の時代が到来する。それとほぼ同時に日本では大和王朝が成立し、出雲を合併することによりほぼ全国を制覇しているのだ。この流れを俯瞰すれば半島での敗者が列島では勝者となった、ということになる。

私がこのことに気がついたのは、年表を見ていた時だった。大和王朝の成立後、新羅は何度か使節を派遣するのだが、大和王朝はその迎え入れをことごとく拒否しているのだ。

では出雲に何が起こったのか？

美智子皇后（当時）は出雲大社に詣でた時の感慨をこのように詠まれている。

国譲り　祀られましし　大神の　奇しき御業を　偲びて止まず　（平成十五年）

まさに「奇しき」御業により、幕末の江戸城無血開城を思わせるこの国譲りは行われた。

国譲りの真相は諸説山積し、分からない。しかし出雲がスサノオが治めオオクニヌシが築いた大

図 6–4　出雲大社復元模型の数々。

きな国であったということには異論があるまい。出雲族は今の出雲だけでなく九州から北陸までの大きな勢力だったと思われる。特に重要なのは出雲国風土記に登場する「国引き神話」だ。この地では狭いとした大国主は「新羅を引き寄せた」とある。出雲族が新羅と結んでいたことは明瞭だ。天孫族即ち大和王朝の勢力は百済系、半島で戦っているのだから、新羅系の出雲族とも敵対しないわけにはいかない。オオクニヌシは戦いで多くの血が流れるよりも服従による和平を選ぶ。しかしその息子たちにはそれを不満とするものが当然出てくる。一戦を挑むが敗れ、諏訪にまで逃走する。諏訪大社は上下とも出雲様式なのだ。オオクニヌシは、この国を差し上げる代わりに高天原に匹敵する社を建てて自分を祀ってほしいといい、それはかなえられる。それが現存する出雲大社だ。その高さは今は二四メートルだが、平安時代のものは四八メートル、上古には実に三二丈、九六メートルもあったという。これは伝説に過ぎないとしても、近年発掘された心柱は直経一メートルほどの杉の柱を三本まとめたもので、巨大な柱が空に伸び、空中神殿を支えていた姿を彷彿とさせる（図6—4）。

　問題はこの神殿の造りだ。長い階《きざはし》を登り切り、神殿の入口に着く。ところがこの階段は建物の中心に向かっているのではなく、右側に片寄っているではないか。正面には真ん中に柱があり、真ん中からは入れない。梅原猛の法隆寺論を思わせる造りなのだ。『隠された十字架』を書いたころの若き俊才梅原は、法隆寺は聖徳太子の怨霊を閉じ込めた寺だと断じ、人々を驚かせたのだが、その最大の証拠が真ん中に柱が置かれ、真ん中からは入れない正面入口の造りであった。入れないというより、怨霊が出ることを拒む造りだという。すると、それはまた出雲大社の造りでもあるのだ。

次にもっと注意すべきはその神壇の位置である。正面右寄りの入口を入って左に進み、突き当たって右折、更に突き当たって右折したところにそれはある（図6―5）。つまり出雲の社は南を正面として建てられているが、神棚は西向きなのだ。西こそが本当の正面であり、境内の外側には西から拝む場所がちゃんと用意されている。何故そうなっているのか？　その何故か、が出雲の説明書には書かれていない。だが私にとってそれは明らかであった。大国主は故郷である新羅の方を向いているのだ。およそ島根県で発見されたこの時代の死者はすべて西向きに埋葬されている。

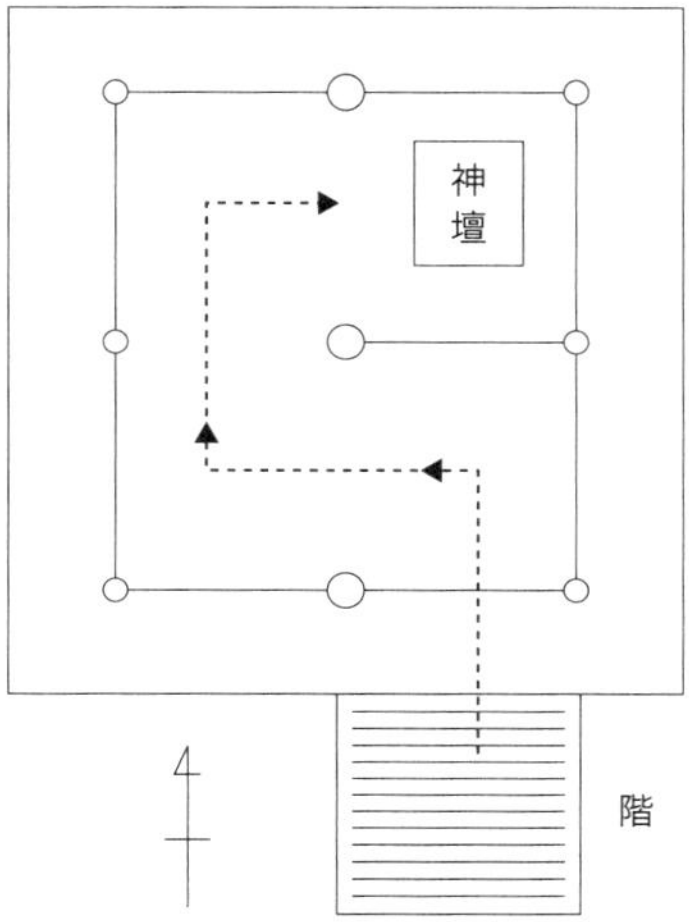

図6–5　出雲大社の神壇は西方の故郷を向いている。

このことは同じく出雲の海岸近く、日御碕《ひのみさき》神社に行くと更に鮮明になる。なんとここには本社が二つある。上には素戔嗚尊《すさのおのみこと》。下には天照大神である。まさしく両民族融和の聖地、と見える。アマテラスの神社は南を向き、大きい。しかしスサノオを祀る小さな上の宮の方が古いと聞いた。そしてその宮は毅然として西の海を見つめているのだ。

いささか大倭と出雲にこだわりすぎたが、実際は長い年月をかけ、南からそして西から、そして北からも、幾多のルートを通って我々の祖先たちはこの地にやってきたのである。その道程で出会った多くの文化に育まれ、それらを融合し、精錬し、変貌させつつ、この国の独特の文化が育っていったのだった。この育成の過程で、海の道が大きな役割を果たしたことが、いささかでも分かっていただけたら幸いである。

ユネスコの世界遺産に登録された北九州の宗像大社・沖ノ島。それはまさしく海からの文化の渡来の道標《みちしるべ》として浮かんでいる。

三　風俗習慣からのアプローチ

生と死に関わる風俗習慣として、我々はすでに殯《もがり》と本葬という二重の葬儀形式がタナ・トラジャと日本を結んでいることを語った。死者は二度葬られるのである。柳田国男はわが民族について、「この国では死者はしばし地上に留まる」と述懐した。トラジャでは死者が出ると、小型のトンコナン型のモガリの小屋を造り、死者はまるで病人のように家族とともに暮らす。食事も運ばれる。第5章「聖樹の旅」で述べたが、祖霊が子孫たちを守る、というこの信仰は海を渡った日本に通底するものだ。実はタイやバリ島に行っても、やはりこのモガリの屋形はある。ただ、これらの国にはヒンドゥー教や仏教が定着したため、それらのモガリの屋形は遺体ごと焼かれることとなった。日本でも古墳時代の終焉は、仏教伝来と一致している。

ここで日常の生活習慣にも注意しよう。

日本人の風呂好きは異常なほどである。だがこれが日本人の南方渡来を証明していると気づいている人は少ない。ちなみにファッションの国フランスでは、風呂は『ベルサイユのばら』の時代でも、王妃様以外は入れなかったのである。それ以外の人は週に一度、盥《たらい》で体を拭くくらいだった。だからこそ香水が発達したのだ。ところがポリネシア人は沐浴が大好きである。ジャワの大きな寺院には沐浴場があるが、あらゆる地方で、彼らは、朝夕さっと小川に入る。水浴びをマンデーという。一度タヒチ島で、現地の夫婦と山中の滝を見に行った帰り、一緒に歩いていた奥さんが突如いなくなり、探したら、なんと「オフィーリア」(J・E・ミレー作)よろしく谷川に浸かっていたのには驚いた。身に着けていたのはパレオ一枚、さっと谷川に入った彼女はそのままさっともとの道に帰り、今度は歩きながらほんの数分できれいな花輪を造って、私の妻の頭に飾ってくれたのだった。こうした沐浴は全ポリネシアの風習である。大陸系にはこれが無い。

食生活を見てみよう。赤飯と丸餅については雲南の記述ですでに述べたが、「ちまき」がポリネシア由来であることも話しておこう。あれは保存食なのだ。ポリネシア人は、何百年もかけて徐々に太平洋の島々に住み着いていった。どうしてか？ いくら住みやすい島でも、住みやすいほどに人口は増える。すると彼らは本能的にこの島にはこれ以上の人数が住めない、と感知するのだ。その時ポリネシア人は驚くべき行為に出る。一〇〇年に一度ともいわれるが、それだけ長い年月が経っていれば実際にその作業を見た人はいないはずなのに、突如、普通のカヌーの数倍の大型の遠洋航海用カヌーを造り始めるのである。そして島民の一部が大海原へと出発する。彼らには海図などない。羅針盤も無い。大体どこに新しい島があるのか、だれも知らない。それなのに海を渡る。果てしない大海に未知の島を求めて出発するのだ。ハワイもニュージーランドもイースター島もこのような冒険で発見されたのだった。これらの場合、出発したのはマルケサス諸島らしい。

新しい島を見つけた人達は幸運だった。それに数倍する人がなにも見つからないまま果てしれぬ太平洋の青に命を落としたはずだ。この種族の生き残りをかけた冒険の舟、その舟には、椰子の実や鶏も積まれていたが、そこに必ず積まれていた保存食、三カ月は持つそれが「ちまき」となって日本の子供の日に食べられている。あの形と包み方で。

遊びにも日本の起源を見ることが出来る。竹馬、あやとり、コマ廻し、これらはポリネシアの子供の遊びである。だが遊びではなく、もっと重要なのは法螺貝だ。法螺貝の音はポリネシアでは出航の合図なのである。日本では山岳修験者が法螺貝を吹いているが、あの法螺貝はどこから来たのだろう。山中に巻貝、しかも南海でしか採れない法螺貝はどうして修験道と結びついたのか？

ポリネシアで何度も法螺貝による出航の合図を聞いた私の頭には奇妙な考えが浮かんだ。十九世紀に始まる蒸気船、それから各国が競って造った大型客船のあの出航の汽笛だが、何故あのように哀愁を秘めた低音なのか。蒸気を使えば高音も出せる。現に蒸気機関車の場合は高音だ。あの何か懐かしい低音の船の汽笛は、あるいはマゼランやクック、ブーゲンビルが南太平洋で聴いた法螺貝の音の再現なのではあるまいか。

ちなみにこの法螺貝はマヤ文明でも特別な意味を持っていた。各所の神殿にその形が彫られているが、中には美術としての石の大きな彫刻まであり、カラコル（法螺貝）が、パレンケの天文台の名になっただけではなく、特に尊ばれていたことが窺われる。私は第4章「竜は太平洋を渡ったのか？」でその螺旋形に注目したが、それだけではないかもしれない。これも彼らの祖先が海からやってきた記憶なのではないか？

もう一つ重要なのは刺青《いれずみ》だ。「倭人は文身《いれずみ》」を常としたことは『魏志倭人伝』に明らかである。

図6–6　タヒチの若者の刺青にはその家の歴史が彫り込まれている。

そしてまさしく刺青の風習を持つのがポリネシア人なのだ。しかもそれは日本やアメリカの一部の若者がやっているような好き勝手な絵ではない。刺青の文様には意味があるのだ。そこにはその人の祖先からの家系樹ともいえる歴史が書き込まれているのである（図6—6）。それを知ったときには本当に感動した。累代の記憶を裸の体に刻み付けて生きていくのだ。普通、民族の記憶は意識には上らない。しかし無意識と

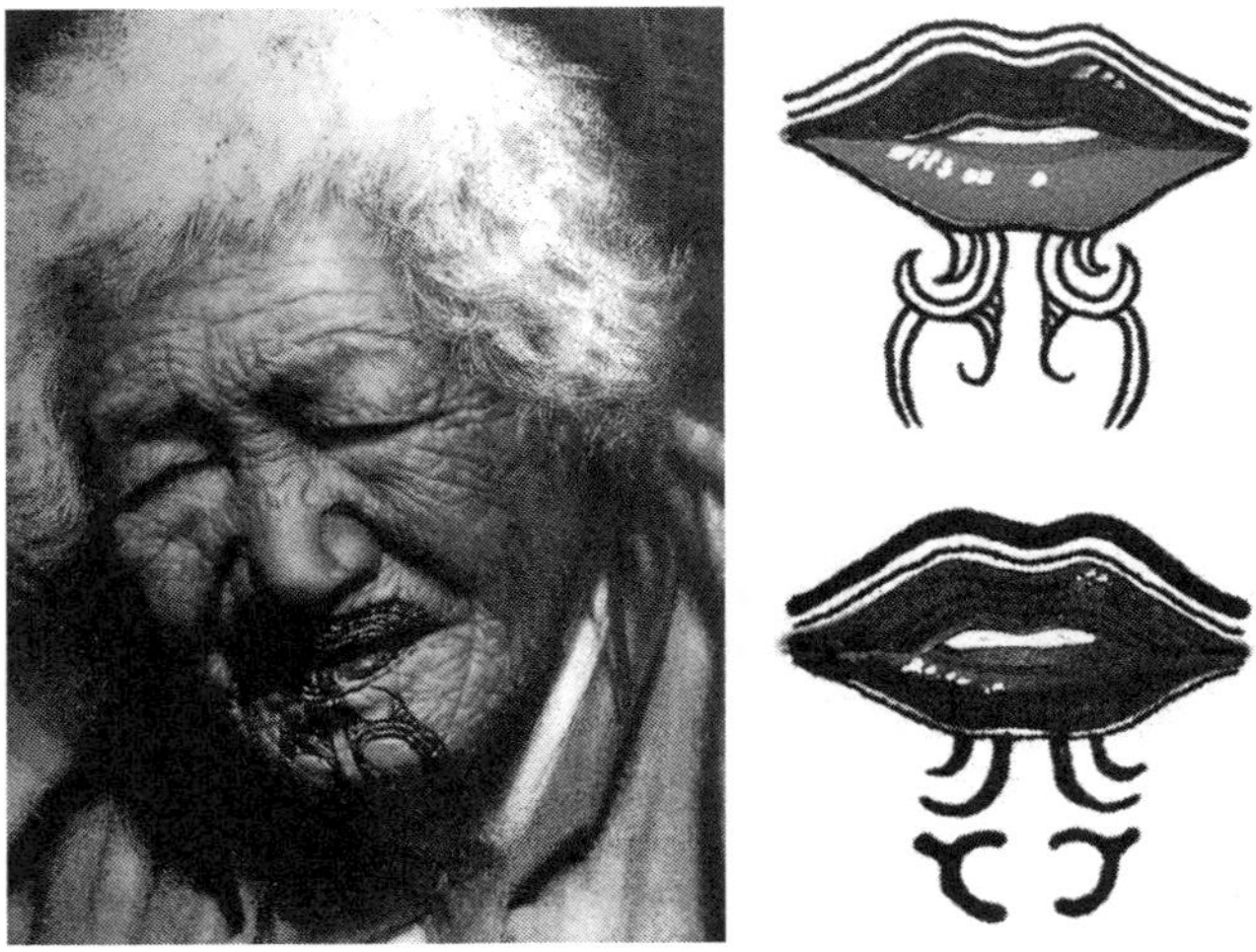

図6–7　マオリ族の老婦人の口にはかつてのアイヌを思わせる刺青が。

して生きている。日本で刺青が江戸時代、美術にまで発展したのにはこの南方からの遺伝子の働きがあったとしか思えない。また、アイヌ民族の女性は結婚すると唇をヒシ形の刺青で覆ったが、これはニュージーランドのマオリ族に通じる風習であった（図6—7）。

琉球はもとより九州から島根に至るまでの祭祀用の舟のレースは、タヒチを初めポリネシアの若者が一日の終わりに行っているレースと全く同じ舟、同じ漕ぎ方である。いまはなくなったが、昔は海に入る時はサメよけの「赤ふんどし」という習わしが日本にもあった。これもポリネシア人の名残である。

「タブー」という語がポリネシアの言葉だと知る人は少ない。いまは世界語となったが、ポリネシア人はそれを「禁じられた場所」の意味で使う。「天国に一番近い島」ニューカレドニアのイール・デ・パンには、美しい湾の中央に突き出たタブーの岬がある。聖なる場所だから、そこには入るな、といわれた。数年前そこで一人の日本人女子学生が殺されたと知ったのだが、だれかタブーの意味を教える人がいなかったのか、と悔やまれる。

民族の記憶は無意識の中に生きている。その例が舟だ。日本では〇〇丸、と船の名に「丸」を付けるのはなぜか？　他国にはそんな決まりはない。日本でも命名は自由なはずだが、軍艦や海洋調査船を除いて、ほとんどの船は「丸」で終わる名を持っている。はてなと思う人はmaruがポリネシア語で「舟」を意味する、と知ったらどう思われるだろうか？　早稲田の「早稲」を何故「わせ」と読むのか？　日本とも関連の深い雲南のハニ族の言葉で稲はwassenだと知ればこの読み方も納得いくかもしれない。

古代、長江以南の南シナから東南アジアでは通貨は貝、それも子安貝であった。宝貝ともいわれる。この習慣が日本の漢字に残っている。物の賣買、財産の財、寶物、購入、富貴の貴、海賊の賊、すべて「貝」の字を含んでいる。「燕の巣の中の子安貝」は、『竹取物語』でかぐや姫に言い寄る五人の貴公子の一人にこの月から来た姫が出した難題だが、この燕の巣はタイのクラビからヴェトナムのハロン湾にかけての断崖の海燕の巣を思わせ、お金である子安貝も含まれている。著者不明のこの物語は四川省のアバ・チベット族に伝わる説話に似ていて、特に貴公子に出された難題が酷似すると言われる。平安前期の日本では考えつくのが難しい出題なのだ。ところがこの四川省とは雲南と接する地方で、チベット族が多く住むことを考えれば、この説話が日本に伝えられたことも納得がいく。

しかし、雲南と日本の関係を語る時、もっとも重要なのは「新嘗祭」であろう。ハニ族の家では稲穂はその家の長たる一番年配の女性の寝所の、その頭上の神棚に捧げられているが、新穀が穫れたとき、それをいただく儀式があるのだ。豊穣を与えてくれた神に感謝し、それを神と共に食す「共食」の儀である。「新嘗」、これが日本と雲南の結びつきを示す最たるものである、と私は考えている。

四　地名国名の意味するもの

わが国の西寄りの一部が大陸では「倭」と呼ばれていたことは、『魏志倭人伝』はもとより、それに先立つ『漢書』『後漢書』等に明らかである。「倭」が常に一つの国であったのか、それは明らかではない。「倭人」の国が一時「百余の国に分かれていた」というような記述もあることから、これはやはり「倭族の国」の乱れ、とみた方がよさそうである。「倭の奴国」が後漢に朝貢して光武帝から「印と綬」を賜った、という記述が、江戸後期の一七八四年、博多湾の志賀島からの「漢倭奴国王」と刻まれた金印の発見で証明された、とされている。そして三世紀の初めころ「倭」の中でも有力な「邪馬台国」が女王卑弥呼を擁立して三〇余の国を統一したという。

問題はそこに出てくる「倭」という国名、ないしは氏族名である。これが果たして雲南の「倭族」と無関係なのか、と私は問いたい。雲南に数十年通い続けている欠端実と共に参加した雲南大学とのセミナーで、私は重要な言葉を聞いた。「百越百僕」である。これは何を意味するのか？　中華民族すなわち漢族が周辺の部族を軽蔑語で呼ぶことはよく知られている。中華民族にとって周辺民族は「北狄・東夷・南蛮・西戎」なのだ。この「百越百僕」の語は何と夏の時代（五千年前）からあったという。おそらく五四の他民族を徐々に制圧し、中原を奪い、中華民族というエリート民族の概念を確立した漢族のおごりがこうした呼称を生み、歴史的事実を遡行させているのだろう。しかし漢字は意味を持つ。漢字は漢族によって与えられたものだからだ。「李」は軍人、「趙」は貴族、「飽」は外交官だ。「奴」とか「僕」は未開の少数民族、「越」とは移動した民族の意味である。「越南」は南に移動した民族、今のヴェトナムだ。その移動は強いられたものであった故、ヴェトナムは中国と今だけでなく二千年に亘る抗争を続けている。「百越百僕」とは、中華民族の中央制覇によって多数の先住民族が各地に散っていったことを指している。

このような言語環境に中で生まれた「倭国」という名は、果たしてこうした呼称と無関係なのか？　そうではあるまい。「大和」と書き直されるまで、それは倭族の国であり、雲南に今も残る倭族とも繋がっていたと解釈したほうがいい。今まで見てきたように倭族の建築様式、風俗習慣、食生活等を考えれば、日本と無関係という方が無理なのだ。

同様に「越の国《こしのくに》」も気になる。日本海に面して何故「越前・越中・越後」が並ぶのか？　この「越」が上記の移動民族と関係ないのか、は問われてよい。なぜならその端緒はやはり七世紀、大和王朝が蝦夷を駆逐していった時代に遡るからだ。漢民族が中原を制覇し、他民族を追いやって行った時の呼称が踏襲されていたのではないか、と考えざるを得ない。「越前・越中・越後」の語がその順序を示している。対馬海流の流れに沿って南から北にそれは並ぶ。

私はいわゆる弥生人に関しても、プロト雲南人が最有力だと考えている。なぜならば彼らこそ稲作の発祥地、長江中流域に住んでいた人々だからだ。その中流域を漢族に奪われた彼らは、長江の上流と下流に分かれて逃げたはずだ。上流に逃れた人々は今の雲南の山中に田園と村々を造った。下流に逃れた人たちはどうなったか？　誰も知らない。私はこう思う。彼らは船に乗って海に出た、と。福建省あたりから出た船は黒潮にのる可能性がある。黒潮の一部は対馬海流となる。この時海流の右寄りに船があれば、それは九州に着く。左側に寄っていれば今の韓国に着く。事実この両者で稲作はほぼ同時に起こっている。海の道を考えれば、日本に至った稲作は、長江中流域を起源とするにしても、それが陸路シナ大陸を北上し、迂回して朝鮮半島の北から南下した証拠はなく、またそのような長旅の必要性も無かったのだ。

ただ、ここで我々が注意しなくてはならないのは、この日本は「倭国」と呼ばれた時代も含め、単数の民族が住まいする国ではなかった、ということだ。最初にとり上げた植生の世界に冠たる多様性からもわかるように、この列島には黒潮という海の道により様々な民族が次々に到着し、多様性を生きていた。そしてこの温暖にして水に恵まれた列島では、その風土すなわち自然環境のおかげで「多様性の中の統一」というハーモニーを生きる文化が生まれて行ったと私は見ている。それが「和」である。確かに神武東征のように「征」の語がつかわれ、蝦夷征伐のような戦争があったことは否定できない。しかしこの列島では、異なった民族との接触は、紛争を超えた対話を生み出した。「文明は出会いによって子を孕む」のである。異文化間の対話が日本列島では、美しく、洗練された、精緻極まりない文化を生み出していくのだった。モーラ（拍）を生かした表音文字による平安時代の女流文学や詩、鎌倉時代の仏像と仏教思想、江戸期の庶民芸術と匠《たくみ》の技は世界の高みに立つものとなった。

異民族との出会いが諸民族に益をもたらすことは、歴史人口学の方でも立証されている。鬼頭宏によれば過去一万年の日本の人口を見ると、縄文末期にそれは減少していく。ところが前一〇〇〇年ころ人口は再び上昇に転じるというのだ。前一〇〇〇年、それはまさしく稲作民族である弥生人が日本に到着した時ではないか。縄文人と弥生人が出会い、融合し、新しい文化を生み出す。出会いこそが日本列島に住む人間の姿であり活力なのだ。

五　言霊のさきはう国

「常世の重波《しきなみ》寄する美《うま》し国」

『日本書紀』によると、これは倭姫命《やまとひめのみこと》が天照大神を現在の伊勢の地にお遷ししたとき、神霊に告げられた言葉、とされる。美しい国、と共にここでは「常世の」に注意せねばならない。常世とは何か？　それは海のかなたにある理想郷、永遠のふるさとである。沖縄ではニライカナイ、ポリネシアではハワイキといわれるものが常世なのだ。海のかなたにふるさとでもある理想郷をみる。これはまさしく海洋民族の発想であり、陸上の遊牧民の発想ではない。わがふるさとから波が連なってくる。常世と繋がっている、その心情が吐露された一文である。「この国に居らんと欲《おも》う」。斎《いわいの》宮《みや》はかくして五十鈴川の川上に建てられた。

　日本が決して単一民族の国ではなく、様々な民族の共存した混成民族の国であったことはすでに見た。では今は単一民族にも見えるこの国を統一していったものは何か？　それを考えなくてはならない。斎庭《ゆにわ》の稲穂をもって降臨（渡来）した瓊瓊杵尊《ニニギノミコト》に天照大神が与えた言葉にこうある。「瑞穂国は、これ吾が子孫の王《きみ》たるべき地なり。よろしく爾皇孫《いましすめみま》、就《ゆ》きて治《しら》せ」。この「しらす」とは何か。実はこれが「制覇」とは逆の言葉で、力による支配ではなく、「政《まつりごと》」を人民に納得させて治める」という意味を持っている、と教えてくれたのは、神宮の研究者、山中孝雄であった。そうならば、この大和の揺籃期の「しらせる」政治が、のちに聖徳太子による十七条の憲法「和を以て貴しとなす」の基にあった、としなければならない。しかも「しらせる」に必要なのは何よりも言葉なのだ。

　日本人の統一原理は言葉、それも「やまとことば」であった、と私は結論するに至った。様々な民族の共存した古代日本にあって、その統一の力として働いたものはそれ以外にない。大和ことばが成立し、それが「言霊」となったのである。それはロゴスではなく、「ことのは」であった。心情の直截的な響きであった。

大和ことばは限りなく澄明である。それは清明心という世界に我々をいざなう。あるいは鈴木大拙のいうように、この言葉は素朴で、万葉の世界は未だ霊性の域に達していない、日本的霊性の成立は鎌倉期の禅と浄土思想の出現を待たねばならない、という議論もありうるかもしれない。しかし上に触れたように、母音が絶妙なリズムを奏でるこの言葉は、海と山が育てた緑滴るこの島の大地から湧き出たような言葉である。この基調音の中で日本人は育ってきたのだ。「たま」は魂であるとともに生命であった。

かつて森有正が「日本人とは何か」と題してパリで行った講演を想い出す。フランスに同化し、ノートルダムに少しでも近づこうともがいていたこの哲学者は、こう言い切って聴衆をどよめかしたのだった。

「日本人とは日本語を話す人間のことだ!」

これほど簡潔な定義は余りない。しかしこの結論は深い洞察に基づいている、と私は見た。日本語の基部に今も流れている「大和ことば」の音で生まれ育った人間が日本人と呼ばれるのだ。出身地や国籍ではないのである。言葉の神秘を最後まで追い続けたこの人らしい定義であった。森有正はパリの地で「言霊」の問題を考えていたのだった。

日本は「言霊のさきはう国」なのである。

第7章　菩薩の誕生と大乗仏教の成立

――ガンダーラにおける四思想の出会いと転生――

大乗仏教ほど文明の融合と止揚を雄弁に物語るものはない。転生し変貌する文明の証しが見られるのは、その誕生の地ガンダーラである。

一九八〇年代の後半、「シルクロード・対話の道総合調査」の中には仏教伝播の道も入れたいと考えていた私の部屋に、ソ連（当時）代表が血相を変えて飛び込んできた。

「君がもし仏教ルートをやり、ギルギットをそこに入れるなら、我が国はこのプロジェクトから撤退する！」

青天の霹靂、それまでこの計画の絶対の支持者で、ユネスコ総会でもこのプロジェクトを絶賛していた人からの驚きの言葉だった。当時のソ連とは今のロシアではなく、シルクロードの草原の道が通る中央アジアの数カ国を擁する連邦であった。したがってこの国なしにシルクロード調査は成り立たない。だからこそ私はこの計画を発表する前に、北京に続いてモスクワ政府とレニングラード（当時）のエルミタージュ博物館長を説得し、支持を取り付けていたのだった。彼らもこのプロジェクトを語る時、必ずグレイト・シルクロードと呼ぶほどこのユネスコの事業を重視していたのに、ひとたび仏教伝来の道となると、その国からのこの反応、私はしばし呆然とした。

やがて問題の核心が分かった。カシミールである。いまパキスタンが領有するこの北方の山岳地帯は、インドもまたその領有権を主張している。つまり厳しい領土問題を抱えているのだ。そこへ行くには、たとえユネスコの学術隊であろうとビザを取らねばならない。現状ではそれはパキスタ

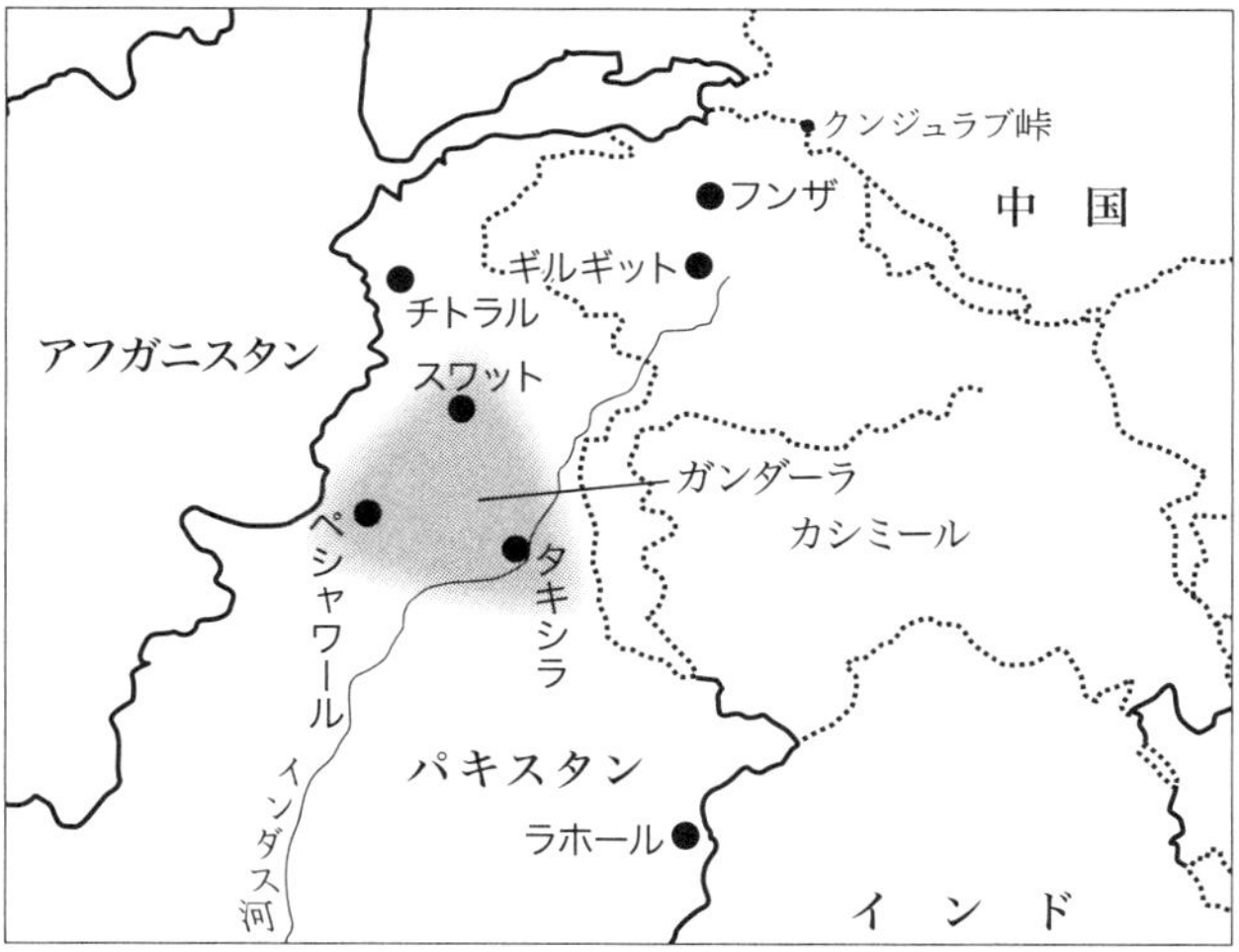

地図　カシミール周辺

ン政府からとなる。もしユネスコの公式事業がそのビザで行われれば、国連機関がカシミールをパキスタンの領土だと認定することになる。だからこそ、インドの同盟国であるソ連がこの公認行為を阻止するという強硬な態度に出たのだった。中でもギルギットはこのカシミールの要衝である。

ここから道が、西北はパミール高原、北方は新疆ウイグルのタリム盆地、さらに東進してチベットに通じている。タリム盆地、タクラマカン砂漠南道のホータンには今もインド人の末裔が沢山住み着いている。現在、新疆西端のカシュガールからカラコルム山脈をクンジュラブ峠（四九三四m）で越えて、パキスタンの首都イスラマバッドまで、中国の支援で造られたシノ・パック・ハイウェイ（別名カラコルム・ハイウェイ、ハイウェイと言っても崖を切り開いた一車線）が走り、インダス河上流の峻険な崖沿いの、落石でしばしば閉ざされる道を、色鮮やかに飾り立てたパキスタンのトラックが行き来しているが、もしカシミールがインド領であったならば、中国とパキスタンを結ぶこの線は分断され、逆にインドはアフガニスタンと結ばれることになる。つまりカシミールは、地政学的に二つの巨大勢力がデッドクロスを結ぶ地方なのだ。

このことが分かったので、ユネスコ在職中は私もギルギットを含む仏教伝播の道を断念せざるを得なかった。

かろうじて行ったのは一九九〇年、ラホールで開かれたシルクロード調査計画の諮問委員会のあと、タキシラとペシャワール、そして北上しチトラルとスワット渓谷を訪れ、ガンダーラ文明の一端に触れたことくらいだった。しかし法顕と玄奘の足跡を追う仏教の道への思いは頭から離れず、ユネスコを定年退職し日本に帰ったのち、以前からこのルートを熱烈に支持していたパキスタンの碩学ハッサン・ダニ教授と連絡、日本の比較文明学会初代会長・伊東俊太郎教授の率いる麗澤大学比較文明研究センター主導の形で、一九九七年の九月、イスラマバッドで「人類史におけるガンダーラの意義」という二国間シンポジウムを開くことが出来た。日本からは六大学から八人、パキスタン側は実に五五人の学究が参集した。そこにはダニ教授の後継者とも言うべきラフィック・ムガル教授、パキスタンの考古学のパイオニア、F・A・カーン博士の姿もあった。隣国アフガニスタンのカブールからこのセミナーに駆け付けたナンシー・デュプレー女史が、タリバンによるカブール美術館の破壊、そして学芸員による貴重な文化財の秘密裡の避難を報告したのもこのセミナーである。

内戦の被害は美術館だけではない。ハッダの遺跡にあったヘラクレス像、それはこのギリシャ神話の英雄が、そのままの姿でガンダーラ形式の仏像群の脇侍として立ち、のちに東大寺に見るような金剛力士に変身していくことを示す貴重な像であったが、それもまた戦乱の渦中で失われ、今は写真でその姿を偲ぶほかはない。文化財の破壊は人類の記憶の破壊なのだ、それは参加者すべての思いであった。

一　天竺に入る

ガンダーラとは、ヒマラヤ、カラコルム、ヒンドゥークシュという世界の屋根に囲まれた現在のパキスタン北部、インダス河上流の一地方を指す。タキシラ、ペシャワール、スワットの三地点によって形成される三角形がそれである。ヒマラヤ山脈の西端に位置し、峻険な山々によって囲まれ、一見交通困難に思われるこの地は、しかし太古の昔よりユーラシアの西方、地中海世界及び西アジアをインド亜大陸に、またパミール高原を経て遥か東方のシナに結んでいた「文明の交差路」であった。アケメネス・ペルシャのダリウス一世（前六世紀）、マケドニアのアレクサンダー大王（前四世紀）、マウリア王朝のアショカ王（前三世紀）、そして北方よりこの地に至ったクシャーン王朝（大月氏）のカニシュカ王（二世紀）が、この地に大きな足跡を残し、ギリシャ系バクトリア人、スキタイ人、パルチア人、ササン朝ペルシャ人等と共に、ここに類い稀な文化の花を咲かせたのであった。

昔「天竺」と呼ばれたのは今のインドではなく、まさにこの地である。法顕（五世紀）、玄奘（七世紀）等、多くの求道僧がここを訪れている。南方熊楠の言葉を借りれば一つの「萃点《すいてん》」なのだ。ちなみにインドとはIndusの梵語であるシンド（信度）のこと、パキスタンに現存するシンド地方とも通じる語法である。ペルシャ人はこれをHendhuと呼んだ。ヘレニズムのギリシャ語ではIndosであり、いずれもインダス河に関わっている。ガンガ（ガンジス河）ではない。

一世紀末ないし二世紀初頭、この地において人類の精神史上特筆さるべき事件が起こる。ブッダの形象化である。それまであまりにも尊い故、ただ法輪・聖樹・仏足石でしか表されなかったブッダが、初めて形となったのである。それは前四世紀、マケドニアからはるばるこの地まで遠征の兵を進めたアレクサンダー大王がもたらしたギリシャ彫像の影響であることは明らかである。アレクサンダー自身の滞在は極くわずかであったが、ペルシャ系のパルチアが彼の帝国を分断したのちも、ヘレニズム文化を継承したバクトリアという国がグレコ・バクトリア様式を保持し、今のアフガニスタン周辺に残ったことが大きかった。この地の仏教徒は、かの地では主神ゼウスさえも形象化されることを知った。またヘルメス・アトラス・アフロディテ等、他の多くの神々が人間の形をとることも学んだ。これが形ある菩薩の誕生に繋がっていく。そしてブッダの形象化と時を同じくして菩薩が誕生する。大乗仏教の誕生である。

一九九七年九月イスラマバードで開かれた上述の「日本・パキスタン共同シンポジウム――人類史におけるガンダーラの意義」(クアイド・イ・アザム大学、麗澤大学比較文明研究センター共催)は八〇名近くの専門家を一堂に会したが、そこで行われた最近の調査に基づく数々の発表の中で、ガンダーラ文明とは何であったかが徐々に浮かび上がってきた。中でも重要なことは、ガンダーラ美術とは仏教とギリシャとの出会いという単純なものではなく、それ自体混交文化であるヘレニズムと、

図 7–1　アショカ王碑文。王の出自と仏教の五戒が記され、第六戒以下も示唆。

元来のインド教的素地を復活させつつあった仏教との出会いであったということであろう。そこにはゾロアスター教の影響もあった。ロジェ・ガロディの「文明は出会いによって子を孕む」という言葉を端的に立証するのがガンダーラである。文明が出会い融合されてゆく中に、新しい生命が創造される。原初的仏教集団も含め、インド、ペルシャ、ギリシャ、ローマに存在した「民族宗教」の数々は、ガンダーラという文明の交差路において出会い、そこから大乗仏教という「世界宗教」に生成していったのである。

現地調査で我々がまず目にしたものは、シャバズガリ遺跡に置かれたアショカ王の碑文(**図7―1**)で、そこにはカラシュティ文字で、チャンドラグプタ王の孫、前二七四年に即位し

図7–2　スワット博物館で見た最古の観音像。まだパドマパーニ（蓮華手）と呼ばれていた時代のもの。菩薩も時と共に成長することを示す。

たマハラム・アショカが、自らが繰り返した戦火の血の海を憎み、仏教に改宗したことが記され、「殺すなかれ」から始まる五戒が刻まれていた。アショカ王は四方に仏教伝道の使者を送ったとされるが、その一つが東西の出会いの地、ほかならぬガンダーラだったのだ。

以下、このセミナーで特に私が注意したことを挙げてみよう。

1．大乗仏教（Mahayana Buddhism）はガンダーラ（Gandhara 即ち天竺）の地で成立した。それはブッダが初めて形象化された時に始まる。その大乗仏教は神々を形象化したギリシャ及びそのヘレニズム的展開（ローマを含む）、ペルシャのゾロアスター教、ミトラ信仰、及びインド教を融合している。

2．この地、特に北方のスワット（Swat＝昔の Uddiyana）で菩薩（Bodhisattva）が誕生した。少なくとも三大菩薩、弥勒（Maitreya）、観音（Avalokiteśvara）、文殊（Mañjuśri）はこの地で生まれた（図7―2）。

3．菩薩の誕生が真の大乗仏教の誕生を意味する。即ち修行により如来（Tathāgata）に至るのみならず、如来が菩薩に変身して衆生を救済せんと手を差し伸べる往還の相、菩薩乗を可能にした。この時、人生が肯定される。

4．密教の大成者として第二のブッダと呼ばれたパドマサンバーヴァは八世紀ウディヤーナ（スワット）地方ウデグラムの王侯の子として生まれた。Padma は「蓮の花」、Sambhava は「そこから生まれたもの」を意味する。ブータンでは彼が虎に乗って飛来し、この地でグル・リンポチェ（尊師）となったとされている。パロ渓谷の断崖に張り付いたタクツァン僧院（トラの巣）は彼が開いたとされる。しかしこの聖者は、チベット王に招かれ、今の金剛乗（Vajra-yāna）ラマ教の祖となったという説が有力である。

5．上記三菩薩の内、弥勒は四世紀に実在した覚者と見なされているが、他の二菩薩も実在の貴人である可能性が高い。パドマサンバーヴァの神格化と同じくインド教由来の輪廻転生（Saṃsāra）の思想が基盤となっていると思われる。マイトレーヤ（弥勒）の名はゾロアスター教のミトラ（あるいはミスラ）に由来するか。

6．初めガンダーラで行われた仏教は上座部（Thera-vāda）から分かれた説一切有部（Sarvāstivādin）とされる。前二世紀、ナーガセーナ（Nāgasena）がバクトリア王メナンドロス（ミリンダ王）と論じたのが、この教説の端緒か？「三世実有、法体恒有」を説く。これが大乗仏教の土壌を造ったと見ることが出来る。

7. 実はガンダーラ自身における大乗仏教の歴史は意外に短い。二世紀をピークとし、四世紀には既に衰退に向かったらしい。ペシャワールのドラニ教授は、その理由を「クシャナ王朝の犯した唯一の過ち」、すなわち僧院を保護し、寺領を与えたことに見る。それにより寺院は富み、やがて贅沢に溺れ、人心が離れた。フン族による破壊は五世紀のことで、そのあとである。

8. しかし、スワットでは六世紀から新しいVajra-yāna（金剛乗仏教）がタントリズムとの混交で成立、十〜十一世紀まで存続した。七世紀、ここを訪れた玄奘は「意味のわからない呪文を唱えている」と述懐している。

9. しかしガンダーラで生まれた大乗仏教は衰退したのではない。旅に出たのだ。つまり成立と同時にただちに移行を開始、カラコルム山系、パミール高原を経て、タクラマカン（タリム盆地）北道のキジル（亀弦）に三世紀、敦煌には四世紀（北魏時代）に到着している。同じくアフガニスタンのハッダには四世紀、バーミヤンには五世紀、仏像が現われる。インダス河上流、ギルギットに近く、ヒマラヤ山脈の西端ナンガパルバット（八一二五m）を望むチラス、カラコルム山脈の麓、秀峰ラカポシ（七七八八m）を仰ぐ秘境、フンザにかけての山中には、あとで詳述するように、古代より中世までの民族移動、求道僧、巡礼の存在を示す数々の岩壁画が発見されている（特に二〜七世紀のもので、多くはソグド人による）。

10. 最初の仏像の出現は一世紀の終わり、ないし二世紀初頭と考えられる（ブットカラ遺跡に刻まれた梵天勧請図が最初か？）（**図7―3、4**）。ガンジス河を望む中央インドのもう一つの交差路マトゥラー（Mathurā）で同時期に仏像が出現しているが、これが最初という論拠は薄弱である。当時、ガンダーラからマトゥラーの一帯まで、同じクシャナ朝の支配下にあったことから、それまでタブーであった釈尊そのものの形象化の情報はいち早くマトゥラーに流れたに違いない。その一つの証拠がマトゥラー仏像の螺髪《らほつ》である。ギリシャ彫刻もそうだが、ガンダーラ仏は地元の人物をモデルとしているので、イラン系の端正な青年の姿で現われ、その髪は波打ってい

図 7–3　ヘレニズムとの出会いを明かすブットカラ遺跡、中央のストゥーパは何重にも重なっていた。

図 7–4　カニシカ王舎利器（3 世紀頃）、梵神と帝釈天が中央のブッダに教えを説くよう懇願している。梵神勧請図。

る（図7—5）。ところがマトゥラーの仏像は現地人を写していない（図7—6）。このあたりのインド人は長髪なのだ。この彫像の違いから推理されるのは、ガンダーラでブッダが形をとったとき、髪が巻いているという情報がマトゥラーにもたらされた、ということだ。それが螺髪という形になり、日本にまで伝わったのではないかと私は考えている。

11．同じくガンダーラにおける密教も、上記のように一つはチベットに入ったが、もう一つはガンジス河を下って、ナーランダに、そしてガンジス河口からセイロンに至った、と考えられる（ナーランダで更に完成されたものがヒマラヤ越えでチベットに入ったと考えることも可能）。ナーランダは長きにわたって仏教大学となったところで、玄奘も永らくここに滞在した。

図 7–5　ガンダーラ仏の一例。

図 7–6　マトゥラー仏の一例。

12．河川及び海の道は大きな比重をもつ。紀元六〇年、アレキサンドリアで書かれた『エリュトラ海航海記』には「ガンジス河からバクトリアまでの道が開かれている」とあり、このルートの存在を証明している。インド亜大陸の地形を見るとインダス河上流とガンジス河上流は三角の両辺のように接近しており、ここに文化と情報の交流が可能であったことが分かる。季節風（ヒッパロスの風）の発見は一世紀、エジプト、インド航路の始まりは一一七年である。ローマとインドは既にこの時点で結ばれている。したがってガンダーラ仏教はギリシャよりもローマの影響を受けたとする説も可能になる。中央アジアの大河アムダリア・シルダリアも交易とともに文化を運んだ。タジキスタンのドゥシャンベ、ウズベキスタンのブハラやテルメス、トルクメニスタンのメルヴ（マリ）では仏教伝来の遺物が出土している。メルヴで特別に見せてもらった彩色仏頭は一メートルもあり、ダニ教授によればバーミヤン様式であるという。

13．「小乗 Hīnayāna」という用語は「大乗 Mahayāna」側から見た差別語であり、初期仏教に使うべきではない。また、現在の上座部 Theravāda は、厳密には仏陀入滅後一世紀を経て現われる上座部・大衆部の二分化のそれではない。大乗が全ての文化を吸収し、発展し、かつ富によって堕落していった時、それに対して自浄作用としての原点への回帰運動が起こるが、それが十一世紀から十二世紀に台頭する上座部仏教ではなかったか、と私は見ている。するとそれは中世肥大したヴァチカンに対し聖書の原点に帰れと叫んだルターの宗教改革に近いものだったのかもしれない。法顕が滞在したセイロンの古都アヌダラプーラの大乗僧院アバヤギリ（無畏山）

が、勅令によって廃寺に追い込まれるのもこの世紀である。これ以降ビルマ・インドシナに広がる南方仏教は上座部となる。そこでは菩薩は姿を消す。

14．文明は生き物のように移行する。キリスト教がイスラエルの地を離れローマ、西欧に移行した如く、ガンダーラに生まれた大乗仏教もシルクロードを辿り、シナ大陸の敦煌・長安、朝鮮半島、日本に至る時、その生誕地では終焉する。仏教は北伝、南伝の双方とも、各地で新しい出会いをもち、転生し変身しつつその旅を続けたのであった。

二 カラコルムへの道

イスラマバッドでのこのセミナーののち、私は数名の同僚と共にスワットへ、それからさらに北方、問題のギルギット、更にカラコルムの懐に抱かれた山中の秘境フンザへと向かった。いたるところに敷かれた武装した検問所を通過するために一五部もの通行証が必要だった。そしてインダスの支流スワット・バレーの幾多の箇所に仏教徒の痕跡が刻まれているのを見た。

そこに至る前に、まずはシンゲルダール・ストゥーパが注意を惹く（図7—7）。この覆鉢式仏塔はアショカ王が仏舎利を納めるべくインド中部のサーンチーに建てた仏塔と同じ形式で、ほぼ同時期にここにもたらされたものとされる。ここにはまだのちの仏塔にみる方形の基部も彫刻も無い。ストゥーパの原型がそこにある。しかし時代を下って二世紀から五世紀に造営されたジャウリアン

図 7–7　シンゲルダールのストゥーパはサーンチーと同様、最古の形をとどめる。

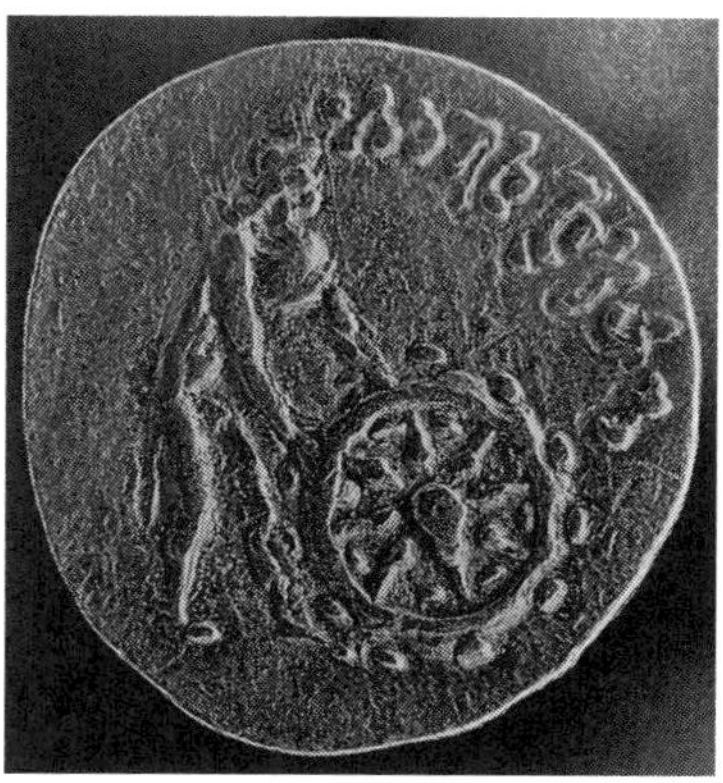

図 7–9　チャクラ（法輪）を転がすひとはブッダか？　同じくバクトリア出土。

図 7–8　バクトリア出土のメダル。戦車に同乗するのはギリシャの勝利の女神ニケとフリギアの女神キュベレ。ヘレニズムの文化の融合を表す。（2 ～ 3 世紀頃）

僧院に見る数々の小ストゥーパには既にボロブドゥールに見るような方形段があり、その側面に無数の仏像が彫られている。

ここから一つの仮説が可能になる。ストゥーパは本来インドの土饅頭型の墓であり、その上には生前の貴人にかざした傘が、三重の塔となって乗る。ストゥーパは音訳されて「卒塔婆」となるが、一方ではsが脱落してtuphaとなり、それが日本では「たふ」（塔）となる。このインド式の墓には門を除いて彫刻はない。しかし仏塔がギリシャ式建築に出会ったらどうなるか？　四角の造形が土饅頭の基部に置かれる。そしてギリシャ的な彫刻はその方形壇のみに施される。つまりのちにボロブドゥール等、数々の仏教建築となっていく方形壇の上に円形のストゥーパという形式こそが、ガンダーラでの文明間の出会いを物語っているのだ。この出会いはしかし、ガンダーラの西のバクトリア、今のアフガニスタンで顕著だったかも知れない。アレクサンダーの東征の道に当たるからだ。アイハヌムはその中でも最も完全にギリシャ様式の建築を残した町であった。加藤九祚が、自分の考古学研究を発表し続けた、その一人雑誌を『アイハヌム』と名付けていたのは故無きことではないのだ。

このグレコ・バクトリアでも神々の習合が見られる。ここでの発掘品の中には小アジア・フリギアの豊穣の女神キュベレがギリシャの勝利の女神ニケと同じ戦車に乗ったメダルがある（図7―8）。法輪を転がすブッダと思われるコインもある（図7―9）。すべてが共存する社会、文明の融合である。

三　クシャーン王朝の寛容

紀元一世紀、この一帯に北方から渡来した遊牧民（大月氏）がクシャーン王朝を樹立する。その第三代のカニシュカ王は仏教を庇護し、かつインド北部全域、イランも領有、漢やローマとも交渉を持った。この大王を語る時、注目すべきはその宗教的寛容であろう。この王のもと、仏教はヘレニズムやローマの神々と、ゾロアスター教の光明神と、そして復活してきたインド古来の神々と出会う。大乗仏教とは、少なくとも四つの文明の融合、止揚であったのだ。この出会いが大帝国クシャーンに二世紀から三世紀、絢爛豪華な文化の花を咲かせたのだ。

クシャーン帝国は三世紀後半、新たに起こったササン朝ペルシャに滅ぼされるが、前述のように大乗仏教は時を移さず移動を開始し、峻険な山々を超え、パミール高原を経て、タクラマカン砂漠の北道・南道へと旅にでる。キジル（亀茲）には三世紀、敦煌には四世紀に仏像が刻まれる。この頃からトルファン近郊のベゼクリク千仏洞、雲崗石窟、竜門石窟等、仏教石窟が次々に現われる。

一方、カブール川沿いに、あるいはカイバー峠を越えて西に延び行く道（それは西からの道でもあった）は、上記バクトリアに至り、いまのアフガニスタン北部に数々の仏教拠点を造っていった。その道の西端、標高二八〇〇メートルのバーミヤン渓谷の断崖には、あたかもインドのアジャンターを模したかの如く、無数の石窟が穿たれた聖域が出現する。

そのバーミヤンの断崖には五世紀前後に掘られたとみられる二体の大仏は、一体が高さ三八メートル、もう一体は五五メートルの立像で、世界最古にして最大のものであった。玄奘三蔵はその前で五体投地の参拝をしている。何故ガンダーラにも無い巨大大仏なのか？　確たる答えはない。しかし私はひそかに、西からの情報の存在を考えている。アケメネス・ペルシャはエジプトと関係を持っていた。更にダリウスの道を辿ったアレクサンダーはエジプトでファラオの扱いを受けている。だからエジプト新王国のラムセス二世をはじめとする巨大神殿と巨像の情報は、ヘレニズムの洗礼を受けた諸国に伝わっていて不思議でないのだ。この二体の大仏は金箔に覆われていたと思われる。玄奘三蔵はそこで「金色晃曜《こんじきこうよう》、宝飾煥爛《ほうしょくかんらん》」たる大仏を拝した、と『大唐西域記』にある。人類の遺産であるこの貴重な二体の大仏が、二〇〇一年タリバンによって爆破されたのだった。これを復元すべきか、負の遺産として残すべきか、ユネスコでも意見は割れている。

四　ロックカービングの語るもの

私たちはなおもインダス河を遡行した。急流を見下ろす細い一条のカラコルム・ハイウェイを転落の恐怖と闘いながら進み、スワット渓谷に入った。そこで最も驚くべきものに出会う。数々の岩に刻まれた線描画、いわゆるロックカービング（岩絵）だ。二世紀から七世紀、この地を通った仏教徒たちが自分たちの存在とその信仰を岩に刻み付けたものだ。私はこの貴重な歴史的遺物をパキスタンの考古学者M・カーンに導かれてつぶさに調べることが出来た。

それはあちこちに散在するが、チラスにはそれが最も多い。ここに現われるのはまず野生の動物、馬、アイベックス（高山に住む巨大な角をもった山羊）、騎馬戦士、数々の形のチャクラ、すなわち法輪（図7―10）、更にストゥーパ、それらの多くは先端から幟をたなびかせ、チベットの仏塔《チョルテン》を思わせるものが多い。菩薩像の数々、カロシュティ文字でのブッダの賛歌、釈迦の前世を説くジャータ

図 7–10　スワット渓谷のロックカービングの例。法輪が数多く描かれている。

図 7–11　光背が全身を覆うものもここにあらわれる。後方にチベット式仏塔。

図 7–12　菩提樹に座すブッダ。横にチベット風のストゥーパ、ブッダの肩から光が。

図 7–13　ルーヴル美術館所蔵ハムラビ法典の上部。ハムラビ王に法を授ける神の肩から炎が出ている。

図7–14　ガンダーラの焔肩仏。肩から炎。

図 7–15　初転法輪図の岩絵。鹿野苑を表す鹿、五大弟子、と法輪。

カ物語（本生譚）、ソグド文字、そして姿を現したブッダそのもの。私が注意したのは、この岩絵に初めて、のちにビザンチン芸術やイタリア・ルネサンス絵画にも描かれることになる「光背」が現われることだ。菩薩像には全身の光背も現われる（図7―11）。更に注意すればゾロアスターの焔肩神もここでブッダに乗り移っているではないか。シャティアルの最も優れた岩絵には明らかに肩から光が出ているものがある。私の見た最も美しい岩絵は、「初転法輪図」であった。五大弟子、サルナート（鹿野苑）の鹿も描かれている（図7―15）。

もう一つ気が付いたことがある。弥勒・観音・文殊の三菩薩が谷を隔て〈棲み分け〉ているのだ。これから推量されるのは、これら菩薩は仏教に帰依した地元の貴人、実在の人だった可能性が高いということだ。のちに現われる彫像でも、出家姿の釈尊とは異なり、菩薩像は装飾品を身にまとっているが、それは当時の貴人が身に着けていたものに違いない。ガンダーラ生まれのこの菩薩像の様式、これが東アジアの菩薩像にまで継承されている。

私が注意したものにはまた、岩に刻まれたソグド文字がある。ソグド人はイラン系の民族で商業に長け、軍を持ち、山々や砂漠を往来した。その故郷ソグディアナは大河アムダリアとシルダリアの上流、サマルカンドとブハラを拠点とした交易路の中心である。前二世紀、漢の武帝が部下の張《ちょう》騫《けん》を天馬の国フェルガナに送って、大月氏と結び匈奴を挟み撃ちにしようとしたのがシルクロード天山北路の初めとされるが、このフェルガナは今のウズベキスタンの東部、ソグディアナの東に隣接する都市国家である。前六世紀からゾロアスター教を国教とするアケメネス・ペルシャもここに一つの拠点を置いていた。したがってゾロアスターの教えは、彼らの旅とともに東方にもたらされたはずだ。長安で「胡人」と呼ばれたイラン系の民族とは、ほとんどソグド人だったのではないか？　インダス河上流の急流を遡行し、スワットからフンザに向かう時、出会う住民はイラン系、女性も美しく、子供たちは本当にかわいい。彼らこそはこの岩絵を彫ったソグド人の末裔なのだ、という思いが私の胸中に去来していた。

五　キリスト教は通ったのか？

もう一つ、気になったことがある。キリスト教もこの地を通ったのか、ということだ。その答えは然りである。数は少ないがチラスから北に数カ所で、十字架が刻まれているのが確認された。ダニ博士はそれをネストリアンのクロスだという。

キリスト教の東方への旅は、東西ローマの分裂後、しばらくはビザンチンまでであった。遠く長安までの旅が始まるのは、四三一年のエフェソス公会議で、ネストリウス派が異端とされたことにある。イエスの死後、迫害され地下に潜っていたキリスト教徒は、それ故にこそ固く結束し、神人イエスへの思慕を高めていった。三一三年ミラノ勅令によってローマでのキリスト教が容認されると、イエスの神格化は加速する。四三一年のエフェソス公会議ではまさしくキリストの神性、イエスは人か神かが問われた。当時アレキサンドリア派を中心とするキリスト教徒は聖母マリアを「テオトコス」(神の母)と呼んでいたが、それに対し只一人、アンティオキア出身のネストリウスが「クリストトコス」(キリストの母)と呼ぶべきだと主張したのだ。今考えるとまさに正論だが、これが異端とされ、ネストリウスはコンスタンティノープルを追われ、メソポタミア(今のイラク及びイラン)に逃れる。そしてネストリアンたちの旅が始まる。彼らはシルクロードを東進し、七世紀ついに長安に達したのだった。このネストリアン・キリスト教が漢語圏では「景教」と呼ばれた。

五世紀から七世紀、その長い旅路はイラン・バクトリアからガンダーラ、タリム盆地の北道・南道だったのか、またはソグディアナからの天山北路だったのか、それはまだ検証を要する。しかしかつてユダヤ人達がディアスポラ(民族離散)の道をシルクロードに求めたごとく、すでに道のあったところを通ったに違いない。タクラマカン砂漠の果てに楼蘭、更に東進して敦煌がある。それは洛陽・長安と河西回廊で結ばれていた。ゆえに敦煌の莫高窟に阿弥陀浄土図が現われるのは偶然ではない。浄土とは仏教と習合したキリスト教の天国思想なのだ、と私は気付いた。

浄土思想は原始仏教にはなかった。釈尊は入寂に当たっても、弟子たちの問いに対して来生については口を閉ざしている。竜樹もまた然りである。しかるに来生たる浄土が敦煌石窟には描かれる。これが文明間対話なのだ。このシルクロード上に現われる浄土すなわち天国の思想は、まさしく「文明の対話の道」上で起こった仏教のキリスト教との出会いであった、と断じることが出来る。そしてそのキリスト教とはネストリアン、景教であった。

ガンダーラに見るマイトレーヤ(弥勒)は未来仏、五六億七千万年後に衆生救済のため、天上界から下生するという。世界の終わりにキリストが再臨し「一千年の至福王国」が出現する話とあまりにも似ている。弥勒の住まう兜率天とは何か？ まさしく父なる神がいます天である。マイトレーヤという名そのものがゾロアスター教のミトラを示唆する。戦死したゾロアスターは千年後にこの世に再来し、アフラ・マズダの光の国を出現する、という。

だが、ミトラはむしろ阿弥陀如来 Amitābha となったという説を、パリ大学で学んだイランの一女子学生は学位論文に書いた。母語であるペルシャ語を駆使した彼女の古書巡りはミトラが阿弥陀仏となることを跡付けたという。この説は捨てがたい。それは敦煌石窟に、弥勒ではなくむしろ阿弥陀仏が描かれていることと符合する。日本に阿弥陀信仰が生まれるのは鎌倉期の法然以降であるが、観音・弥勒・文殊の誕生に比べ遅い。密教とともに現われる大日如来 Mahāvairocana の誕生も遅く、七世紀以前にはそれを見ないが、阿弥陀如来の出現は更にその後ではなかったか。敦煌莫高窟は四世紀から十四世紀に至るまで徐々に造られたもので、その最盛期はやはり大唐の七〜九世紀と見るが、そこに見る阿弥陀浄土図は九〜十世紀のものである。

弥勒から阿弥陀へ、この信仰の変化をどうとらえるか？ 私は密教の影響で即身成仏を、また現生利益を学んだものの反応と見る。弥勒は人類救済の未来仏とは言え、その降臨はいかにも遠く、待てない。然るに阿弥陀さまは自分の死後直ちに救いに来てくれるという信仰が生まれたのだった。

六　宗教の融合――エキュメニズム

敦煌で目にするのは、しかし、諸宗派の融合、エキュメニズムである。起源を異にするあらゆる仏、宗派が争うことなく共存している。まさしくガンダーラで起こった諸宗教の融合がここに及んでいるのだ。それは皇帝の恣意により仏教が禁じられた時も、仏教が長安ではすでに衰退した時代さえも超えて生き続けた。莫高窟を訪れる人はそれに気が付かねばならぬ。ここに見るヤーマはインド由来の裁きの神だが、その起源はゾロアスター教である。アナーヒータは水の神、インドでサラスヴァティー、中国で弁財天となる。もっと主要なものを見ても、ゾロアスターのダエーヴァがインドではデーヴァとなり、同じくアフラは阿修羅となる。ペルシャからインドに渡る時、神々の善悪の性は逆転するが、共存は失われない。ただ、古い神々、新しい神々という区別なのだ。だからこそアンコールワットにも描かれた「乳海攪拌」の神話が成立する。デーヴァと阿修羅たちは相談の上で海を攪拌し蘇らせるのだ。こうした神々の習合をガンダーラに還って想いだせば、ゾロアスター教（祆教《けんきょう》）もまた、イランでの原型ではなく、景教・仏教と習合して行ったと考えねばならない。ちなみにエキュメニズムとはギリシャ語のエクメネー（人間圏）から発生した言葉で、今でいえば世界化、グローバリズムに近い。ただそこには、現代に見る画一化ではなく、多様性の尊重があった。宗教の融合が他者なる神を殺していない。神々は死なない、転生するのだ。

およそ有翼獣、有翼の神の造形は西アジア発である。ゾロアスター教に見る有翼天使像が前六世紀頃、バビロンでバイブルに描かれる天使となった可能性は高い。西欧のキリスト教国でも天使は翼をはやしている。キューピッドもまた翼をもつ。この翼が敦煌の壁画では飛天の衣となり、それが法隆寺にまで飛来する。日本では天女と呼ばれた。この天の羽衣が着物の長袖になった、とは服飾研究家清水ときさんの話である。

七　キリスト教は日本へ渡ったのか？

天平時代、秦河勝は聖徳太子から弥勒思惟像を賜り、それを平安京の太秦《うずまさ》に安置したという。いまの広隆寺である。これが新羅由来のものであることは明らかである。秦氏は七世紀朝鮮半島から大和王朝に招聘された知識と技能に長けた一族で、その後の平安文化の確立に大きく貢献した。「うずまさ」とは土地名である。しかしそれに充てられた漢字はその読みに対応していない。何故この漢字が使われるかというと、広隆寺の当時の別名が「大秦寺」であったからだ。大秦とは唐がローマ（広く西の文明圏）を指した名である、西安の碑林博物館には「大秦景教流行之碑」がある。碑そのものは七八一年の作であるが、それは景教の唐への伝来の日時を指すものではない。むしろそこで栄えたことをその終焉の地に書きとどめたものと私はみている。唐代の石碑は皇帝の没後に建てられるからだ。生前ではない。今は碑林博物館にあるこの石碑は大秦寺跡に残されていたものに違いない。

七世紀に長安（いまの西安）に到着したキリスト教は、必ずや海を渡って日本に届いている。それをもたらしたのが秦氏であった。すでに司馬遼太郎・梅原猛・川勝平太の諸氏がそれを指摘しているが、私は、それを更に裏付ける二点を指摘したい。

第一点は秦河勝に与えられた太秦という場所だ。都の西北、その位置は唐の都長安に存在した景教の寺、大秦寺の位置とぴったり一致するのだ。唐の大秦寺も都長安の西北部に位置していた。これは偶然ではあるまい。秦河勝はこの地を指定したに違いない。

私が更に挙げたい第二点、それはほかならぬ『古事記』と『日本書紀』の冒頭の記述にある。誰もが知るごとく、『古事記』は天武天皇治下の七一二年、稗田阿礼がそらんじていた口頭伝承によるこの国の出来事を太安万侶が書き止めた日本最古の歴史書、『日本書紀』は同じく七二〇年舎人親王が漢文で書いた対外的な歴史書とされている。しかし本当の編纂統括者は二書とも藤原不比等であったという川勝平太の指摘に注意したい。この不比等が百済の血を引いた人であるならば、この二書の解釈も変わってくる。しかし私の特に注意するのは、同じ天皇、同じ編纂者のもとで、たったの八年で歴史書が書き直されねばならなかった、という点だ。

もちろん我が国の歴史は書いてみたが、音読みのこの言葉では大陸と半島には通じない。公用語を使ってカラ風に書き換えなければならない。そして対外的に大和王朝の正当性を誇示せねばならぬ、という思惑もあったであろう。しかし私の注意するのは、『古事記』の冒頭に書かれた太初の神「天之御中主神《あめのみなかぬしのかみ》」が『日本書紀』では消去されていることだ。聖書の（例えばギリシャ語への）改編でヤーウェ（エホバ）が消去されるであろうか？　あり得ない。ところが日本の第二の歴史書では太初の神が消し去られたのだ。これは何を意味するのか？　天之御中主神とは、どのような神であったのか？　まずこの神は『古事記』の冒頭にしか出てこないことに注意しよう。あとは姿を消す。そしてこれに類する神もその後一切出てこない。この神に続くのは目に見える自然現象を象った神々なのだ。そこから導かれる推論は一つしかない。それは景教すなわちキリスト教の神であった。創造主、「天にましますわれらの父」なのだ。天平という開かれた時代精神はそれを可能にした。これが大秦寺と連動している、と私は見る。それは新しい神であったので、この神の実態に対する記述はない。ただ身を隠すのである。藤原不比等は、ほどなくしてこの神が日本古来の神ではなく、また隋・唐の天でもなく、遠く大秦から渡来したものゆえ、この国にはそぐわないと気づいたに違いない。それが「天地《あめつち》初めて発《あらわ》れし時に、高天原に成りし神」の消去、そして第二の歴史書の編纂に繋がったと私は見ている。

八　ゾロアスター教は渡来したのか？

ガンダーラでの大乗仏教の誕生に影響を与えたゾロアスター教は、仏教と共に日本に至ったのか？

この文脈で論ずべきはアケメネス・ペルシャよりササン朝ペルシャであろう。

ササン朝ペルシャの文物は五世紀に遡るものまで正倉院に入っている。芸術の花を咲かせたこの王朝は二二六〜六五一年に存在するが、ガンダーラとバクトリアの西の帝国パルチアを破り、ゾロアスター教を国教としたアケメネス・ペルシャの直系を自負した帝国であった。その範囲はアムダリア地方に、またアルメニアに及んだ。ゾロアスター教はササン朝ペルシャのもとで仏教とまたネストリウス派のキリスト教と出会う。まさしく我々がガンダーラで見た諸宗教の融合がこの王朝でも起こったのだ。

そこから生まれたのがマニ教である。マニ教は、西はローマに入りアウグスティヌスの『神の国』の源となるが、東は「大光明仏」としてシナに入る。私はその大光明仏摩尼の寺を泉州に訪れたが、それはインドでの大日如来の登場と結ぶものではないか、と密かに思った（図7―16）。このマニ教が日本にも渡っていたことは、本書の最終章「秘められた地下の水脈」の四「水の崇拝と火の路」で明らかにしたい。ササン朝ペルシャの治下、仏教はもとよりユダヤ教、あるいはグノーシス派とも結ぶアフラ・マズダの変容とみることもできる。松本清張が『火の路』でゾロアスター教の飛鳥時代の日本への渡来を語ったのは正しい。しかし注意すべきはこの章で明らかにした宗教の融合による神々の変貌なのだ。だから斉明天皇が仮にゾロアスター教を信奉したとしても、それはゾロアスターの生きた時代のそれではなく、文化間の対話により転生し変貌を遂げた祆教であった、ということだ。鞍馬の火祭り、二月堂のお水取りをはじめ、日本の各地に火祭りがあるが、それらをゾ

図 7–16　泉州近くのマニの寺「草庵」、壁画に絵が画れたマニは太陽を思わせる炎を発し、横には「無上至真　摩尼光佛」とある。

ロアスター教本来の儀式と断定することは出来ない。

それに対し、むしろ私がゾロアスター教由来だと直感したのは、正倉院の鳥毛《とりげ》立女《りゅうじょ》屏風《びょうぶ》である。これは謎の屏風とされているが、白い鳥の羽毛に覆われた女性の姿はそのポーズとも、ゾロアスター教での葬儀の姿なのだ。地下に葬られた死者は羽毛に包まれて眠る。火は善、寒さは悪とされたのだ。

飛鳥には胡人すなわちペルシャ人の来訪を告げるものが数多ある。猿石もそうだが、精緻を極めた水路を見なくてはならない。岩に掘られた細い溝を清らかな水が走る（**図7—17**）。須弥山なのか、石を穿った噴水がある。そう、灌漑すなわち砂漠の地での水の管理こそがゾロアスター教徒、ペルシャ人（イラン人）の特技であったのだ。それが地下深く水路を通したカレーズとなりユーラシアの中央部のトルファン等での葡萄栽培を可能にした。カシュガールのポプラ並木にしてもそうだ。その技はシルクロードが通ったセリンディアと呼ばれる全地域、更にアラビア半島まで及んでいる。私はオマーンでこのカレーズがファラージと呼ばれ、枯れた川ワディの底を立体交差して通り抜け、遠くに水を運んでいるのを見た。

岩にも施すこの技術、それを日本で見られるのは藤原京に移る前の飛鳥の地で、亀形の石造物、

図 7–17　飛鳥の石造物の一つ。精巧な水路はペルシャ人によるか。

図 7–18　益田岩船は最も不思議な石造物。もともと丘の上にあった自然石に細工が施されたもの。祭祀用としても用途不明。

更に益田岩船（図7―18）等には心身を賭した水への祭祀の跡が見て取られる。その卓越した技術は、セイロン中部、シギリヤ遺跡の「水の庭」を思い起こさせる。まさに自らこの教えに身を染めたといわれる斉明天皇の頃のことである。

思うに七世紀、蘇我氏と中臣氏の仏教容認を巡る大化の改新の争いは、今でいうならば、文化の多様性を尊び「文明の移行」に新しい国の生育を見るか、文化的アイデンティティー、のちに「国体」と呼ばれるものを守るか、の争いであったといえよう。しかしガンダーラに始まり、長安で栄えた諸文明の融合を見ると、日本もまた、たぐいまれなその「和」の精神のおかげで、エキュメニズムをわが物とし、絶えず異文化を統合する国として世界と向き合ってきたことを知るのである。

第8章　ナイルの畔りに穀霊を見る

――ファラオを迎えるオシリスの霊所――

縹渺《ひょうびょう》たるギザの赤茶けた砂漠が、黒ずんで目の前に拡がっていた。西の地平にはアケト、落日の残光がまだうっすらと残っている。昼間の熱気は去り、吹きつける夕べの風の冷気に身震いする。やがて夜の帳《とばり》が降ると、見上げる蒼空には星たちが瞬《またた》き、その中にオリオン座の三つ星の美しい姿があった。

静寂の中、眠りゆく大地と蒼い天空を結ぶかのように、巨大な美しいシルエットが佇んでいた。クフ、カフラー、メンカウラーの三基の真正ピラミッドである。

ピラミッドは何故美しいのだろう――端正なそのシルエットに見入るうち、私は気付いた。ここには二つの意志、二つの力が表されている。天に上昇せんとする意志エロスと、大地に下降せんとする意志タナトスだ。その二つがこの正四角錐のもつ直線、その辺のもつ51度という絶妙な角度の中でぴったりと均衡しているのだ。完璧な調和がそこにあった。この相反する力の調和、それが地上で最も「永遠」に近い姿を現出させているのだ……。

突如、一つの声が静寂を破った。

L'univers redoute le temps
et le temps redoute la pyramide ……
（世界は時を畏れる　しかし時はピラミッドを畏れる……）

それはスフィンクスの声であった。千古の眠りから掘り出されたこの巨大な人面の獅子、五千年の時を眺めて来たその崩れた顔面に照明が当り、時を置かずその背面斜め後方にクフ王の大ピラミッドが煌々と浮び上った。

フランス語で語られるエジプトの歴史 Son et Lumière（音と光の芸術）の始まりである。

「時」なのか――人間の敵は？　およそ文明が始まって以来、万人が抱いた思いがそこにあった。如何なる栄華も快楽も、やがて時が運び去る。その先に待っているのは死だ。だから神々は死と戦う。死と永生、すべての宗教はこの一点に収斂する。

私の思いは、ふとインドのデカン高原エローラに飛んだ。その岩窟寺院カイラーサには悪神カーラと戦うシヴァ神の姿が刻まれている。カーラとはまさしく「時」なのだ。ヒマラヤを越えたチベット仏教はそのカーラを円相に画くことで剋服した。それは秘とされ、滅多に人目に触れることがないもの、一見近代芸術かとも見紛うばかりの、五色の輪が交差しながら回るカーラチャクラ（時輪）マンダラとなった。帳が風に煽られ一瞬だけ聖なるこのマンダラを目にした時、私の胸中をよぎった得も言われぬ感慨が蘇ってきた。

死と永生、エジプトはこの問題をどのように解いたのか？

一　ナイルの流れ

私は数日間をナイルの水上で過した。アスワンから船に乗り悠揚たるこの大河を下れば、両岸は緑、しかしそのすぐ背後には草木の一本すらない果てしない砂漠と岩山が迫ってきている。生と死をこれほど際立って演出する風土は他にない。上空から見るとそれが更によく分るのだが、ナイル河文明とは南北に延びた一条の帯なのだ。南の方《かた》ビクトリア湖に発する白ナイル、アビシニアのタナ湖に発する青ナイル、この二つは合体し六七〇〇キロの大河となる。毎年夏、水源地の高原に降る豪雨が下流に押し寄せ洪水を起す。いや洪水という語は適当ではない。増水だ。ナイルの水位は徐々に上り、両岸の農地に氾濫する。この水は上流から沃土を運んでくるので河畔の神殿にはナイロメーターがあった。水位が高ければそれだけ豊作が予想されるので、租税も上るというわけだ。鰐の神がそうした寺院を守っている。

エジプト人は古代から狼星シリウスの暁の位置でこの増水期を知っていた。水が引いたあとは土地を再分割しなくてはならない。天文学と幾何学はナイル河が生み出した、と言ってよい。

ヘロドトスの「エジプトはナイルの賜《たまもの》」という言葉は言い得て妙である。人々はナイルを神とし、ナイルに抗《あらが》わずに暮してきた。ここに生まれた文明が農耕文明であったことは疑いを入れない。しかしそれが大文明となったのは農耕のためだけではない。一般的に農耕民族を郷土的、伝統的、保守的、運命論的、権威主義的とし、牧畜騎馬民族を好奇的、先取的、開放的とする分け方があるが、この時エジプトを前者に入れるのは正しいだろうか？　アブ・シンベル神殿の壁画を見ると、少なくとも前十三世紀、シリアのカデッシュで鉄器をもつヒッタイト帝国と互角に戦ったラムセス二世は、強力な騎馬軍団をもっていた。歴代のファラオが胸の前で交叉させて持つ笏は何を示しているのか？　農業のシンボルの殻竿《からざお》と牧畜のシンボル牧杖である。この二つを守るのがファラオの務めであったのだ。

「いや、もう一つある」、ナイルの流れに身をゆだねながら、私は思った。答えはその水上に行き交うファルーカ舟にあった。昔日の姿のまま三角帆で航行するこの舟がナイルの河川交易を支えてきた。その交易の延長が地中海東岸一帯に及んでいたことは神話が物語っている。「交易」、ここにエジプトの繁栄の秘密があった。海は道、そして大河は道なのだ。そのことに気が付けば何故四大文明は大河の畔に誕生したのかが解る。農業だけなら小川でもよかった。長江、メコン河、ガンジス河を加えた七大文明を言う時も然りである。インダス文明は、川と海を行き交う船によってメソポタミアと結ばれていたからこそ大文明となったのだ。インダス河には三五〇〇年前の船乗りたちの末裔モハナ族が、まだ細々と船上で暮らしている。モヘンジョダロとは「死者の丘」ではなく、「モハナの丘」なのだ。

これはナイル河による上下エジプトの統合が歴代のファラオの最大の関心事であったことと符合する。ルクソールに見る統合の儀式セマ＝タウイ、下エジプトのシンボルであるコブラとパピルス、

図8–1　ツタンカーメンの黄金のマスクにもコブラとハゲワシ。

上エジプトのシンボルであるハゲワシとハスは、ここで結ばれる。ツタンカーメンの黄金のマスク（**図8―1**）にも見ることが出来る、あのコブラとハゲワシだ。古都テーベは農業の中心地ではなく、この上下エジプトの接点たる港として選ばれた。かくして一五〇〇キロに及ぶ交易路が確保されるのだ。それが紅海と地中海でシリア・メソポタミアと結ばれた。エジプトは地中海文明の重要な一部なのだ。

翻って日本を見てみよう。ここでもまた農耕民族と騎馬民族の双方の文化が融合している。数千年前黒潮に乗って渡来したオーストロネシア系、更に北方から渡来したツングース系、長江河口から黒潮に乗り稲作をもって前五世紀頃渡来した弥生人、そして半島から海を越え九州にそして更に大和に定住する騎馬民族、これらが渾然一体となって造り上げたのが日本文明である。一万年以上の歴史を持つ縄文文化は、ラムセス二世の頃たしかに騎馬軍団はもたなかったが、「縄文里山」とも言うべき栗の栽培を行い、海と川を使って各種の交易を行っていたことは、青森での糸魚川の翡翠の出土で証明されている。三内丸山遺跡に見られる巨大な列柱は力学的技術の高さも物語っている。

エジプトを訪れるものを圧倒するのは巨大石造建造物と砂漠、そしてツタンカーメンの秘宝に代表される黄金の輝きである。そのためこの文明は、一見「森の文明」を生きてきた日本の対極にあるかに見える。安田喜憲が『大河文明の誕生』の中で、冬雨地帯と夏雨地帯という二項対立を行い、ナイル河、長江、日本を後者の同じ範疇に入れた時、私自身も異論をとなえた。しかしよく考えると、この分類は正しいのかも知れない。石と木、という素材の違いを抜きにすれば、ナイル河文明というこの一見遠い文明は、意外な親近感を抱かせるものとして立ち現われてくるのである。

二　記号の文明

まず二つの文明は「記号の文明」である。かつてロラン・バルトは日本を「記号の帝国（Empire des Signes）」と評したが、エジプトも記号に充ちている。Signeという語は「象徴」と訳されたが、やはり「記号」の方がよい。目に見える形が目に見えないあるものを指している、それが記号なのだ。門松、扇は末代までの繁栄の願望の記号である。エジプトではそれが石に刻みつけられている（図8―2）。アンク＝水＝生命、ウアス＝繁栄＝権力、ウジャト＝ホルスの目＝太陽……フンコロガシ＝スカラベも太陽を運ぶ。そのような無数の刻印だけではない。建築そのものが記号なのだ。カルナックの神殿の円柱の間にびっしりと立ち並ぶ巨大な柱（図8―3）、それは明らかに上階を支えるものではない。「用」で立てられたものではない。太い柱自体が記号なのだ。三内丸山遺跡の

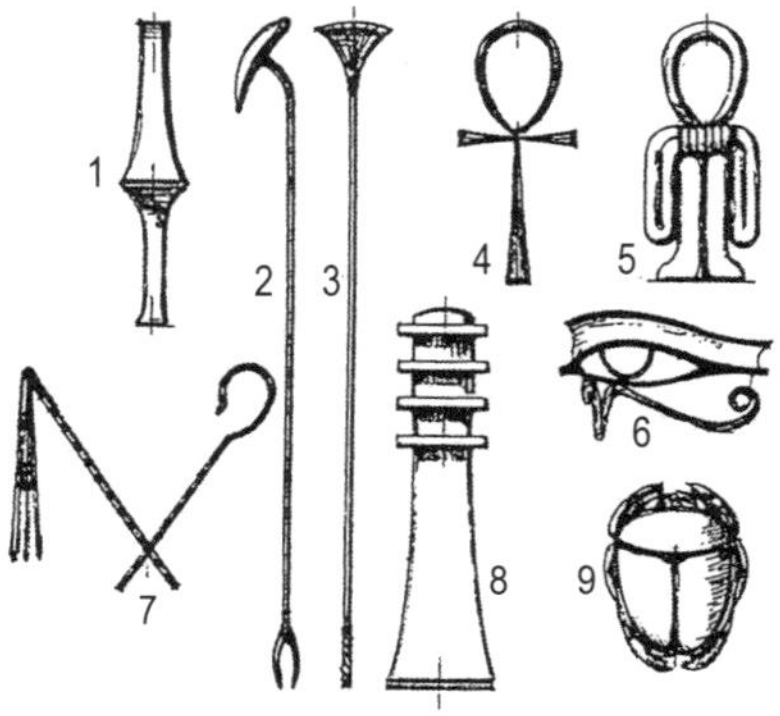

1）ケセム　　権威の象徴
2）ウアス　　神々の笏、豊穣と繁栄
3）ウアジ　　女神の笏
4）アンク　　水、永遠の命
　　　　　　エジプトの十字架とも呼ばれる
5）イシスの結び目　神の愛
6）ウジャト　ホルスの目、太陽、神の恩寵
7）牧神のクロス　穀竿と牧杖、ファラオは胸の前に交差させて持つ
8）ジェト柱　オシリスの背柱、その精気の座
9）スカラベ　黄金虫、人の心の守護神
　　　　　　彼岸における救済の鍵

図 8–2　エジプトの主要シンボル

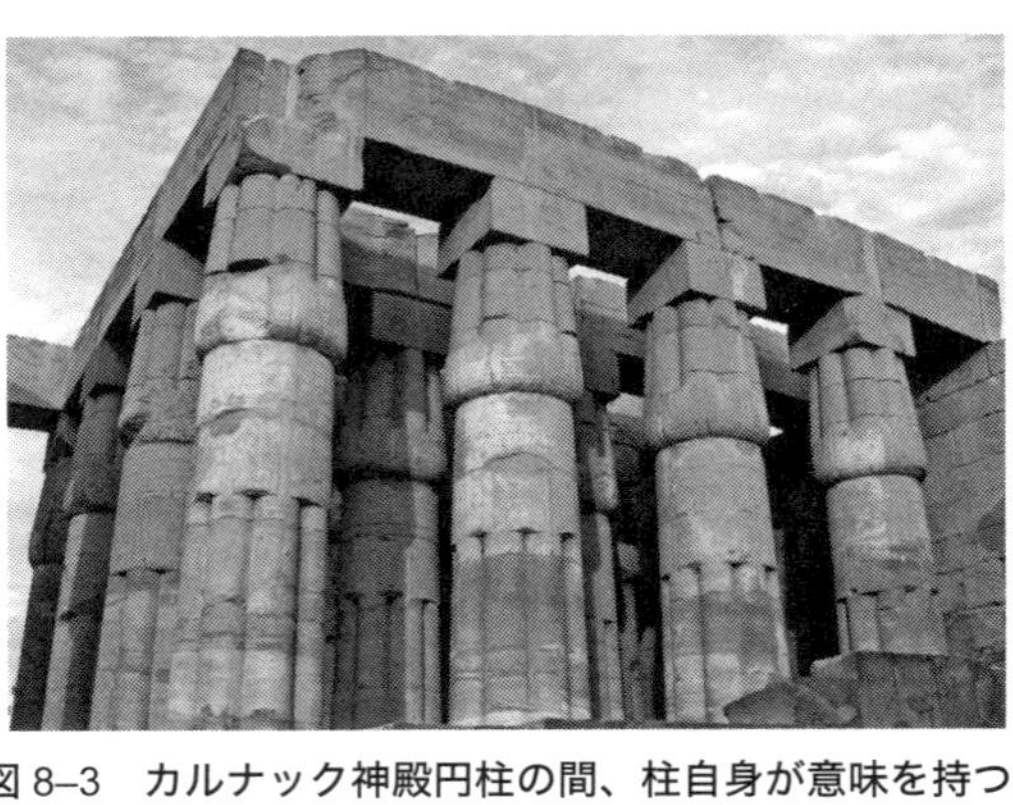

図 8–3　カルナック神殿円柱の間、柱自身が意味を持つ。

六本の柱のように。パピルスとロータスを象ったそれは、上下エジプトの結合と豊饒の祈願である。サッカラの階段ピラミッド・コンプレックス（図8―4）は、此岸から彼岸への移行の空間的表現である。そこでは人は一たん暗闇の中に入り、ついで光の世界に入る。とすると階段そのものにも意味がある。アメンティすなわちあの世は別名イアル野と呼ばれ、イアルとは階段を登る、の意なのだ。

図 8–4　最古のサッカラの階段ピラミッドはメソポタミアのジグラートを想わせる。

図 8–5　王家の谷ラムセス 9 世の墓の天井に描かれたヌト。太陽を運び吐き出す。

エジプト人は「永生の思想」を、日毎に西の方に沈みゆき翌朝東の空に昇りくる太陽に見た。それは「再生」そのものであった。毎夜、太陽神ラーは天空の女神ヌトの腹中に入り、翌朝その口から吐き出される（図8―5）。隼の形をとるホルスは暁の太陽、ホルアクティは地平のホルスである。ファラオ達はラーと自らを同一視する名をもつ。ラムセス、カフラー、メンカウラーの発音に含まれる「ラ」の音がそれである。更にラーはテーベでその地の主神アメンと習合するのでアメン＝ラーとなる。アメンヘテプ、ツタンカーメン等の王の名はやはり太陽を抱いている。ヘリオポリス神話に登場する原初の神アトゥムもまた太陽であった。

すべてを記号化する文明にあって、ピラミッドもまた巨大な記号なのではないか？

この思いは朝まだき、まだ人の居ない大ピラミッドの腹中をよじ登った時、忽然と私の胸中に湧き起ってきた。

ピラミッドをファラオの墓と信ずる人はもう居ない。ヘロドトスは土地の人からそう聞いたのだが、その人と大ピラミッドの建造の間には既に二千年の月日が流れていたのだ。

三　ピラミッド公共事業説

一九七四年、オックスフォード大学のクルト・メンデルスゾーンは『ピラミッドの謎』で大胆な仮説を提唱した。それは奴隷達によって造られた王の墓ではなく、ナイル河の氾濫によって土地を失った農民達に仕事を与える「公共事業」であった、というのだ。それを裏付けるような発見が九〇年代にあった。ピラミッドを造った人々の住んだワークメンズヴィレッジが、エジプトの考古学者の手で発掘されたのである。そこに残された壁画や文字は、当時の人間味溢れる労働者の家族生活を彷彿《ほうふつ》させるものであった。

ピラミッドに使われた石材が筏で上流から運ばれて来たことは、容易に察しがつく。そしてミイラを作ったとされる河岸神殿もスフィンクス神殿も、当時のナイル河氾濫期の水辺に位置する。ピラミッド公共事業説、吉村作治氏もこの説を肯定している。

しかしこの説は、実は肝心の点を説明していない。その公共事業は何故他の建造物ではなくピラミッドでなくてはならなかったのか、という点だ。

四　ピラミッドは何の記号か?

ギザの朝、大ピラミッドは淡いばら色のもやの中にあった。そしてよじ登った四七メートルの大回廊、大岩盤が高さ八メートルの天井に向けて狭まってゆくその精緻な構造は、何ものか高貴なもののためにこれが造られたことを実感させる。にじり口のような狭い入口から「王の間」に入り込む。壁には何の装飾もない。ピラミッド・テキストもない。しかしその部屋の磨かれた巨大な石壁は、クスコに見るインカ帝国のそれをも上廻る高度なテクニックで積み上げられ、カミソリの刃一

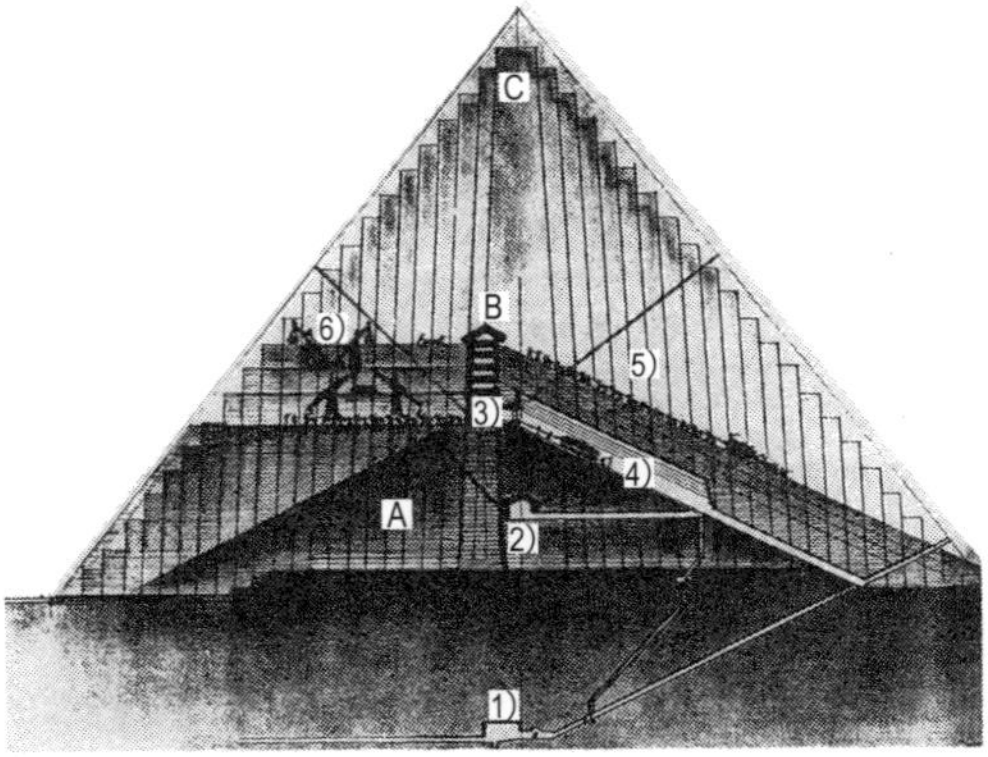

A が内部に想定されるピラミッド
B がジェド柱の形をとる空間
C が全体
1）地下室　2）「王妃の間」
3）「王の間」　4）大回廊

図 8–6　クフ王ピラミッド断面図。大回廊を登った王の間の上にはジェド柱の形の空間。

枚入らない。その王の間＝玄室には一つの石棺が置かれている。いや石棺ではない。蓋がないのだ。それに、ミイラを包むべき三重の棺を収めるには小さすぎる。昔の墓泥棒は当然この王の間をねらったはずだが、彼らの見たのも今の通りの空間であったろう。盗人は金や宝石は盗っても石は盗らない。いわんやそれを運び出す通路さえない何トンものブロックに手を出すとは、不条理以外のものではない。

　ではこの石の箱は一体何なのか？　私の注意はこの王の間の上の構造に注がれた。そこには更に櫓のような五層の空間が造られており、仮りに「重力軽減の間」と呼ばれている。問題はその形だ（**図8―6**）。それは何と「ジェド柱」の姿をしているのだ。ジェド柱とはオシリスの背骨、そこにオシリスの精気が流れる道である。

「クフ王は自らの墓を造ったのではない。もっと重要な墓標を造ったのだ」と私は思い至った。「これはオシリスの霊所ではないか？」

五　穀霊オシリス

オシリスはエジプト最古の神、神々の父、デルタ地帯に生まれた豊饒の神である。神々の中で唯一ファラオの形をとることから見ると、あるいは実在したのかもしれない。オシリス神話はのちにヘリオポリスの神話に取り込まれるのだが、このように伝えられている（図8―7）。

――デルタ地方の王オシリスは、その威光を妬んだ弟のセトに謀殺される。セトはその兄によい棺を作ったから試してほしいと言い、オシリスがその中に入ると蓋を打ちつけ、ナイル河に流してしまったのだ。棺は流れを下り、海に出てシリア（今はレバノン）のビブロスに漂着する。その棺を樹（レバノン杉）が包み込んだという。オシリスの妻イシスは夫を探し求め、海を越えてビブロスに至り、その樹を発見する。ビブロスの王の寵愛を受けたイシスは「望みのものを」という王にその樹を所望し、夫の棺ごとその樹をエジプトに持ち帰る。やがてオシリスが戻ったことを知ったセトは怒り狂い、

図8–7　アビドス神殿の壁画に描かれたオシリス。ファラオと同一のポーズ。顔は緑色。

今度はオシリスの身体を八つ裂きにし、分断してデルタ一帯に撒き散らす。ところがイシスはその断片を拾い集め、とじ合わせると、自ら翼を生やし風を送って愛する夫を蘇らせるのである。この時、セトの妻ネプチュスもイシスを助けていることは興味深い。オシリスの身体のうち男根だけはナイルの魚に食べられてしまったのだが、イシスはオシリスの霊気によって身ごもり、その子を生む。これがホルスである。その後オシリスは西の空から彼岸に渡り、冥界の王となる。やがて成人したホルスは親の仇セトと戦い、一眼を失いながら勝利し、神々の審判によって父の王座につく。

エジプト神話の中でも特に有名なこの物語の隠喩を解くことが、エジプト文明理解の鍵であろう。オシリスとは穀霊なのだ。故にその顔は緑にぬられる。時に褐色もあるが、それはデルタ地方の土の色である。アビドスにはオシリスの神殿があるが、オシリスの死と復活を再現するアビドスの秘儀という祭りがある。そこではオシリスは泥で作られ、そこに大麦の種が埋められる。九日間――人の妊娠の月の数――水が与えられ、発芽すると、オシリスの像は一年の日数三六五本の松明を灯した舟で原初の丘と目される島に運ばれ、古い像と交換される。

古代の神殿都市、メンフィスでは、ファラオは戴冠式にジェド柱を立てた。セド祭という儀式では、ファラオは即位三〇年の時、このオシリスの背柱ジェドを立てる。この柱は明らかに穀物の束である。これを綱で引いて立てる。まるで諏訪大社の御柱《おんばしら》のようではないか？

この時私の脳裡にはまた、穀霊の象徴である伊勢や出雲の心《しん》の御柱《みはしら》のことが駆け抜けたのであった。

日本では穀霊は稲霊《いなだま》である。天皇は大嘗《だいじょうさい》祭すなわち稲霊の祖霊を受け継ぐ儀により皇位を継承する。太陽神ホルスは、母イシスの穀霊による懐胎が神々に認められたことにより、その王位を継承した。

我々は古代エジプト人が石に刻みつけたアントロフォモルフ（人型）の神々の姿に余りにも目を奪われ、異質の文明と感じる。しかし、本当はそれらが秘める記号に注意しなくてはならないことに私は気が付いた。するとエジプト文明の日本文明との驚くべき相似が姿を現してくる。

日本神話では太陽神アマテラスは明らかに田を作る神、それに対し弟のスサノオは暴風の荒神である。エジプト神話ではオシリス、セト、イシス、ネプチュスは兄弟姉妹にして二組の夫婦、オシリスが穀霊ならセトは暴風である。彼のことをプトレマイオス朝のギリシャ人がチュポンTyphon（台風）と訳していることから、それは明らかである。するとこの物語は、デルタ地方を襲った暴風、そしてその嵐のあと自然の治癒力（イシス）によって緑が甦る物語なのだ。イシスは「むすひ」なのだ。そして、夫であるセトに与《くみ》せずイシスと共に泣く女ネプチュスが、ハピにも擬せられていることにも注意したい。ハピとは他ならぬナイル河なのだ。

ピラミッド群は穀倉地帯である下エジプトに集中している。上エジプトには無い。このことがピラミッドと穀霊の結びつきを示している。それは決してファラオの墓ではなかった。一人の王が複数のピラミッドを造っていることでもそれは明らかだ。

「ピラミッドは重要な記号として置かれた。それはオシリスの霊所＝廟なのだ」と私は確信する

図8–8　ファラオ＝ラーを運ぶ「太陽の舟」。

に至った。だからこそその中にはジェド柱が秘められている。王の間の石棺はその生気を湛える水盤だ。あるいは――と私は思った――オシリスがそこから蘇ったセトの棺かも知れない。再生を象徴すべく蓋がないのだ……。ファラオは死後太陽神ラーと合体せねばならぬ。その合体はまさしくこの穀霊オシリスの霊場でこそ可能だったのだ。死せるファラオを乗せる太陽の船は、このピラミッドのわきに置かれた（図8—8）。

オシリスの記号、この思いはギザの三大ピラミッドの大きさと配置がぴったりとオリオン座の三つ星に対応することを知って増々深まって行った。オシリスは冥界の王となったのち、夜の天空を廻る。そしてその魂が宿る場所こそがオリオン座なのだ。デルタ地帯の扇の要《かなめ》の位置に、ピラミッド群は、世紀を超えて構想され構築されたに違いない。

ではその形は？……

六　原初の丘

ギザの夜、星宿の煌めく天空と黒い大地を結んで立つ三基のピラミッドを眺めながら、私の想念は更に、「原初の水」へと飛ぶのであった。始めに水があった。そこから原初の神、暁の光アトゥムが自生し、自らの居所として原初の丘を出現させる。その丘の中心には宇宙の石ベンベンがあった。その形がピラミッドである。アトゥムが発した一条の光がその丘を金色に染める。今は無くなったが、クフ王の大ピラミッドの頂上にはそのベンベンが金色のキャップストーンとして置かれていた。金色はアトゥムと同じく太陽を表わすのだ。宇宙のエネルギーを吸収するというオベリスクもまた、頂上の四角錐に金色の宇宙の石を表わしている（パリのコンコルド広場に立つルクソール神殿のオベリスクは二〇〇〇年を期してこのように復元された）。ピラミッドの形状は原初の丘なのである。

　ピラミッドは、そこでファラオがラーと合体する穀霊オシリスの霊所、ということの解釈は多くの帰結を引き出す。石という素材とその大きさの違いを除けば、それは東南及び東アジアの農耕文明の育んで来た聖樹信仰、その象徴たる日本の心柱、あるいは雲南の寨心石《さいしんせき》とその本質を共にするものだ、と言えるのである。

七　日本との同質性

このように思い廻らすと、一見かけ離れたものに見えるエジプト文明は、我々の生きてきた文明と意外に親しい関係にあることに気付く。外見から異質と映っていたのは石と木という素材のせいであった。この一点に気付けばすべてが氷解する。エジプトと日本の同質性は次のような事象に見て取ることができる。

――神々の習合

エジプトの各地方ノモスにはそれぞれ地方神が居た。これがヘリオポリス、ヘルモポリス、メンフィスの神話体系にあって習合する。あたかも大和神話が出雲神話と習合するように。地方神は廃されない。大国主之命のように。ナイルの中流域エドフーの地方神であった鷹の神ホルスは、オシリスとイシスの子となり、更にラーと同一視されるに至る。ラムセス二世の大神殿アブ・シンベルでは、春分と秋分の日、地平に昇る太陽が狭い正面入口から一直線に差し込み、奥まった至聖所に並ぶ四体の神々を照し出す。そこに並ぶのはホルアクティ（地平のホルス＝太陽）、神となったラムセス、アモン＝ラー、そしてメンフィスの主神プタハである。更に正面のファサードにはテーベの守護神モントゥが彫り込まれている。

――太陽崇拝

太陽を主神とすることでエジプトと日本が一致することは論をまたない。テーベの神アモンがラーと習合し、歴代ファラオの主神となったことは余りにも有名である。

――神王観

ファラオはそのまま神すなわちアモン＝ラーであった。日本において天皇は現人神であった。前十四世紀、アメンヘテプ四世は日輪アテンを唯一神とする宗教改革を行い、エル・アマルナことアケト・アテンに遷都、自らをアクエンアテンと称した。アマルナ美術に見るこのファラオは最早、神ではない。人である。この世界初の唯一神教が一代で何故挫折したのか、は吟味に価する。失業したテーベの神官達の反逆とするのは正しいだろうか。エジプト人がその身を委ねていたのは太陽と穀霊を体現したファラオであった。しかるにアクエンアテンは最早「神王」ではなく自ら「神官」となったのである。その子ツタンカーテンはアモン神を復活しツタンカーメンとなる。

――至聖所

各神殿はその一番奥に至聖所をもつ。そこには只一人ファラオのみが入ることができる。伊勢神宮の正殿に入ることの出来るのは只一人、天皇のみである。

――水

水を表わすアンクはそのまま生命の象徴である。アンクが帯状につながって王に注がれる図が各所に見られる。水による浄めである。神道の禊《みそぎ》に通じる。

――兄妹婚

オシリスの家族については既に述べたが、彼らの父母、ゲブ（大地）とヌト（天空）もまた兄妹である。そのまた両親シュウ（大気）とテフネト（湿気）も然りである。イザナギとイザナミが兄妹であったように。日本では元来妻のことを妹《いも》と呼んだ。エジプトでのこの習慣はプトレマイオス朝クレオパトラまで続き、本来彼女が夫とすべき人とはカエサルでもアントニウスでもなく、自分の弟であった。

同時に日本神話とエジプト神話では男女の神がバランスをとって現われることにも注意したい。ヘブライでは男性の一神であり、日本との差異が見て取れる。

――創世神話と水

原初の水から原初の丘が現われる。日本では原初の海から島々が誕生する。

――隠り身の神

原初の水から自生したアトゥムは、のちに人型をとることもあったが、性はなく、『古事記』の原初の神、天之御中主神の如く隠り身である。アモンもまた隠り身、それ故コプトの神ミンと習合することができた。

――アニミズム

森羅万象に神が宿るという思想が双方に見られる。共に力ある自然現象に畏敬の念をもった。

――彼岸思想

日本には仏教と共に入ってくるが、彼岸はアメンティまたはイアル野と呼ばれる。死者の魂バーは時々生者の間にもどってくる。日本でも死者の霊はお盆の間、家族のもとへもどってくる。共にそのために食事を供えねばならない。

――死者の書

この思想は日本にはチベットからもたらされたと考えられるが、死者は三途の川を渡り彼岸に行く。エジプトでナイルの西岸が死者の国とされたように。閻魔《えんま》王は冥界の王、オシリスに当る。死者はこの裁きを受ける。

ファラオは太陽の舟で彼岸に渡る。日本の皇室の葬儀には「お舟入りの儀」がある。また舟形埴輪が出土している。俑《よう》、埴輪はエジプトでウシャプティと呼ばれる副葬品に相当する。

――自然に逆らわない文明

エジプトには神殿はあるが城壁はない。日本でも宮はあっても城壁はなかった。城郭都市はギリシャから西アジアに至る発想であり、中国がこれを継承する。城壁は人が自然と闘い、またそれ故に人が人と闘った文明に出現したのである。実は「文明（civilization）」という語が城塞都市 civitas を含む故に「都市化」を意味するという定義は再考を要する。都市という語に城塞ではない「神殿都市」と「宮」を加えるべきであろう。

平城宮や平安京は長安を模したといわれるが、実は違う。長安の城塞が無い。エジプトでは神殿都市と呼びうる一郭はあったが、城塞都市はない。人々はその外の泥の家に住み、その泥は自然に還った。日本の木の家がやがて自然に還るように。

エジプトはメソポタミアと異り灌漑をしない文明があった。ナイルの氾濫を神の恵みと把え、自然と共に生きた。自然の法則が神であった。

――循環型の文明

ナイルの洪水そしてそこからの緑の復活、毎年繰り返されるこの現象が、日毎に沈みまた昇る太陽と共に再生と復活の思想となり、神話に表わされた。日本では死せるイザナミから五穀が生じた。四季を読むのが俳句であり、この詩が示すように日本人は廻り来る四季と共に生きてきた。

――神の両義性

自然は必ずしも人に優しくない。恵みをもたらすと共に人を害することもある。従って日本の神々は、同じ神格に和御魂《にぎみたま》と荒御魂《あらみたま》を宿す（インドで最も信仰を集めているシヴァはリグ・ヴェーダのルドラまたアスラと同一視されるが、もともとはモンスーンの神格化で、大河ガンガでありヒマラヤから海に至る水の循環と考えられる。それは恵み深き神であると共に破壊の神である）。この両義性は神話では二つの神格で表わされることが多い。即ち兄弟神である。アマテラスとスサノオ、オシリスとセトのように。エジプトと日本に共通の蛇信仰もまた善悪の両義性をもつ。セトと共に人を害する蛇は、また翼を生やしラムセスの王妃ネフェルタリの墓所を護る。

――真善美の一体化

真理の神マアトは死者の書で中心的役割を果す。秤にのせられた死者の心臓は、マアトの羽一本と均衡しなくてはならない。しかしこのマアトは単に「真」の神ではないのだ。それは「真・善・

美の一体化」である。ギリシャにはカリカガトス（美善不二）の考え方があったが、「誠＝まこと」という言葉で表される日本の思想はむしろマアトに近い。

一見遠くに見える文明のこのような不思議な符合点を思い廻らせば、エジプト文明が我々に惹き起す感動は、実は我々の心中の木霊《こだま》なのだ、という思いに駆られる。二つの文明は「死と永生」という永遠の課題を「穀霊」という鍵によって解いた。循環と再生の思想である。一方は四面海に囲まれ、森の文明を生き、小川のせせらぎにいのちの歌を聞いた。一方は緑の帯に生き、迫りくる岩山にいのちの刻印を押した。一方は「言《こと》の葉」に生き、一方は「形」に生きた。しかし、それさえも本当に違うのだろうか？

シャンポリオンの発見とは、それまで象形文字と見られていたヒエログリフ（聖刻文字）に「音」があることを見出したことだったのだ。そういえばヒエログリフ、ヒエラティック（神官文字）、デモティック（大衆文字）の移り変わり方さえ日本の階書、行書、草書に似ていないか？　草書から表音文字仮名がつくられるのである。デモティックのように。これは偶然であろうが、古代の漢字篆書《てんしょ》の「日」は⊙、ヒエログリフのラーである。

遠くて近い文明、風土が生み出した文明の収斂、しかしそれはまた文明間の対話、交流の道の存在を否定するものではない。エジプトの蓮はインドに渡り仏の座となる。イシスはフェニキアの都市ビブロスからレバノン杉を持ち帰った。エリュトラ海（紅海）を行き来した船はやがてインド洋にでてローマ航路となる。メソポタミアからエジプトに入る蓮、ロゼッタがシルクロードを通って日本に到来し菊の御紋章になったとするならば、それは果してどの道を通ったのであろう？

思いにふけるうち、エジプト史を綴った幻想的な音と光の祭典は終り、私の耳にスフィンクスの最後の声が響いた。

Le temps est enfin vaincu!

（時は遂に克服された！）

あたかもプルーストの大河小説『失われた時を求めて』のように、スフィンクスはその物語の冒頭と末尾に Temps（時）というキーワードを配置していたのだ。

ふと我にかえり、見上げると何時の間にか月が出ていた。青い月光の下、巨大なピラミッドは今日の眠りにつき、澄明な夜空が頭上に拡がっていた。その星影の中、今しもオシリスの霊を宿したかのように、オリオンの三つ星がひと際その輝きを増していたのだった。

第9章　エッフェル塔はピラミッドか？

——文明は死なず時空を超えて転生する——

パリのわが家からはエッフェル塔が見える。いつまでも黄昏れぬ夏の夕べ、太陽はこの塔の背後を横切り、西空を黄金色に彩る。やがて訪れる夜の静寂《しじま》、青みがかった大空に浮かび上がるこの貴婦人（ベル・ダーム）のシルエットは、突如、無数のダイヤモンドの煌きに包まれ身を震わせる。

一九八九年、その生誕一〇〇周年を期して刷新された照明に加え、二〇〇〇年午前〇時、世紀の光の祭典の舞台となったエッフェル塔は、その時生まれた点滅する青い千の光を、日暮れとともに、毎時〇分から五分間だけ身に纏うことになったのだ。

私は手すりに寄りかかり、シスレーの画いたイール・ド・フランスの羊のような雲が斜陽に照らし出され、やがて落日と共に鮮やかな薔薇色に変化《へんげ》するのを待つ。眼下のモンパルナスの街並みには灯りがともり、人々の生活の賑《にぎわ》いが優しく伝わってくる。

この塔には何か特別な魅力がある。それは何なのだろう？　ノートルダム大聖堂、ルーヴル美術館、エトワールの凱旋門、モンマルトルのサクレ・クール寺院等の数ある歴史建造物を差し置き、今ではパリのシンボルとなったエッフェル塔は、しかし、その建築当初からこのような名声を博したのではなかった。むしろパリジャンの間では悪評芬々《ふんぷん》であった。曰く、まるで建築の足場のようだ、伝統ある石造り、ゴチック様式のパリの景観にそぐわない……と。

あまつさえ一八八七年二月十四日『Le Temps（ル・タン）』紙に掲載された「抗議文」には当時の文壇・芸術界をリードしていた人々が名を連ね、その中には詩人ルコント・ド・リール、作家アレクサンドル・デュマ・フィス、同じくギー・ド・モーパッサン、オペラ座を造った建築家シャルル・

ガルニエ等の名が見られる。

「フランスの歴史と芸術の名において、首都の真中に、バベルの塔と呼ぶにふさわしい無用にして醜悪な塔を建てることに、全力を挙げて抗議する。……」

しかし、それにもかかわらずこの塔が完成し、その二階に空中レストラン、ジュール・ヴェルヌが開店した時、そこによく足を運んだのはモーパッサンであった。「あれだけ反対していた貴方が何故？」と聞かれた文豪はこう答えたと伝えられている。「何しろここはエッフェル塔を見なくてすむ唯一の場所だからね。」

図 9–1　パリのエッフェル塔。

一八八九年三月三十一日、この天を突く鉄塔は、エッフェルの考案したプレハブ工法のおかげで、着工から二六カ月という当時としては驚異的なスピードで完成し、パリ万博の開幕を飾った。二〇〇万に近い見学者が、まだエレベーターが動いていなかったこの塔に登った、と記録されている。卓越した鉄の技術が謳歌され、これが普仏戦争の敗北後、沈み切っていたフランス人に志気をとりもどさせることとなった。十九世紀後半、イギリス・アメリカを初め列強がこぞって鉄製の高層建築を企画していた、その渦中での快挙であった（図9―1）。

問題は、その形である。エッフェル塔のあの独特な形がやがてパリ市民にも親しめるものとなり、あまつさえ名古屋や東京、また札幌のように、そのコピーが建設されて行くと、人々は鉄塔とはこのような形をとるものだと思い勝ちである。しかし、そのようなモデルが何もなかった時に、このような形は自然に頭に浮かぶものであろうか？　それはあり得ない。ギュスターヴ・エッフェルは、ある時、ある場所でその発想を得たのだ。

一　コンクールの謎

既に、南仏に始まり、リスボンからブダペストに至るまで各所に橋梁を架け、名声を博していた技師エッフェルは、自らの発想を万博やパリ当局に打ち明け、それをよしとした当局が、初めからエッフェルの案を念頭において建築コンクールを行った形跡がある。

一八八六年五月一日に公布された「万博のための建築コンクール条令」には見逃せない点が少なくとも二つある。一つはその第九条に「（コンクール）参加者はシャン・ド・マルスに、底辺一二五メートルの正方形、高さ三〇〇メートルの鉄塔を建てられる可能性を検討すべきである」と明記されたこと、二つ目はその設計図の提出までの期間がたったの一五日であったことである。「厳正な」審査の結果一応三名が最優秀賞に選ばれるが、コンクール条令には「鉄を主要素材とする」ことが書き込まれており、形の独創性と相俟って、最終選択はおのずからエッフェルとその協力者である建築家ソーヴェストルの提出した設計図に赴くことになっていたふしがある（当時コンクールは技師ではなく建築家の名で応募する必要があった）。

それではエッフェルが提案し、パリ市当局が納得したその構想とは何であったのか？　もちろん彼の得意とした橋という横の技術を縦に使う、すなわち「天の橋立」を造る、という発想も可能である。しかし私は彼の脳中にはもう一つのコンセプトがあった、と私は確信するに至った。

ピラミッドである。

二　ローマ人のピラミッド

エッフェルは、ピラミッドから着想を得た。ギザのそれではない。ローマ人によってガリアの地にもたらされたピラミッドである。私はその秘密を知る機会を得た。

前一世紀、シーザーの軍はローヌ河添いに北上し、ガリアすなわち今のフランスを征服して行く。古都リヨンの中心部の住民は今でもローマ人の末裔であるとされているが、その南には同じくローマ人が築いた都市ヴィエンヌが悠揚たるローヌの流れを前にして今も静かに佇んでいる。古《いに》しえのローヌ河交易の拠点である。

図 9–2　ヴィエンヌのピラミッド。1 世紀ローマ人によって建造された。

この町には当時のピラミッドがある、と現地に住む友人に聞き、私はただちにそれを見に行った。見ると、白い石造りのそれは、ピラミッドというよりはオベリスクの形をしていた（図9―2）。高さは二〇メートル程であろうか。下方は凱旋門のようなアーチとなり四方に開かれている。説明書きには、このモニュメントはローマ人によって一世紀頃この地に造られた競技場の中に建てられていた、とある。

「これはエッフェル塔ではないのか！」このモニュメントを見た時、私の中ではパリにある、今では「セーヌ河畔の歴史的建造物群」の一つとして世界遺産となったあの鉄の塔の形の謎が解けて行くのを感じた。あくまでも天空に向かうオベリスク状の線、それを支える正方形の基部、四本の脚柱に分散される重量。ヴィエンヌのオベリスク状ピラミッドの真下も空洞なのである。

リヨンから南仏各地を訪れているエッフェルは必ずやこの塔を見たに違いない。すると万博のための鉄塔の着想はここで生まれたのではないか？　だからこそ、彼のために最初の設計図を画いた助手達の案を拒否したのだ。その案には天に向かって収斂してゆく線こそあれ、基部と上部の境がなかった。エッフェルにとって基部と上部構造は分かれていなければならなかったのだ。ヴィエンヌの塔のように。思い廻らすうちに私の中にはエッフェルの心象が立ち現われてきた。そしてその塔に隠された魅力の秘密も。

「エッフェル塔はピラミッドだったのだ！」

その前に佇んで私は更に考えた。これが建てられてから二千年を経た今も尚、何故この塔はオベリスクと呼ばれずピラミッドと呼ばれているのか？　それはローマ人自身がこの建造物をそう呼び、それが連綿と引き継がれてきたからに他ならない。では何故ローマ人はそのように呼んだのか？　そこで私は重大なことに気付いた。

「オベリスクもまたピラミッドなのだ！」

今から四五〇〇年前、ナイル・デルタのほとりに、古代エジプト人は幾多の巨大ピラミッドを築いた。それは穀霊オシリスの霊所であり、冥界と再生を司るこの神の力を借りて、ファラオのカー（霊根）が太陽神ラーと合体する場であった。ギザに見る三基の真正ピラミッドには特に顕著だが、黄金比を用いて正確無比に造られた、この驚くべき石の四角錐の頂上にはピラミディオン（小ピラミッド）と呼ばれるキャップストーンが置かれていた。その形は原初の水から誕生した原初の島ベンベンを表わすとされる。太陽と水、天と地、神と人の合体、ギリシャ人ならば宇宙の現出（エネルゲイア）と呼んだであろうものが、この一点に凝縮されているのである。

三　オベリスクもまたピラミッド

それではオベリスクとは一体何であったのか？　それはピラミッドが形を変えて継承されたもの、と私は理解するに至った。

エジプト文明を語る時、誰しもがまずピラミッドを挙げる。しかし三千年に亘って同じ宇宙観と死生観を抱き続けたとされるエジプトにおいて、ピラミッドの建設は実は古王国時代（前二七〇〇〜前二二〇〇年頃）に限られていることに注意すべきであろう。衰退期とされる第一、第二中間期を過ぎて、再びエジプト文明がその力を内外に示した新王国時代（前一五八〇〜前一〇九〇年頃）になっても新しいピラミッドが建造されることはなかった。アブ・シンベル、ラムセウム、カルナック等に巨石神殿を残した太陽王ラムセス二世にしてもピラミッドは造っていない。

彼の前、ハトシェプスート女王が意図したそれは未完成に終わっているし、時が過ぎ、クレオパトラで有名なプトレマイオス期（前三三〇〜前三〇年）に至っても同様である。

最重要とされたピラミッドが姿を消すのは何故か？　いや、ピラミッドは姿を消していないのだ。それはオベリスクに姿を変えて存続し続けたのである。カルナック神殿に見るハトシェプスート女王のオベリスク、フィラエ島イシス神殿の「クレオパトラの針」は中でも有名である。ギリシャ語で針を意味するこの一枚岩の塔は、その頂きにピラミッドの核たる原初の石ベンベンをピラミディオンの形で頂いている。それは原初の水から自生した太陽神アトゥムの光、黄金色に彩られていた。一八二九年、当時のエジプトの統治者ムハメド・アリからフランス王シャルル十世に贈られたルクソールのオベリスクは、一八三六年パリのコンコルド広場に立てられたが、二〇〇〇年の夜明けを期して、そのピラミディオンが金色に彩られ、昔日の姿を取り戻したのであった。

十八世紀末のナポレオンのエジプト遠征は、十九世紀パリにエジプトブームを巻き起す。シャンポリオンは神聖文字ヒエログリフを解読し、エジプト学の基礎を築くが、同時に夥しい数のエジプトの文物がフランスの首都に流れ込み、建築の装飾や家具までも変えた。モンソー公園には古代ローマで造られたような急勾配の小ピラミッドが置かれた。上述のコンコルド広場のオベリスクもこのブームの一環であり、当時のエジプトが、イスラム化して既に一千年を経ていて、あまつさえ古代文明に興味を示さないオスマン帝国の傘下にあったことが、フランスに有利に働いたことは否めない。クフ王の大ピラミッドの表面を覆っていた化粧板さえ、モスクの建設のために剝ぎ取られた時代のことである。

一方ヨーロッパ人は、単なる異国趣味としてのオリエンタリスムを越えて、この古代文明の中に、聖母マリアにも擬すべき癒しと再生の女神イシスの存在を、また最後の審判の原型を見出し、果てしない郷愁を感じていたのであった。「死者の書」に描かれた正義の神マアトの秤は全ヨーロッパの裁判所の紋章となっている。

四　鉄の時代の幕開けに起こったピラミッドの転生

ギュスターヴ・エッフェルの提案はこの十九世紀に為された。この天才的技師がパリ市当局に告げ、その万博関係者が心を動かされた言葉、形ばかりのコンクールを行い、結果の発表後も関係者が口を閉ざし、決して明かすことのなかったキーワード、それを私は次のように推量する。

「鉄の時代の幕開けに、鉄のピラミッドを創ろう。」

すなわちオベリスク状のピラミッドだ。その原型を、彼はローヌ河畔で見ていた。

もちろん技師であるエッフェルはこのことを公言していない。しかしその意中がはからずも吐露された一文がある。それは前述の著名人連名の抗議文に対してエッフェル自身が同じ『ル・タン』紙に載せた反論である。彼は抗議者たちが単なる想像でこの塔が醜悪であると断じることを非難し、彼の塔が独自の美しさをもつであろう、と告げる。それは人類の作った最高の建築物となるであろう、と。そしてこう続けているのだ。

「エジプトで賞讃されているものが、なぜパリでは醜悪なものとなるのか？」

五　思想なくして造形なし

エッフェル塔の着工前のごうごうたる非難は、一九八九年、ミッテラン大統領の意図したグラン・ルーヴル計画でも繰り返された。特に設計者として選ばれた中国系米人建築家イオエ・ミン・ペイがガラスのピラミッドをルーヴルの中庭に出現させた時には大反対が起こった。この「異物」によりルーヴルの正面、ファサード・ロワイヤルが隠される、との批判が多かった。しかし、完成後はその見事な出来ばえ（特に地下の）に人々は納得し、今ではパリの新しい景観として定着した。ペイもまた、単なる奇抜さではなく、ピラミッドの思想を研究していたことは、地下に造られた小ピラミッドでわかる。その頂点が上方から降りてくる光あふれる逆ピラミッドの先端とかすかに触れ合う、その造形に凝縮されて表現されている。

思想なくして造形はない。エッフェル塔には思想がある。確かにエッフェル自身は技師として自らはその思想を表に出さず、むしろ風圧に対する抵抗等技術面の優位を強調している。そして「鉄は石よりも軽い」と。コンコルドのオベリスクは台座を除いて二四メートル、その重量は二〇〇トンである。それと比しエッフェル塔は高さ三〇〇メートル（当初）、七〇〇〇トンの建造物となる。この高さの建物を石で造れば地盤はこの重力を支え切れない。エッフェルは自らの鉄のオベリスクの重量をその基部の四脚に分散することにより解決した――ヴィエンヌのピラミッドのように。こ

図 9–3　リヨンのエッフェル塔。ローヌ河沿いに南下するとヴィエンヌに至る。

の方式により、この鉄塔の重量が地表の一平方センチメートル単位に与える負担は、リュクサンブール公園におかれた、あの散策者のための鉄製の椅子に人が腰掛けた時のその一脚の負担を超えないとされる。その力学的構想にも驚かされるが、それよりも当時の技術の粋を集めたこの塔の醸し出す不思議な魅力は、そこに秘められた思想にあったのだ、と私の心に囁く何ものかがあった。これに対しそのコピーである東京タワーは、より高く、より軽く、より早く、という競争心の産物であり、そこには思想が感じられない。

エッフェル塔が、今検証してきたように、古代エジプトをそのルーツとするものであるならば、それは文明という虹の大河の継承を意味するものに他ならない。独創性は無からは生じない。「文化の多様性に関する世界宣言」（ユネスコ、二〇〇一）がその第七条に明記するように、「およそすべての創造行為は文化的伝統に根差し、且つ他の文化的伝統との接触によって開花するもの」なのだ。そして数多の創作の中でも特に人を惹きつけるのは、諸文明の深奥に存在したもの、即ち通底するものに達した作品である。ナイル河畔に生まれた生命の循環と再生の思想、すなわち日本の古来の思想とも相通じるこの思想は、ローヌ河畔を経てセーヌ河畔に転生し、変貌を遂げながら具現化されてきたのであった（図9―3）。

六　文明は死なず、転生する

このように考えると、数ある世界遺産の中でも傑出した文化遺産は、このように時空を超え、変貌しつつ行われる、文明の記憶の転生であることに気付く。ヨーロッパの中で最も美しいとされるシャルトルのカテドラルは、キリスト教の渡来する前からの聖地に建てられている。そこはドルイド教の豊饒の女神の家であったのだ。地下の聖堂、クリプトにおかれた黒いマリアはそのことを物語っている。ギリシャでもデルフォイの丘には特に惹かれるものがある。ソクラテスへの神託を下したアポロンの神殿が有名だが、オリンポスの神々が到着する前、ここは大地母神ガイアの霊所であった。地底から噴き出す蒸気を吸い神託を述べる巫女ピュティアがいた。大地の化身である蛇ピュトンが霊所を護っていた。そしてギリシャ各都市国家からの寄進殿の立ち並ぶこの聖地は、また大自然の女神アルテミスの地でもあった。また最近日本でも人気の高いモン・サン・ミッシェルであるが、大天使ミカエルの像を尖端に戴くこの島は、実は、紀元前二〇〇〇年とも言われるブルターニュ一帯のメンヒル所在地を結び合わせた一直線上に浮かんでいる、と知る人は少ない。すなわち

図 9–4　アクロポリスの丘に凛として立ち続けるパルテノン神殿。

ここは巨石文化時代からの聖地なのである。これが遠くサンチアーゴ・デ・コンポステーラと結ばれている。

こうした、現存する文化財の歴史の深底に横たわるもの、感動を呼び起す美の秘密に、図らずも私は数年前の夏触れることになった。それはアテネでユネスコ関係の会議が開かれた折であった。私はこれで五度目になるアクロポリスの丘に登った。そこにはユネスコのロゴマークともなった白亜の神殿パルテノンが聳えている（図9―4）。遺跡中の遺跡、世界遺産と言えば誰しもまず念頭に浮かべるであろうこの神殿について、最近のギリシャの考古学チームによる研究の成果を聞いた。

「パルテノンには直線がない。すべてが曲線である。」

盲点を突かれた思いがした。

「自然は曲線を創り、人間は直線を創る。」

私の好きな湯川秀樹の言葉が脳裏をよぎった。屹立する円柱――ギリシャ文明とは直線の文明であり、人間の自然からの独立宣言であった、と私もかつて書いたことがあるではないか。エジプト文明からの転換、静から動、神から人への中心のシフトであると……。

ところが私に告げられたのは、この建物に潜む曲線、そして更に信じられないその建築構造であった。ドーリア式の円柱のエンタシス（ふくらみ）はよく知られているが、パルテノンの床については言及されることが少ない。実はこの床自身が完全な平面ではなく、柔らかなふくらみを持っている。東西の長い辺では四五センチ、南北の短い辺では二六センチ、中央が隆起しているのだ。そして今は無き天蓋を支える列柱のかすかな内傾、これまた今まではファサードをより高く見せる遠近法によるとのみ説明されてきたのだが、実はすべての列柱が一定の傾きをもって居り、四面の柱のすべての線を延長すると、なんと上空一七〇〇メートルで一点に収斂する、というのだ。すなわちパルテノンは、天空に目には見えないピラミッドを画いていたのである（この説は近年出版された考古学案内書 Strolling through Athens, p. 107 にも収録されている）。

私は感動した。ギリシャとエジプトはこのような形で繋がれていたのだ、と。デルフォイに見るスフィンクスや人の造形だけではない。智恵の女神アテナの聖地でも、地中海を跨いだ対岸の古代文明は変貌しながら継承されていたのだ。思えば、ヴェネチア軍とトルコ軍に二度も破壊されながら、なお凜としてそこに立つパルテノンを仰ぎ見る時の、あの得も知れぬ心の震《おのの》きは、文明に通底するものの醸し出す神秘への畏敬だったのかも知れない。

モンパルナスの灯を眼下に見ながら、手すりに寄りかかり、そのような思いにふけっていると、黄昏の光もやがて消え、左方に浮ぶエッフェル塔は内部から金色に照らし出された。その頂きからは青いレーザー光線が水平に回転して一巡し、パリの夜空を静かに掃き清めていくのであった。

この街を私も何時かは去らねばならない。しかしパリは、パリであり続けるだろう。

パリの紋章は、ローマ人にレティシアと呼ばれた港町を象徴する船である。そこにはラテン語でこう書かれている。「Fluctuat nec mergitur たゆとうとも沈まず」。

第10章　エデンの園の変貌

――バビロンとヴェルサイユを繋ぐもの

庭を造る人は光の友となる、闇から生まれた庭は無い

（古代ペルシャの諺）

いかなる国にあっても、庭にはそれを作った人の宇宙観が秘められている。庭園という人類の造形に思いを馳せる時、いつも私の瞼に浮かぶのは、かつてラホール郊外で見たムガール帝国の庭である。その時の鮮烈な印象は今も忘れられない。それはシャリマール・ガーデン、一六三〇年に亡くなった愛妃を偲んで、アグラの地に精緻を極めたあのタージ・マハール（図10―1、2）を造ったその人、シャー・ジャハーンが造営した園である。そこには驚くべき水の庭があった。澄明な水を湛えて真っ直ぐに伸びる水路、涼しげな噴水の列、左右対称に配置された植物と小路、その長方形の庭園はあたかも二つの庭のように中央で仕切られ、そこには縦の水路を直角に横切る大きな水路があった。それは段差をもった滝となっており、そこから更に進むと目の前にはもう一つの十字形の水の庭が広がっていた。

その場に立ちつくし、私の脳裏をよぎったのはヴェルサイユ宮殿の庭（図10―3）であった。ル・ノートルの造園になるこの壮大な庭は、その爪面に遥か地平に向かってグラン・キャナルと呼ばれる水路が延びている。そしてその中央を横切る水路によりそれは十字を結んでいる。

このような基本的な形の一致は果たして偶然なのか？　ひょっとしてこの二つは結ばれているのではないのか？　そのような思いを私は同行のパキスタンとフランスの同僚に語っている。しかし

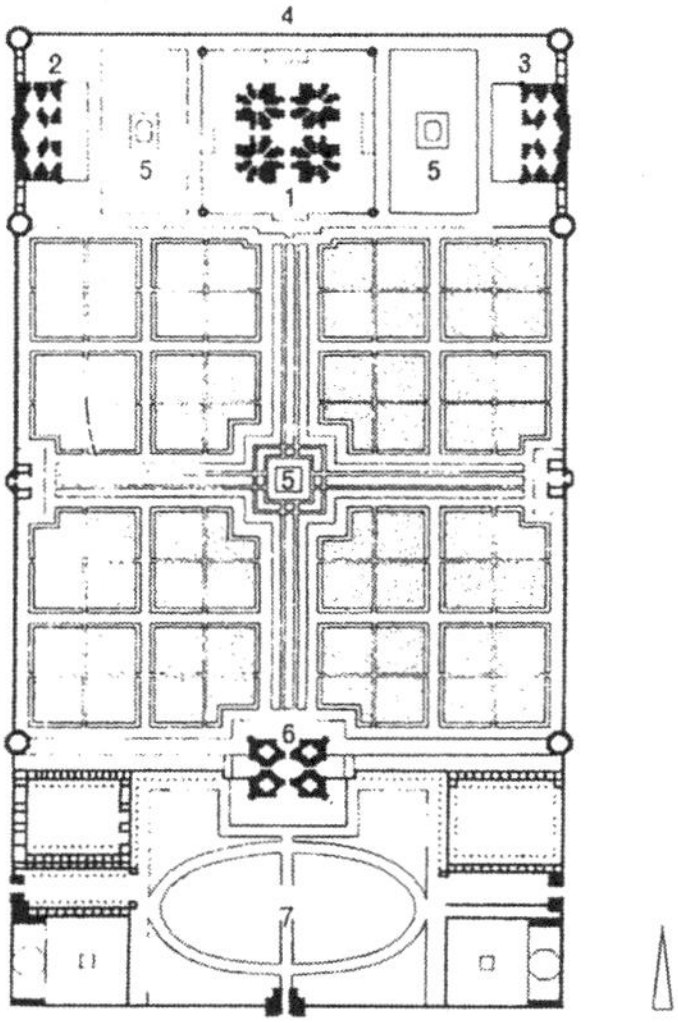

図 10–2　タージ・マハール平面図。

図 10–1　タージ・マハール正面、水に映るドーム。

図 10–3　空から見たヴェルサイユ宮殿の庭。中央には十字型の大運河グラン・キャナル。

その時は確たる答えがまだ無かった。

一 情報は文明を変える

八〇年代の半ば、私はユネスコで「シルクロード・対話の道総合調査」を発足させた。そしてすべての文明は出会い無くしては生まれないことを学んだ。出会いとは必ずしも侵略や民族移動による文化の混交を意味するのではない。それはまるで受胎告知のごとく「情報」の伝達でも起こる。情報によって文化は変わる。そして太古から近代初期に至るまで、情報の荷い手は旅人であり訪問者であった。

日本での例を挙げれば、戦国時代の城である。それは、永らく山城のような砦にすぎなかったのに、何故突如として安土桃山時代、天守閣を持つ本格的な城が現われるのか？　それを梅棹忠夫氏と話し合ったことがある。二人の合意した点は、十六世紀のキリシタン、イエズス会のもたらした情報だ。織田信長はポルトガルやスペインからの宣教師を厚遇した。だから彼らがヨーロッパの城の様子を語った可能性は十分ありうる。自分達の国の城は堀と石垣に囲まれており、その中心にはドンジョン（天守閣）があるのだ、と彼らは告げた。信長の造った安土城が日本初の天守閣を持つことになる。それはむしろ「天主閣」と呼ばれるべきものであった。天主とはイエズス会士によるデウスの訳である。安土城以来、日本の諸大名は、こぞってそれを模した城を築くことになる。

このような文化の出会いを知れば、茶道もまたキリスト教と結んでいることに気づく。秀吉に仕える前すでに信長の茶頭《ちゃがしら》であった利休が、堺の商人たちにとってはカラモノを自慢しあう社交の場であった茶会に対し、精神の出会い、「一期一会」の場として創立した「侘茶」とは何であったか、何故茶道はカトリックのミサに酷似しているのか、そしてイエズス会の学校であった各地のセミナリオでは何故茶道が行われていたのか、という謎も解けるのだ。一九七六年、パリのユネスコ本部で開かれた日本文化祭で茶道を披露した裏千家の千宗室家元（当時）は、各国代表の前でこう明言している。

「茶道は、日本の武士道とキリスト教のミサが結ばれて生まれたのです。柄杓《ひしゃく》の扱いには剣道と弓道が、茶碗と棗《なつめ》の扱いにはミサにおける聖体拝受《ユーカリスティア》の聖杯の扱いが写されているのです。」

二　愛の庭

こうしたことを念頭におき再びムガール帝国に戻ろう。シャー・ジャハーンによるタージ・マハールの建設は一六三二〜一六五四年とされる。だがその庭の方はその前から存在していた。あの美しい霊廟は、若く愛しい王妃が王と共に散策した庭に建てられたのである。更に王は同時期、カシミール地方のシュリナガール、ついで帝国の首都ラホールに二つの「愛の間の園 Shalimar Bagh」を造っ

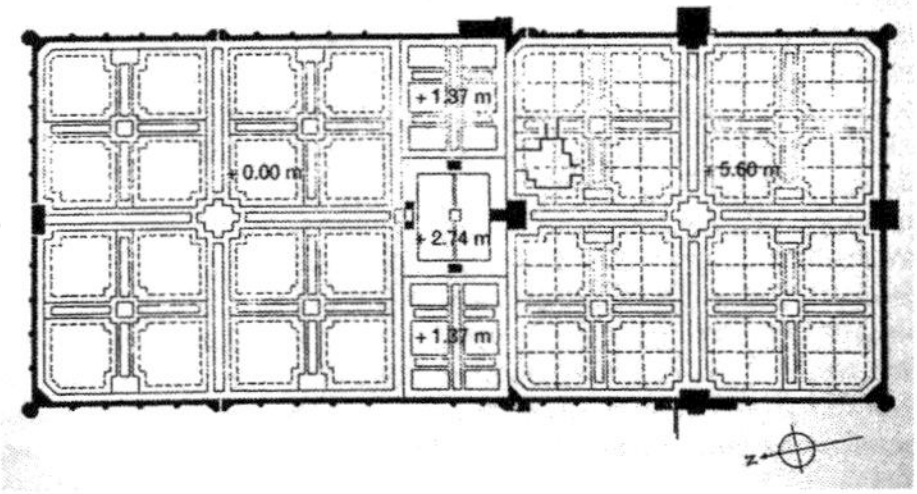

図 10–4　シャリマール・ガーデンの平面図。

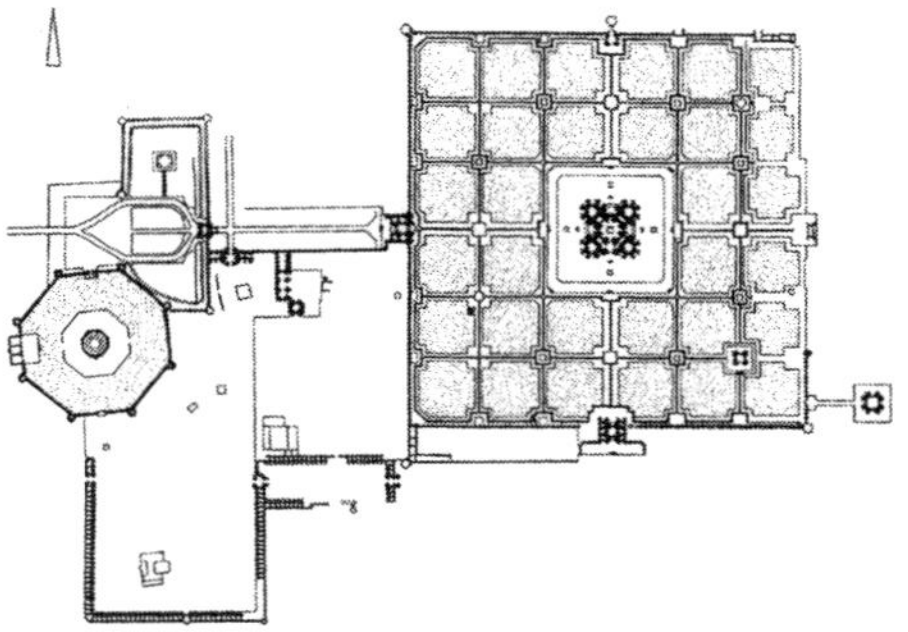

図 10–5　フマユーンの廟平面図。正方形のチャハル・バーグ。

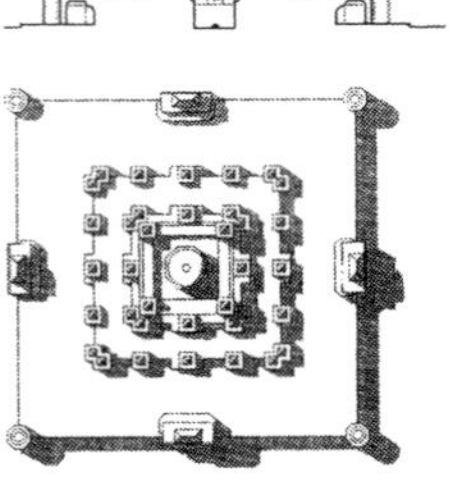

図 10–6　アクバール大帝の廟はボロブドゥールを思わせる。

ている（図10―4）。そこに体現させたのは紛れも無くイスラーム的なエデンの園の思想であった。栄光のエルサレムではない。清らかな小川のせせらぎ、緑、たわわに実る果実、美しい乙女たち。それが方形の壁に囲まれ、厳しい外の自然から隔絶された天国を形作る。第二代帝王フマユーンの廟（一五六五年）（図10―5）が示すとおり、方形と四方位の取り方は古代インドの伝統と融合したペルシャ文明であるムガール建築の特徴である。大帝アクバールの廟（図10―6）に至っては遥かボロブドゥールに通じる形態が見て取れる。

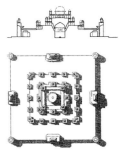

三　チャハル・バーグの思想

ここで注意すべきは古代ペルシャ、アケメネス王朝に遡るチャハル・バーグ（Čahar Bagh／ペルシャ語でČaharは四、baghは庭、ヨーロッパの文献ではChahar Baghと表記）すなわち「四分割庭園」のアイデアである。この造形が既に幾何学的直線を持っていたことは、クセノフォンによるアケメネス朝キュロス大王（Cyrus the Great　前五五六―前五三〇）のパサルガダイ城の記述で分かる。そしてペルシャ語のパイリダエーザ（Pairidaeza――囲まれた庭の意）がギリシャ語の「天国」Παραδεισος パラデイソスとなり、仏語のParadis、英語のPradiseの語源となる。

図10–7　1420年頃、羊皮紙に描かれたアダムとイヴの追放。ボッカチオ「高貴なる方々」の挿絵（部分）。

エデンの園には壁があった。「壁」という語自体は聖書には登場しないので、大自然に神を見る民族にとってはなかなか気づきにくいのだが、創世記のその部分をよく読んでみるとそれは明白である。神は自らの言葉に背いたアダムとイヴをこの楽園から追放する。そして彼らが再び入れないようその門を焔の剣を持つ天使ケルビムに守らせた、とある。壁なくして門は無い。すなわちエデンの園は壁に囲まれた「結界」であった。この情景はルネサンスの画家たちの頭にもあった（図10—7）。

十三世紀、「Roman de la Rose（薔薇物語）」を書いたフランスの詩人、ギヨーム・ド・ローリスはその「悦びの園」を描写するにあたり、明らかにこの結界としてのエデンの園、それもそのイスラーム的な造形を意識している。

籬《まがき》にあらで囲うとや
高き石壁方形に
廻らしければその果樹園《そのの》に
牧人たりと
入りたるはなし

（Verger de Déduit の章より筆者訳）

更に聖書に戻ってエデンの園の描写に注意しよう。そこには大切な二本の樹が生えていた。「生命の樹」と「知恵の樹」である。実は人類の歴史とは、蛇に唆されて知恵の実を食った人間が、第一の樹たる生命の樹を忘れていく歴史であった、と言ってもよいのだが、ここではもう一つの記述の方に注意しよう。この園から四つの川が流れ出している、との描写である。このような記述はメソポタミアという場に身を置かねば出てくるものではない（図10—8）。ユーフラテスの名が出ているのだ。

古代ペルシャとヘブライの根源的な出会いは前六世紀バビロンで起こった、と私は見ている。前述のキュロス二世こそバビロンに幽閉されていたユダヤ民族を解放した大王なのだ。ユダヤ人は彼こそが待ちわびたメシアか、とさえ考えたようだ。エデンの園のイメージもそこで創られたに違いない。言うまでも無くアケメネス王朝の国教はゾロアスター教である。善悪の拮抗、光と闇の戦い、その前者のための閉ざされた空間としての楽園。そこでは四本の川がチャハル・バーグの庭園を作

図 10–8　1480 年頃、アウグスティヌスの『神の国（De Civitate Dei）』の挿絵として羊皮紙に描かれた「エデンの園」。2 本の樹、4 本の河、アダムとイヴ、蛇も画かれている。塀に囲まれていることに注意。

り出したはずだ。今、この時代の庭はどこにも残っていない。しかし窓の無い外壁、上空からの光、噴水を持つ内庭として、この楽園の思想はイスラーム諸国、就中北アフリカの国々に引き継がれて行くのである。

イスラームとは何よりも旧約の世界に帰らんとした思想運動である。七世紀、大天使ガブリエルの啓示を受けたムハンマドがイスラームを確立すると、その勢力は瞬く間に中東、そして北アフリカを席捲する。これらの地の風土は、いかにも閉ざされた中庭を生活の中心に据えるのにふさわしいものであった。また多くの民族にとってナツメ椰子は欠かせない食の基であったが、特に砂漠の民にとっては、清らかな水が流れナツメ椰子の繁るオアシスこそが天国であった。その林は一見自然林の様に見えるが、実はその一本一本には持ち主があり、年中世話をしているのである。そしてそのオアシスには壁が廻らされていることを、最近サハラ砂漠の中の町で知った。その近くにはなんと「エデンの園」の標識まであった。

四　イスラームとの対話

八世紀イスラームがジブラルタルを越えてイベリア半島に入ると、文明間の対話がアンダルシアの各所に美しい華を咲かせる。コルドバ、セビリア、グラナダと時代は変わりこそすれ、そこには素晴らしい建造物が諸民族の共存共栄の成果として残っている。

レコンキスタの側からのみイベリア半島の歴史を見ているとその実態が分からない。例えば八世紀ここに居たユダヤ人は、キリスト教徒に排斥されていたため、イスラームの渡来にむしろ救いを感じたこと、そして実はアンダルシアには少なくとも五百年にわたるイスラーム・キリスト教徒・ユダヤ教徒の協働があったこと、これらは現地を訪ねて学習するほかはない。

すべての民族が他文化を吸収し、成長し、十二世紀ルネサンスに貢献し、文化の融合たるモサラベ美術（モーレスク）も生み出した。ひとつの文化が他を圧するということではなかった。だからこそトレドの図書館を中心とした、古典ギリシャ文献のアラビア語版のラテン語への翻訳という大事業が可能となったのだ。八世紀に造られたコルドバの大メスキータ（モスク）にしても、その柱に使われたのはそこに残っていたローマの柱である（図10―9）。アーカンソスを象ったローマ風の柱頭もそのまま残された。その上にかけられたアーチは、七世紀までここに王国を築いていたウィジゴート（Wisigoth）の蹄形を取り入れたとされる。広大なメスキータ内部もそうだが、この柱とアーチの基本的な造形は「オレンジの庭」と今は呼ばれる庭の周りを取り囲む回廊となり、後にキリスト教の修道院の瞑想の回廊として受け継がれていくのだ。そのなかにチャハル・バーグが造られていた。噴水を中心とし、四方に清らかな水が流れ出すその造形は、形こそ変われ重要な建物の何処かに造りこまれている。セビリアの教会の中庭、グラナダのアルハンブラ宮殿の獅子の庭、その別邸ヘネラリーフェの水の庭、そのすべてにチャハル・バーグの痕跡とその変貌を見て取ることができる（図10―10、11）。

図 10–10　グラナダ・アルハンブラ宮殿の獅子の庭。

図 10–9　コルドバのメスキータ内部。ローマ時代の柱を使用。

図 10–11　アルハンブラ別邸ヘネラリーフェの庭。

五　修道院はイスラームの庭を継承した

チャハル・バーグと回廊に象徴されるイスラーム建築を踏襲するのが他ならぬカトリックの修道院である。十二世紀、厳しい清貧と瞑想の修道会、シトー派（Cistercien）の生み出した数々の素晴らしい修道院はイスラームの生み出した中庭と回廊を持つ。それが十一世紀の山の守護聖人、サン・ベルナールの道に出現している。ロマン芸術（俗称ではロマネスク）を語るときも、この語自体がアンダルシアの用語であったことに気がつかねばならない。すなわちイスラーム教徒であるモール人（Moro, Maure）に対するキリスト教徒がロマン人（Roman）であったのだ。ちなみにゴチック（Gothic）という語は、ヨーロッパではその起源が不明とされているが、これすらもアンダルシアの面影を逃れていない。アラブに先立つ北方民族 Wisigoth の Goth からそれは来ているのだ。

世界遺産にも登録されているシトー派のフォントネイの僧院（Abbay de Fontenay）をはじめ各地に残る素晴らしい修道院建築は、イスラームとカトリックの融合の証である。無駄な装飾をすべて省いたその簡素なたたずまい、あくまでも純粋な線、美しい調和、すべては労働と瞑想の日々のためのみにある。自給生活のため外側の庭は菜園とされたが、イスラームの庭は修道院の回廊に囲まれた内庭として、その中核を形造っている。それはカタロニアの名勝モンセラットの僧院はもとより、フランスの各地にみられる造形である。

ローマ教皇ベネディクト十六世（当時）が二〇〇八年パリを訪問したとき、その最も重要な演説会場として選ばれたのは最近修復されたシトー派の僧院サン・ベルナルダン（図10―12）であったが、その原図を見るとそこにちゃんと四分割庭園が描かれている（図10―13）。今はその土地の大半を失ったサン・ジェルマン・デ・プレの教会にしても同じである。それどころかフォンテンブローの宮殿ではチャハル・バーグの庭が今でも見られる。

図 10–12　パリ、シトー派のサン・ベルナルダン僧院内部。ナツメヤシの林を思わせるゴチック初期の建築。

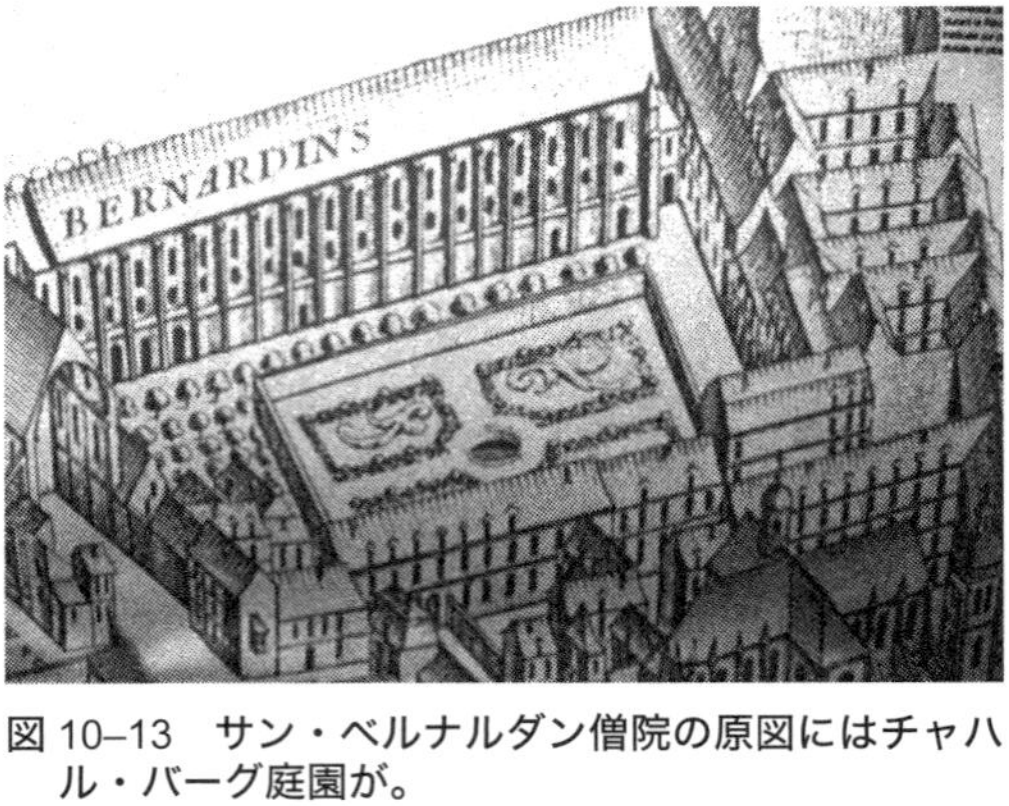

図 10–13　サン・ベルナルダン僧院の原図にはチャハル・バーグ庭園が。

なぜ修道院は、たとえ小型化されてもチャハル・バーグの形を残しているのか？　私はここにエデンの園の四本の川ではなく、十字架を見るのだ。それゆえにそれは消せなかった。カトリックだけではない。世界遺産にもなった七世紀に遡るチュニジアの古都ケルーアン（図10―14）、そのモスクは美しいが、その中庭の真ん中に奇妙なタイル張りの十字架風のものが残されている。案内のチュニジア人も、これは昔からあるがわからないという。しかし私はそれが何かを直感した。ビザンチ

図 10–14　チュニジアの聖地ケルーアンのモスクの外面。内部の柱は様々なローマの柱を活かしている。

図 10–15　チュニス・バルドー美術館に見るビザンチンの洗礼盤。

図10–16　パリ、サン・セヴラン教会の二重回廊。ナツメヤシの林を再現。

ンの十字架型の洗礼盤なのだ（図10—15）。その一例を私はチュニスのバルドー美術館で見ていた。イスラームはキリスト教を排除しない。しかもビザンチンが大帝国だったころ、その勢力はこのチュニジアまで及んでいたのだ。七世紀、ムハンマドの西征が第一の拠点としてこのケルーアンを選び、そこにモスクとマドラサ（神学校）を置いたのは、ここがすでにビザンチンの文化センターだったからに違いない。私が見たのは、その名残が今もそのままモスクの中庭に保存されている姿だった。排除せず習合する。その精神が初期イスラームにはあった。それが、既存のすべての様式の柱を生かしながら建てられたこのモスクが何故美しいかの答えなのだ。

エデンの園はナツメ椰子のオアシスと述べたが、これまたカトリックの教会建築に入り込む。ノートルダム寺院でもいいが、パリを訪れる人は、特にカルチエ・ラタンのサン・セヴランの教会に行きその二重回廊を見上げてみると良い。それはまさしくナツメ椰子の林なのだ（図10—16）。この中世の教会が物語っているように、およそゴチック教会の天井の交差する線は、ヨーロッパには存在しない、そしてイスラームの砂漠の民にとっての天国であったナツメ椰子の木陰の形象化なのである。そのことをはっきり理解したければ、モン・サン・ミシェルの地下礼拝堂を見ることを薦めたい。およそ教会は地下の礼拝堂（クリプト）にその原型をとどめているからだ。

六　文明の転生とその認識

啓典の民の間での文明の移行は、あたかも虹の七色のように、断絶することなく、相互に呼吸しあい、しかも独自の色彩を放ちながら行われた。そのことに想いを致せば、今も見る宗教間、また宗派間の紛争の如何に愚かなことかを思い知る。同様に自国の造形芸術をあくまでも独自の発明と言い張るのも良くない。しかし残念ながらその傾向は今も根強く、特に十八世紀以来世界の覇者となった西欧諸国は、そのころ初めてリーダーの座を降りたイスラーム文明からの遺産を認めたがらない。ロマン建築の白眉、ヴェズレーの教会のアーチは白とベンガラ色の斑模様で、コルドバのメスキータのアーチを踏襲したものだが、それを言うフランス人はいない。パリの孫娘の部屋には小学校で描いた「フランス庭園」と「イギリス庭園」の画が掛かっていたが、なぜ一方が見事な幾学形を持ち、もう一方が自然を生かした回遊式なのか、先生からの説明は無かったという。ドーバー海峡で一跨ぎの国なのに。

七　ヴォー・ル・ヴィコントとフランス庭園の誕生

幾何学的フランス庭園は十七世紀、パリの東南ヴォー・ル・ヴィコント城で生まれた、といっても良い。ルイ十四世の蔵相ニコラ・フーケが一六五六年、建築家ルイ・ル・ヴォー、装飾家シャルル・ル・ブラン、そして王宮庭園師アンドレ・ル・ノートルを動員して着工した城である。この名作がヴェルサイユの原型となった。特にその庭の形式はそれ以降のフランス庭園のみか、この天才的庭園設計士を競うように招いたヨーロッパ各地の諸侯、或いはそれを真似た庭園師により各国にひろまる。フランスの歴史書にはこの形式はル・ノートルが創り出したもの、と書いてある。

初めてこの、当時は未公開だった城を訪ねた四十年前、私の受けた衝撃は大きかった。目の前には庭のシャンゼリゼーがあった。その絶妙なパースペクティヴ、左右対称の幾何学模様、確かにル・ノートルは世に知られるフランス庭園の造形美の基本を作り出していたのだ（図10―17〜19）。親子代々チュイルリーの庭を手入れし、王室の主任庭園師となったル・ノートルは、この城館の持ち主フーケの依頼を受け、その庭の制作に全霊を投入した。そしてその完成直後、運命の一六六一年八月十七日が訪れる。「その時歴史が動く」のである。

後にユネスコの世界遺産となるこの珠玉の城館、その庭に招かれたのは他ならぬルイ十四世、後に太陽王と呼ばれたその人であった。フォンテンブローでの狩りの帰りに臣下の城に立ち寄った、とは儀典上の作為に過ぎない。美麗極まるこの城で王を待っていたのは選りすぐりの歌舞音曲・噴水・花火、そして贅を尽くした宴《うたげ》。その様子をフーケとも親しかったラ・フォンテーヌはこう書き残している。

図 10–17　ヴォー・ル・ヴィコントの庭から城館を見る。

図 10–18　城館から庭を見る。

図 10–19　庭の端から見た城館。

五官はなべて酔いしれぬ
美味この上もなし
さても、まほろば、その主《あるじ》
さても陛下よ
世に類《たぐい》あらざむ
(Erik Orsenna, *Portrait d'un home heureux; André Le Nôtre*, より筆者訳)

夜半、この世紀の饗宴が終わり、フーケが特別にしつらえた王の間にこの若き王を案内しようとした時、予期していなかったことが起きた。王は憤然として直ちに帰ると告げたのだ。その時既に午前二時、その出立と共に雷鳴が轟いたという。王である自分の手にも届かない豪奢な館と饗宴が、ルイ十四世のこころを深く傷つけたのだ。その三週間後、このフーケの館に現われたのは親衛隊長ダルタニアン。フーケは逮捕され、二度とこの城に戻ることは無かった。テンプルの牢獄に繋がれた伝説の「鉄仮面」はこの人だという説もある。

権力者だった宰相マザランはその前に世を去っていた。そして実力者、蔵相フーケの突然の逮捕で廻りを震え上がらせたルイ十四世は、かくして絶対君主となった。これは政敵コルベールの罠であったとも言われるが、ここでは触れない。王、時に二十三歳。そして彼はヴォー・ル・ヴィコントを造った三人、ル・ヴォー、ル・ブラン、ル・ノートルをそのまま徴用、ヴェルサイユ宮殿の建設に取り掛かるのである。

ヴェルサイユは従ってヴォー・ル・ヴィコントのコピーとならざるを得なかった。いかにその規模がモデルを上廻ったにしてもである。特に庭に関してはついに本物を凌駕できなかったと言わざるを得ない。そこに作者の魂が感じられないからだ。ただここには象徴的な違いがある。ヴォーの場合、真正面に伸びる直線は大きなヘラクレスの銅像で断ち切られている。ヴェルサイユの正面の大運河の先には両側に二本の木立があるだけで、その先は閉じられていない。これこそが太陽王ルイ十四世の絶対的君主の証である。Infini（無限）こそが、この王の言葉であった。"L'Etat, c'est Moi"（朕は国家なり）と述べた王はまさに現神となったのである。

この双方の庭にチャハル・バーグのあとは歴然としている。十字型の水路。囲まれた園。しかしその規模はアンダルシアに見るチャハル・バーグを遥かに凌駕する。ル・ノートルを虜にした近代科学、特にデカルトの屈折光学を取り入れた、あくまでも数学的なパースペクティヴ、歪像法、イリュージョン、ところどころ巧みに配置された「対称性の破れ」、謎解きを迫る庭、それらが時の最新の学問を援用したル・ノートルの創造であることは誰も否定できない。しかし彼は双方の庭に十字の刻印を刻むに当たって、チャハル・バーグの情報を何処からか得たはずだ。それはどのようなルートであったのか、その謎を解かねばならない。

八　メディチ家の庭

確かにチャハル・バーグはルネサンスのイタリアに現われる。十六世紀のメディチ家のヴィラ（一五四四年）或いはヴィラ・デステ（一五五〇年）の庭にそれは見られる（図10―20）。その幾何学模様には、十二世紀ルネサンスを経てイベリア半島から渡来するモサラベ形式の庭の影響が歴然としている。そしてフランス王アンリ二世に嫁いだカトリーヌはメディチ家の息女であった。だからカトリーヌが、暗いルーヴル宮殿を出て隣のチュイルリーの庭にイタリア式庭園を作らせたのも理解できる（図10―21、22）。そして若き日のル・ノートルはその庭師であった父とこの庭園の世話をしているし、後にはそれを作り変えてもいる。

しかしそのチュイルリー宮殿からシャンゼリゼーを通してエトワールに至り、デファンス地区、更にその先に一直線に伸びる壮大な「Axe Royal 王の軸」の発想は何処から生まれたのか？　イタリア・ルネサンスの庭にはそれだけのスケールを持ったものは無い。遥かに伸びる直線によるパースペクティヴ（見通し）がない。そして水と緑で描く巨大な十字形が無い。ル・ノートルによるフランス庭園の誕生には、もっと別の強烈なインパクトがあったはずだ。ひょっとすると、それは西南ではなく東南からの道、ムガール帝国の庭園の情報ではなかったか、と私は考えるに至った。中でもル・ノートルの造った庭を彩る数々の噴水、それは灌漑を特技とし、遥かかなたから地下水道によって、あるいは聳え立つ水道橋によって水を引き、その落差を巧みに使ったペルシャ人のカレーズという精緻な技術なくしてはありえないものである。確かにローマ人はこの技術を導入、水道を完備し浴場を造っているが、それは遠い昔のことである。しかるにその技術をそのまま踏襲したムガール帝国はそのころ繁栄の絶頂にあった。そしてその庭はスケールにおいて遥かにアンダルシアを凌駕する。

図 10–20　1550 年、イタリア・ルネサンスの庭、ヴィラ・デステを描いた絵。

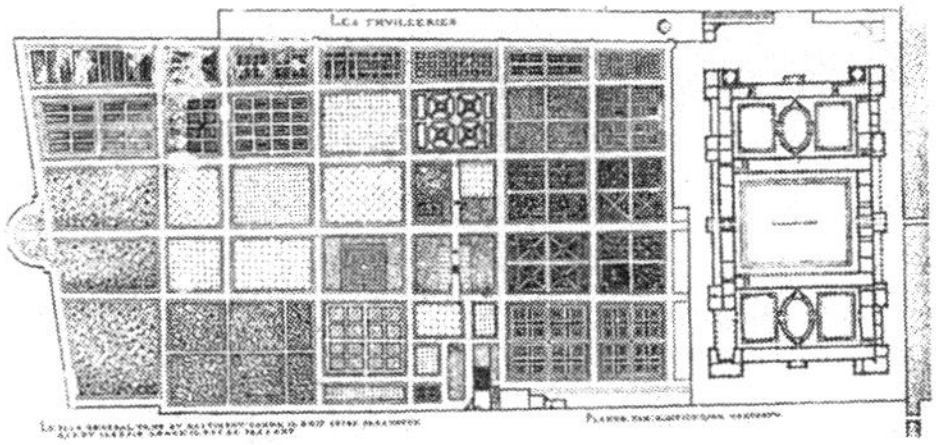

図 10–21　カトリーヌ・ド・メディシスが造らせたチュイルリー宮殿の庭。

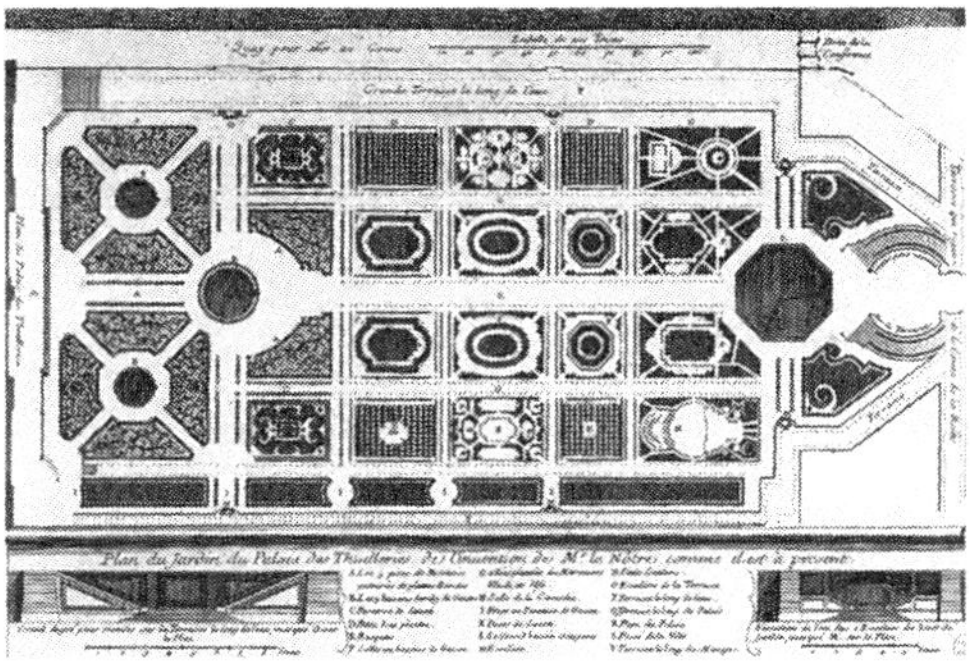

図 10–22　ル・ノートルによって造り直されたチュイルリーの庭。

九　タヴェルニエという旅人

アンダルシアとルネサンス・イタリアがル・ノートルの発想を充分に説明しないとすれば、残るところはムガール庭園である。しかしそれを言うには歴史的にその情報を伝えた、或いは伝え得た人を特定しなくてはならない。私はまず十六歳のアンドレ・ル・ノートルが庭を学んだ師、シモン・ヴーエを考えた。この人はヨーロッパのみかトルコまで旅をしている。アンドレはその話を聞いたに違いない。ヴォー・ル・ヴィコントの前景のアラベスク模様が「トルコ式絨毯」と呼ばれるのは或いはここに由来するのかもしれない。しかしオスマン帝国は壮麗なモスクは建立したが、大きな庭は造っていない。

そうではなく、ペルシャとインドの融合であるムガール帝国の情報を直接伝え得たものを探さねばならない。私はここでイエズス会のことを考えた。十六世紀からインドの西海岸ゴアを拠点としていたポルトガル人が、十七世紀にはそのゴアの南までを領土とした大ムガール帝国の栄華をヨーロッパに伝えたとしてもおかしくない（図10―23）。しかしイエズス会の関心はアジアへの伝道にこそあれ、建築の方ではなかった。風俗の記述にはお目にかかってもそれ以上にはなかなかお目にかかれない。

ところが二〇〇七年、私はユネスコのある会議の折、この東方からの情報の荷い手というミッシングリンクにふさわしい人物に行き当たることになる。十七世紀インド洋を行き来したタヴェルニエという商人の存在である。それはインドのユネスコクラブ連合会が出版したA Guide to UNESCO World Heritage Sites in India という本によるもので、そのタージ・マハールの項にこう書かれていたのだ。

「シャー・ジャハーンはヤムナ川の対岸に自らのために黒いもうひとつの廟を建てようとした。このことはインドをたびたび訪れ、建設中のタージ・マハールを見たというフランスの旅行者Jean-Baptiste Tavernier の証言による。」

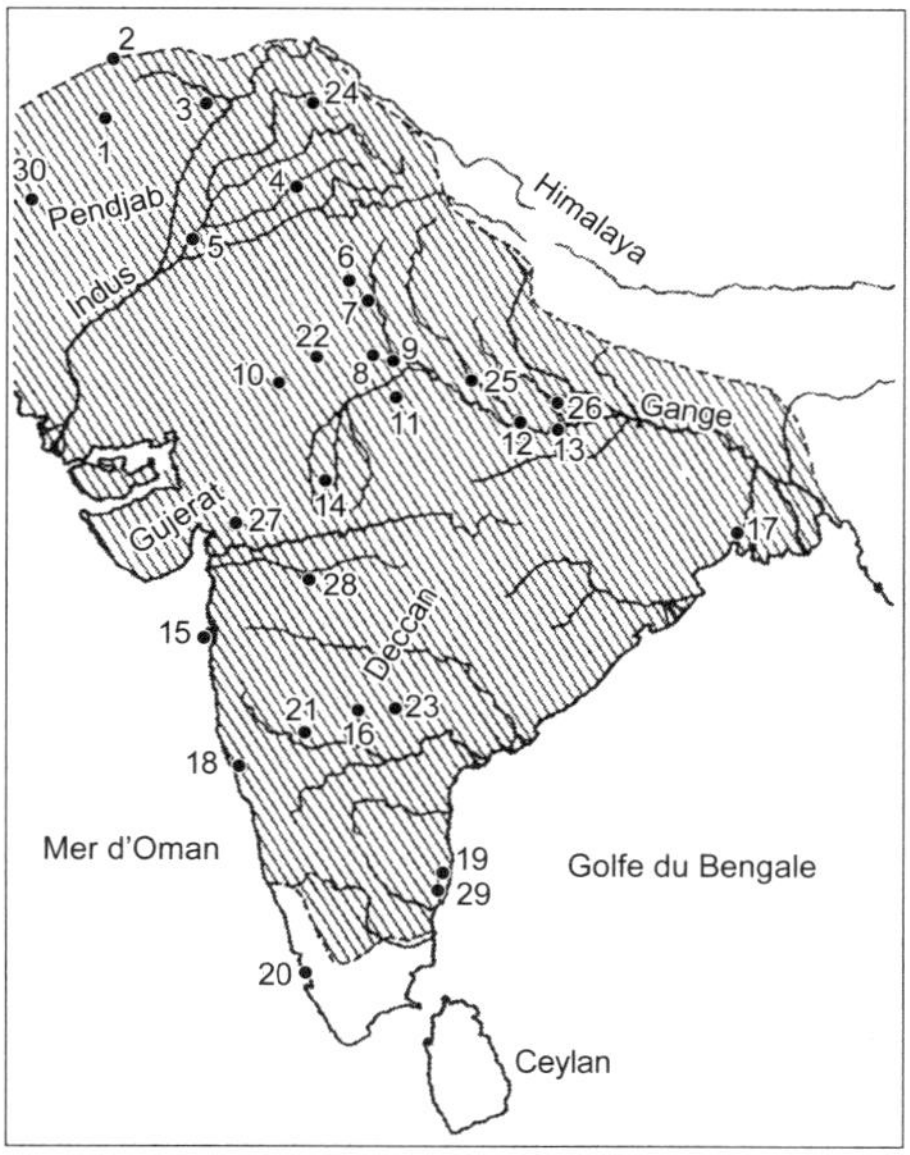

図 10–23　17 世紀のムガール帝国支配範囲。
4 ＝ラホール、7 ＝デリー、9 ＝アグラ、
18 ＝ゴア、24 ＝シュリナガール

私はパリに帰り、早速本屋でこの旅行者のことを調べた。するとなんと奇しくもその前年、Jean-Baptiste Tavernier, *Les voyages en Orient du Baron d'Aubonne 1605-1689* (Ed. Favre) という本が出ていることが分かった（図10―24）。これは一六七六年タヴェルニエ自身が出版した *Les six voyages en Turquie, en Perse et aux Indes*『トルコ、ペルシャ、インドへの六回の旅』という旅行記の主要部分

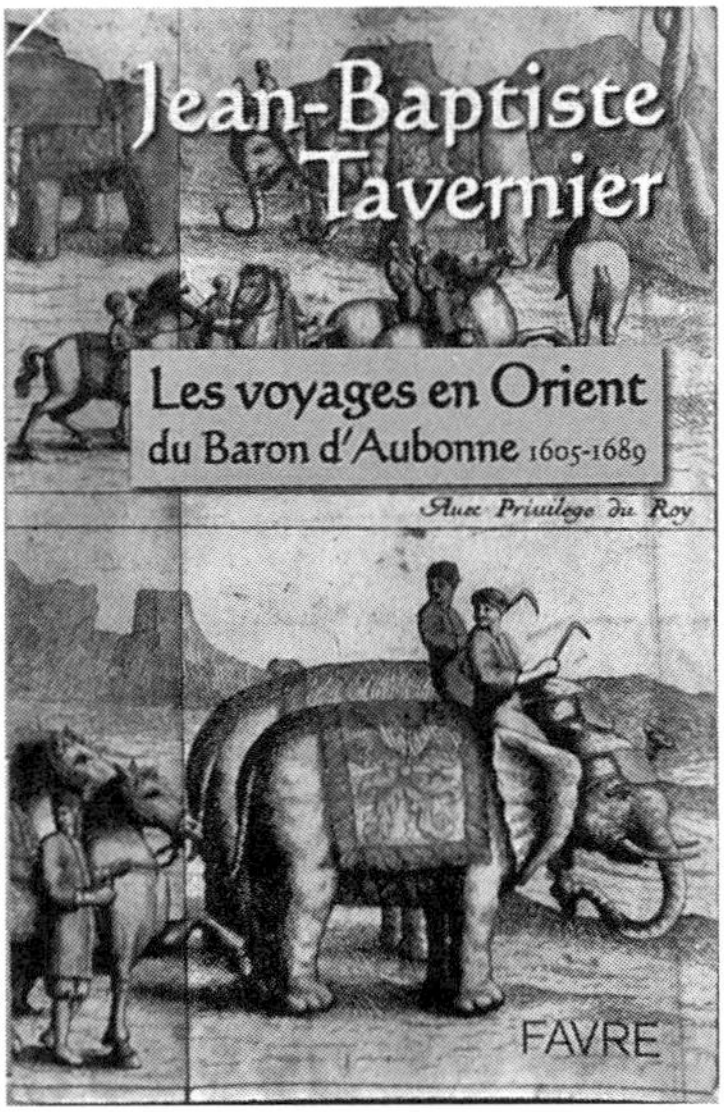

図 10–24　タージ・マハールの建造を明かしたタヴェルニエの旅行記。

を現代語にしたものである。すぐにその本を取り寄せ読んでみると、重要なことが分かってきた。

（1）ジャン＝バチスト・タヴェルニエは一六〇五年、パリ在住のベルギー人の家に生まれた。その叔父はルイ十三世のお抱えの地図師であった。

（2）十五歳からヨーロッパを廻り、二十五歳のときオリエントを発見する。更に東に旅を伸ばすため彼は商人になる。それも宝石商人にである。これが彼をインドに導く。

（3）六回の大旅行には、そのころ海を独占しつつあったオランダ船（V・O・C）を使っている。一度はジャワまで行ったという。

（4）その彼が将来ルイ十四世となる皇太子の誕生を知ったのは一六三八年、マルセイユから第二回目のインドへの旅に出航せんとしたそのときであった。

（5）後にタヴェルニエはこの王に有名な「青のダイヤモンド」を持ち帰っている。今スミソニアン博物館に“Hope”という名で展示されているのがそれである。

（6）その貢献により、彼はルイ十四世から男爵の爵位を授かっている。
（7）インドすなわちムガール帝国で彼は多くの友人を作るが、そのほとんどが王侯貴族で、その中に、かのシャー・ジャハーンの愛妃ムーンターズの兄もいた。
（8）彼はタージ・マハールの着工から完成までを見ている。
その部分の証言はこうだ、

「アグラのすべての霊廟の中でシャー・ジャハーンの妃のが一番立派で、そのドームは真に素晴らしい。それはタジマカンというバザールの近くにあり、川のほとりに建てられた。そのために二十二年の歳月を要し、日々二万人が動員された。私はその建設の始めとその完成を見た。シャー・ジャハーンは川の対岸に自分の廟を建てようとしていた。しかし王子たちと紛争になり、それは中断された。」

これらの記述は私にとって決定的であった。この人はインドすなわち当時のムガール帝国の情報を直接フランス王宮に伝え得た立場にあったのだ。しかも青のダイヤモンドの件が示すよう、ルイ十四世に直接拝謁できる立場にあったに違いない。そしてその時ル・ノートルは、その王室付きの庭園設計士であった。だからこの二人は直接会うことさえありえたのだ。

一〇　情報こそ文化を変えるインパクト

パースペクティヴ、そして左右対称の幾何学模様を特徴とするフランス庭園は、古来からこの地にあったのではない。それは十七世紀に突然生まれる。ル・ノートルという天才的庭園設計士によるところが大きいことは認めよう。しかしこのような意識の変革は何らかの異文化との出会いの衝撃なくしては起こるものではない。ところがフランスの史家たちは、イタリア・ルネサンスは書いても、アンダルシアを書かない。いわんやトルコやムガールといった東方の大文明は、意図的にと言っていいほど書かない。あたかもイスラームに何かを負うことを恥じるかのように。

しかし当時に身を置けば、東方は先進国であったのだ。そこからの情報は求められてしかるべきである。そして情報こそが文化を変えるインパクトなのだ。

情報はその時代ごとに富あるところに集まり、またそこから発信される。十七世紀にはイスタンブールのオスマン帝国、ラホール・アグラのムガール王朝が世界の富を集めていた。そしてヨーロッパでは、スペインから独立したオランダがその東インド会社V・O・Cの船を駆使してアジア諸国と交易を結び、その齎す富により当時の最先進国となって行くのだ。交易の道が情報の道であった。シルクロードの歴史がそれを教えている。

我々は今、十七世紀ブルボン王朝にムガール王朝の情報が齎され得た事情を、具体的な旅人の特定により検証した。問題となる庭園の建設時期をもう一度振り返ろう。

タージ・マハール：一六三二年建設開始〜一六五四年完成
ラホールのシャリマール・バーグ：一六三四年完成
ヴォー・ル・ヴィコント城：一六五六年建設開始〜一六六一年完成
ヴェルサイユ宮殿：一六八五年建設開始

二〇年、それが、ムガール庭園の名作とル・ノートルによる革新的フランス庭園を分かつ時間だ。まさに情報が齎され何かを変えるのにふさわしい時間である。

イギリスではどうか？　この国の庭園の変化を論ずるのは本論のテーマではないので、詳しくは中山理の『イギリス庭園の文化史』等を参照されたい。しかし大きな流れとしては、十七世紀、他のヨーロッパ諸国と共に、この国もまたル・ノートルの確立した幾何学的庭園を真似た時期をもつ。しかしやがてイギリスでは、古典ギリシャへの郷愁を除けば、自然の姿へ、しかも野生的な自然へと人々の嗜好は移っていく。フランスの十八世紀、マリー・アントワネットのために作られたヴェルサイユの別宮、プチ・トリアノンの非対称・回遊式の庭がJardin anglais（イギリス庭園）と呼ばれるのは故なきことではない。更にこの時期既に存在していた東アジアとの海の交易を考えれば、中国の道教的な庭の影響が十六世紀にはすでにフィレンツェに到達し、洞窟Grottoからグロテスクと呼ばれる新しい様式の美術を生み出したように、日本の庭の情報がイギリスにいち早く到達したことも充分考えられる。日本からの情報の伝達は、各国の東インド会社による海の道の交易によって早められた。「ビョンボ」というポルトガル語となった屏風、「イマリ」の名で知られ、デルフトやマイセン窯の基となった陶磁器、マリー・アントワネットが秘蔵していた蒔絵小箱は、中でも有名である。イギリスのアフタヌーン・ハイ・ティーは茶道の変貌と考えていい。

一一　結論

メソポタミアのエデンの園は、チャハル・バーグというその基本形、壁に囲まれた天国というその理念を保ちながら、イスラームと共に北アフリカ、ついでヨーロッパに入り、イタリア・ルネサンスそして修道院に影響を及ぼした。その頃ムガール帝国のインドでは古代ペルシャ以来の灌漑の技術、土地の傾斜をたくみに利用するその技法を駆使した壮麗な水の庭が現われた。そこに見られる幾何学模様こそ、偶像を廃したイスラーム文明が完成させた芸術なのだ。しかもそこにインド・中国の四方位の観念をも取り入れている。この広大な庭の情報が十七世紀の商人タヴェルニエによってもたらされ、ブルボン王室の天才的庭師ル・ノートルに伝わり、フランス庭園に衝撃的改革をもたらした。時あたかも科学の目覚めの時、デカルトによる自然の統治の考えが近代の誕生を告げたその時代のことである。

もしこの情報の伝達が事実なら、ヴォー・ル・ヴィコントの庭を歩くときの数々の謎が解けてくる。なぜ巨大な運河が庭園を横切っているのか？　何故この城は中央にドームの屋根を持つのか？　何故庭の端から見るとそのドームの城が水に逆さに映るよう設計されているのか？　シャリマール・ガーデンが中央の幅広い運河で二つに分けられることはすでに述べた。美しいドームと水に映る逆さドームはタージ・マハールの特徴である。

ヴォー・ル・ヴィコントでは、ル・ノートルは現地の地形を生かし、既存の川をも生かして、そのチャハル・バーグを描いた。ヴェルサイユでは、ブルボン王家の狩場であった沼沢地に人工の運河を掘って宮殿のための盛り土がなされ、そこに幾何学模様が描かれた。これこそが自然征服の時代の象徴である。ここには宗教に代わった芸術崇拝が見られる。奇しくも十七世紀の日本にもそれがあった。日本美術はこの世紀とりわけ光を放っている。

ヨーロッパでもそのころ起こったのは科学だけではなかった。科学の裏でロマン主義やバロック美術が起こる。啓蒙時代、理性の高揚と相競うが如く、人々はあくなき芸術を追求した。ヴェルサイユの宮殿とその庭は、宗教が形だけとなり、自ら現神となった王の神殿である。そのチャペルでは王と王妃は祭壇にぬかずくのではなく、祭壇を見下ろす二階に座す。更に華麗なる鏡の間から見下ろす大いなる外の空間、その大運河の先に王の「無限」が印された。この十字形の大運河、それは遥かなるチャハル・バーグでありながら、すでに地に横たわった十字架であった。

第11章　秘められた地下の水脈

世界最古の木造寺院、法隆寺の回廊の柱は、アクロポリスの丘に立つパルテノン神殿のあの有名なドーリア式の柱のふくらみ、エンタシスを持つという。それは偶然なのか、あるいははるばるギリシャから七世紀に伝わったのか、後者の場合、情報はどのような道を通って大和に至ったのか、それには未だ答えがない。

東大寺二月堂の「お水取り」、それは鞍馬の火祭りと共に、いかにもゾロアスターの火の祭典を思わせる。何故お水取りというのか？ 東大寺の広報によると、魚を採っていて二月堂への参集に遅れた若狭の国の遠敷明神が、二月堂のほとりに清水を涌き出ださせ観音さまに奉ったのが「お水取り」の由来であるという。ところが、この若狭の小浜市近くには実際に川から地下に水を送り出す場所があるのだ。その水は地下の川となり、東大寺の閼伽井《あかのい》に湧き出す、と若狭の人は信じている。ちなみにこの「閼伽」の語は『源氏物語』にも出てくるが、アカとはマレー・ポリネシア語の「水」なのだ。出雲神話の因幡の白兎が鰐の背を飛ぶ話もインドシナ起源の民話だが、あるいはアカという語も、いまは忘れられた民族の伝来を示唆しているのかもしれない。事実関係はともかく、地下の水脈が若狭と奈良を――さらにそこには遠くからの道の影を秘めて――結んでいるという発想が面白い。そこには必ず秘められた文化の伝播の道があったはずだ。

以下この章で、このような謎の事例に光を当ててみたいと思ったのは、バーレーンでの体験があるからだ。

一　「二つの水」――バーレーンの泉

ペルシャ湾に浮かぶ小さな島、バーレーンは、その昔、アレクサンダー大王の時代、Delmon (Dilmun)と呼ばれていた。デルモンとは「二つの水」の意である。アラビア半島に近く、雨も滅多に降らないこの島は、やはり大半が砂漠、しかも南半分は見渡す限りの墓地である。墓地といっても累々たる土饅頭の広がりなのだが、この地は何か聖なるものを感じさせるのか、昔からアラビア半島での死者は、船で運ばれ、この島に埋葬される習慣があったらしい。また、世界最古に属する土偶もこの地から出土している。

山らしい山も無いこの乾いた島に、一カ所、緑が茂り新鮮な淡水が噴き出すオアシスがある。案内されたその直径一〇メートルほどの石造りの池には、なんと大きな魚が数匹ゆうゆうと泳いでいるではないか。はじめは鯉かと思ったが、そうではなくその形はこの島で賞味されているハムールという魚に近い。だがハムールは海の魚だ。砂漠の中のオアシスに湧くこの泉に何故海の魚が？　案内してくれたバーレーンの役人は、真面目な顔をしてこう言った。「この聖なる魚は、この泉が発見されたとき、すでにいた。この魚を獲ろうとするものは誰もいない！」

するとアレクサンダーの昔からこの泉にこの魚がいたというのか？　私はあっけにとられた。しかし、いかに聖なる魚といっても寿命というものがあるはずだ。彼らはどうしてこの閉ざされた空間の中で世代交代をして来たのだろう？　見ると水面近くに二センチほどの無数の稚魚が泳いでいる。これが答えなのか？　しかし不思議なことに、それらの稚魚と成魚の中間の魚形がない。その時私の頭によぎったのは、百年に一度花が咲くという嵯峨野の竹林だった。花が咲くと竹は一斉に枯れる。しかしその翌年新しい竹の子が生まれ竹やぶは蘇る。あるいは、この魚たちも。ある時、嵯峨野の竹のように、一旦すべてが死に、翌年生き残った数匹の選ばれた稚魚だけが育ち始め、元通りに蘇る、という世代交代を繰り返して来たのだろうか。私はしばし思いにふけった。それにしても一体この魚はどこから来たのだろう。

そんな妄想が頭を去来しているうちに、私はこの国で海水の淡水化事業に携わっていた日本人技師から面白い話を聞くことになった。実はアラビア半島の地下には巨大な淡水のタンクがあり、その一部が海底にできた自然のトンネルによってバーレーンにまで届いている、というのだ。その途中で海中に淡水が噴き出しているところがある。そこに吸い取り機を当てればこの国の水事情は半分解決される、と彼は言う。しかし私の関心事は別のところにあった。

首都、というよりこの国唯一の都市マナマの資料館を訪れたとき、私はこの島がインダス文明とメソポタミアの交流の中継点であった証拠の数々を見た。しかし特に私が驚いたのは、昔のこの島での水の採取方法だった。ダイバー達が舟から革袋をもって海中に潜り、淡水をそこに詰め、それをロープで引き上げる、という作業を繰り返していたのだ。なるほど、海中での淡水の採取、「二つの水」の意味はここで解けた。

その淡水の噴出口、そのあたりはいわゆる「汽水域」となる。つまりいのちのうごめく食物連鎖の宝庫となる。だからここではハムールのような魚も獲れ、真珠貝も育った。十九世紀まで、ヨーロッパでは真珠といえばバーレーン産だったのだ。この汽水域で育ち淡水に慣れたハムールの稚魚が、破れた地下の水脈に入りこんで流され、あの泉に吐き出されたのではなかったか？　それが聖なる魚のあの泉での存在を証明する、とまでは言わないが、少なくとも一つの可能性を示すもの、と私は納得した。今思えば、バーレーン政府が日本人技師の提案を取り上げなかったのは、この汽水域の大切さを知っていたからだろう。

文明の領域でも今まで不可解とされる事象が多々ある。その伝播の道は見えるところに、特に陸の道に求められてきた。しかし本当の道は、誰も気が付かないところにあるのかもしれない。文明転移の地下の水脈である。

二　陸を通る海の道――幻のマレー半島横断ルート

タイの南部のマレー半島を東西に横断する道があったらしい、と私は『陶磁の道』の著者、故三上次男氏から聞いていた。マレー半島が一番細くなっているところ、アンダマン海に面するタクアパとシャム湾のチャイヤを結ぶ古いルートの存在だ。

このことが頭にあったので、私はシルクロード調査「海の道」の草案にこの二点を調査船寄港地として書き入れていた。しかし準備委員会でのタイ側からの報告では、タクアパの方はその南約七〇キロのプーケット港を使えばいいが、チャイヤの近くには一万一〇〇〇トンの「フルク・アル・サラマ」が停泊できる港がない、というので断念せざるを得なかった。

ところが一九九〇年十一月、オマーンのマスカットでの国際セミナーの折り、タイの考古学者ケムチャットにこのことを話したところ、彼は俄然身を乗り出し、「自分もそのあたりを調査している。そのあたりの山中には色々なものが出るのだ！」と図版入りの論文原稿まで見せて話し込み、帰ったらタイの準備委員会と相談してみる、という。

クリスマスの日、私はインドのマドラスから船に乗った。船がベンガル湾を無事に過ぎ、アンダマン海に差し掛かった時、私に思いがけない知らせがFAXされてきた。タイ側が作り直したプログラムには、なんと「タクアパ・チャイヤ・ルート」が組み込まれていたのだ。しかもスラタニでの一泊を含め二日がかりである。こうしてプーケットという観光地は、一躍「幻のマレー半島横断ルート」の実地検証の基地となったのだった。この時、日本の学界代表として乗船していたのは東大の辛島昇教授だったが、ともにこの未知のルートを探索できる喜びを分かち合った。

一九九〇年十二月二十九日、我々のためにプーケット・タラン地区の国立博物館で「海のシルクロード特別展」が開催され、アンダマン海側からの発掘品が所狭しと並べられた。ヒンドゥーの神々、仏像、シナ大陸からの陶器、錫のインゴット、インド渡来のビーズ玉、泉州の鐘、そして巨大なド

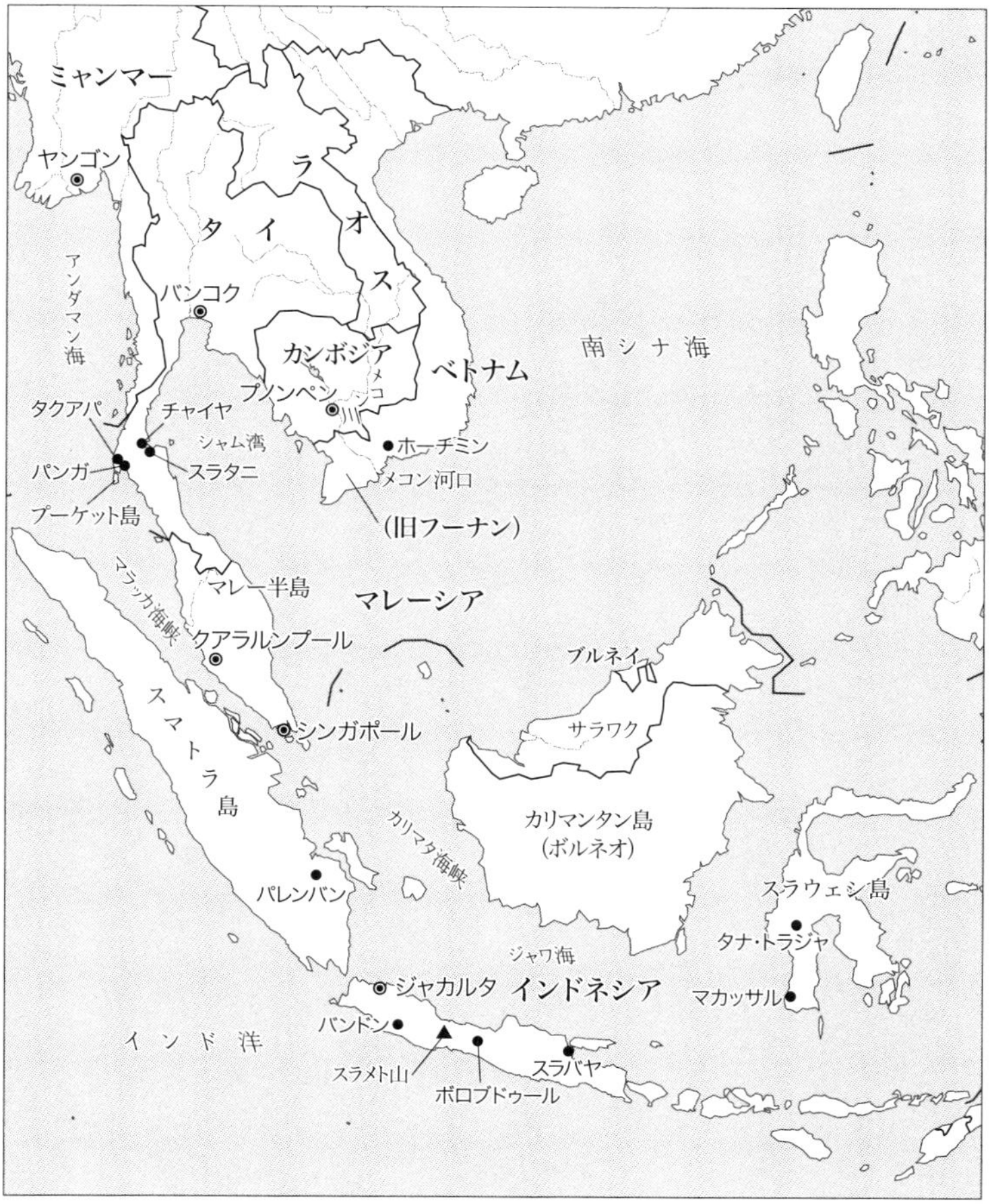

地図　マレー半島、ジャワ、スラウェシ

ンソンのドラム、私は下痢に悩まされつつもこれらの驚くべき品々を眺めた。中でも大きなヴィシュヌーの石像が目を引いた。タクアパの近くの山中から出たもので、その地には今なおブーデヴィやガネーシャの像が、時を経て大きくなった樹の祠に埋もれているという。

三十日、いよいよチャイヤに向かって出発、東に向かった。このルートの途中の風景がまず注目に値する。中国の桂林を思わせる峨々《がが》たる山並み、その中には無数の洞窟がある。燕の巣を探しに行った人が発見したのは、パンガやクラビ近辺の洞窟内に残された古代からの彩色壁画だ。驚いたことに、ある洞窟には十八世紀頃のオランダ船の絵まであり、ごく最近まで穴居生活していた人がいた、と思われる。

チャイヤ町のあるスラタニ地方には明らかにスリヴィジャヤ文化が入っている。ワット・ロン、ワット・ケオ等の大乗寺院の構想は、スマトラ・ジャワとの繫がりを物語っている。チャイヤの博物館の収蔵物は、もうこのルートの存在に疑問を許さないものだった。

同時代のものが半島の西側と東側に出ているのだ。マレー半島のクラ地峡というこの細い部分で、アラビア・インドが中国と結ばれていたのだ、と私は実感した。

しかし我々の最大の感激は、チャイヤのランポー海岸だった。いまは何もないその浜辺に降り立ち、ほんの数歩歩いただけで、私の目に陶片が飛び込んできたのだ。「唐の長沙《チャンサ》だ！」と、辛島さんが叫ぶ。褐色の長沙銅官窯と呼ばれる陶器だ。ほらここにも、と三つほど拾って振り返ると、辛島さんがざぶざぶと遠浅の海に入り、足で砂をかき分けているのが見えた。私は仮設小屋に戻った。

するとどうか、三〇分もしないうちに調査団員がわれもわれもと陶片を持ち帰り、目の前に陶片の小山が出来たのだ。それが皆唐代のもので、それ以外はない。これらの陶片は同行しているタイの考古学局の人が持ち帰ったが、私は一つだけ最初に拾ったかけらを記念品として持ち帰ることが許された。

そのあとのセミナーで多くの発表があったが、特に重要と思われたのは、まさしくこの陶片による貿易路の追跡であった。長沙の陶片は東西を、遠くエジプトのフスタットまで結ぶ証拠だが、唐の後期九世紀に限られる、というのだ。これは何を意味しているのか？　一〇〇年の間に、海の道に大きな変化があったとしか言えない。タイのアマラ、スリシチャット、ピティパット等の専門家、スリランカのプレマチラケ教授、米国のビーズ研究家フランシス、それに辛島昇氏を交えての討論は夜遅くまで続いたが、そこから浮かび上がってきた歴史の姿は次のようなものであった。

チャイヤ・スラタニ側には、七世紀頃から唐船が、おそらくはメコン河口のフーナンのオケオ港から渡来し、中華人街が出来ていた。西側のタクアパには、コ・コ・カオという出島に、おそらくはアラビアのダウ船に乗って渡来した南インド人が住み着き、その両者間の交易の道として、半島のやや西寄りに走る山脈に向かってタクアパ・スラタニの両方から入っている「川」が利用された。河口で一旦川船に荷を積み替え、川を遡上する。こうすれば峠を越す道のりはせいぜい五〇キロほどとなり、そこでは象の背に荷を乗せればよい。この場合象に自分達の船を引っ張らせて峠を越えた、という説には現実味がない。救命ボートくらいの舟でないと峠は引っ張れないのだ。しかもこの説は大切なことを忘れている。シルクロード交易はそれぞれの海を知っている多国の船人の船に荷を積み替えて先を任せるのが原則だったのだ。「分ちあい」である。

イスラームもまたこの道を通っていることを知った。スラタニ側にあるプリムヤン村では昔からの絹産業が残っているのを見たが、住民はすべてイスラーム教徒であった。するとここからフーナン経由でメコン河をさかのぼり、雲南にもイスラームが入ったことが考えられる。あるいは広東から雲南という道もあったかもしれない。十五世紀、コロンブスに先立ち、大艦隊をもって七度のインド洋大航海を成し遂げた明の提督、鄭和は、雲南出身のイスラーム教徒であった。

タクアパは、今は小さな漁村だが、その入江はいかにも外来の船が入りたくなる形をしている。コ・コ・カオという小島が昔の植民地だ。出島に街を作ること自体が異民族の発想だ、とは辛島氏の指摘である。

私たちは小舟を借りて島を見に行くことにしたのだが、それを知るや一五人もの隊員たちがその舟に乗り込んできて、喫水線を超えたので、危なくて上陸できなかった。しかしあとで別の舟を借り、コ・コ・カオ島に出かけたスイスの写真家トビー女史は、私のために陶片を持ち帰ってきてくれた。まさしく東岸のランポー海岸の陶片と同じ唐の長沙窯のかけらであった。しかもこの話には続きがある。この島でそれからしばらくしてタミール語が書かれた陶片が見つかったのだ。それにより、ここに住み着いたインド人とはタミール語族であることが分かった。それどころか、マレー人・中国人・インド人の共存する国、マレーシアのインド人とはまさしくタミール族なのである。

この道の発見はのちに大野晋さんに話している。

ここで残った疑問は、何故シンガポールを迂回せず、この陸の道が使われたのか、またそれが何故ほぼ九世紀に限られるのか、ということだった。この疑問に対する答えで一番説得力があったのは、マラッカ海峡に巣食う海賊を避けるため、というものであった（実はこの海賊は今でも出る。我々の航海の半年前にもここで商船が襲撃されていた。だからマラッカ海峡に入る時、我々の船の舷側にはいつでも機銃を装備できる態勢が取られた）。

それにしても何故宋代以降、このルートは廃止されたのか？　宗の陶器はアラビア・インド・スリランカ等で出土しているのだ。これに対しタイのスリシチャットはバンコックでのセミナーで、マレー半島の南部にはまだ調査してないが、少なくとも五つの横断ルートが存在した、と発表した。特にマレーシア北部のケダ地区は注目に値するという。私自身もクラビ郊外で「象の道」の入口を目撃している。クラ地峡だけを考えなくてもいいのだ。短距離でも峻険な山越えと比べ、平坦な場所を見つければ距離は二の次になる。

私は更に、この陸の道にはスリヴィジャヤ王国が関係している、とみている。この神秘的な王国の首都は常に変わった。スマトラのパレンバンだけではない。時にジャンビ、時にケダ、あるいはチャイヤに在ったらしい。もしマラッカ海峡がスリヴィジャヤの内海となり、海賊の脅威が減ったら、この航路は半島の山越えよりははるかに有利なのだ。また宋代には船が飛躍的に大型になり、マラッカ海峡を避けてスンダ海峡からインド洋に出る海路も使われたらしい。将来の東南アジア史の解明は、唐代に「室利仏逝」と表記され、アラブの文献では「バザック」と記されたスリヴィジャヤ王国と海洋民族ブギス族の研究にかかっていると私は考えている。

三　シギリヤの天女は法隆寺に舞い降りたのか？

スリランカの三つの古代都市、アヌラダプーラ・ポロンナルーワ・カンディを結ぶ「文化の三角地帯」は、早々と人類の文化遺産とされ、ユネスコによる復旧・保存の対象となったところである。シンハラ王朝の最後の都となったカンディには名高い仏歯寺《ぶっしじ》がある。そこから北上するとセイロンの古代王朝の姿が姿を現す。三角地帯のほぼ真ん中に位置するダンブラは、岩山の中腹に穿たれた自然の石窟を寺院としたもので、天井に至るまで精緻極まる極彩色の仏画、異様な黄色が印象的な数百体の仏像、巨大な涅槃像が二千年近くの歳月を経て今も敬虔な信仰の的となっている。更に北には古都アヌラダプーラ、第3章「南海の大乗仏教の道」で触れた問題のアバヤギリ僧院の跡がある。更にボディ・ツリー・テンプル、その菩提樹は、釈迦がその下で悟りを開いたとされるブッダガヤの菩提樹の若芽を、紀元前三世紀にアショカ王の王女サンガミッタがもたらしたものだ。ブッダガヤの菩提樹が枯れたとき、このアヌラダプーラの樹の若芽がブッダガヤに里帰りしたという。

ダンブラから北東に二〇キロ、人里離れた森林を進むと、突如、樹海の上にまるで潜水艦の司令塔のような奇怪な岩山が現われた。シギリヤである（**図11—1**）。四方を断崖絶壁で囲まれたこの岩山は、人を寄せ付けない威圧感を持っている。五世紀、父王を謀殺した王子カシャパがこの岩山の山頂に宮殿を建てたのだった。岸壁の下には粋を凝らした石の庭、更に広大な水の庭が造られた。日本では明日香に見る、岩の側面を走る水の誘導路がここにある。岩を巧みに使った用水路と住居、遊び心も持ち合わせていたか、と思わせる蓮型の噴水もある。そしてその西面の岸壁、石の庭からほぼ垂直に五〇メートル登ったオーバーハングした岩棚に、驚くべき壁画が描かれていた。

図 11–1　シギリヤ・ロックは圧倒的な迫力で現われた。

それは官能的と言っていいほどの線と色で描かれた豊満な美女の一群で、今もそのうちの二一体がほぼ完全に残っている。いくつかのグループに分かれたこの美女たちが天女であることは、一つの例外もなく腰のあたりに瑞雲が描かれ、足は隠れていることからわかる。侍女にかしづかれた高貴な女性たちは、腕輪・首飾りのほか上半身は胸もあらわで、ただその髪飾りと冠がその品位を物語っている。近年取り付けられた鉄梯子がなかったら登ることもかなわず、足場さえもおぼつかないこの場所に、誰が、どのようにして、フレスコ画を描いたのか、誰も知らない。

しかし私の注意は、その謎とは別のところに注がれ

図 11–2　切り立った崖のオーバーハングしたくぼみに描かれている天女。

た。美女たちがかぶっている冠だ。正面に大きな宝石をはめ込んだその冠をどこかで見たような気がしたのだ。その冠の形か？　いや、その正面の位置だ。美女たちはかなり写実的かつ動的に描かれ、その顔は例外なく左右のいずれかを見ているのだが、そのいただく冠は、少なくともその数体において、ほぼ正面を向いて描かれているのだ（**図11―2**）。

「奇妙なずれ……」、とその時、私の脳裏に突如蘇って来たのは学生の頃の記憶だった。「これは法隆寺の菩薩像ではないか！」

あの不幸な火災を起こした復旧工事の行われる前の金堂に、これと同じ菩薩像があったことを思い出したのだ。その優雅で豊満な菩薩像はやはり斜め前に顔を向けながら、ほぼ正面を向いた冠をいただいていた。その冠が昔すでに一度描き直されたものであることは、下地にかすかに残る冠の線が一致しないことで明らかであった。修復工事では、最初の線に戻すべきかどうか、が議論されていた（**図11―3**）。

午後四時、岩庇《がんぴ》の下に西日がさしこみ、妖しくも浮き上がったシギリヤの天女たちの前で、私の思いは遥か東の方、しかしほとんど同時代の天平・奈良に飛ぶのだった。……これを偶然というべきか？　いやそうではあるまい。シギリヤと奈良のこの二つの絵は同じ法則で描かれている。古代エジプトの絵画が顔は側面、目は正面という法則を持っていたように……。あるいはある時期、仏画の一つの法則として、顔はどこを向いていようと、天から授けられた位を示す冠は正面を向いて画く、という様式が設定されていたのではないか？

私の推理は続いた。「法隆寺の金堂壁画の菩薩像の冠の位置を昔の絵師の過ちとする説はいかにも小児的だ。いかに昔であろうと、今も目に見えるほどの元の線をなぞらずに修復するとは常識では考えられない。これはある時、ある人——おそらくは外来の僧——が、この原則を教え、故意に描き直させたのだ。重要なことは、スリランカでも、日本でも、この原則は外からもたらされた、ということだ。シギリヤの壁画はスリランカにおいても他に類を見ない。そのシギリヤと法隆寺は目に見えない糸で結ばれている。この〈外〉とは何か？　それはどのような〈回路〉だったのか？」

図 11–3　法隆寺金堂に描かれた菩薩像。王冠の位置に注意。

もちろん最初に考えたのはインドであった。確かにシギリヤの美女たちはインド美術のあの肉感的な豊満さをたたえている。シンハラ人そのものが北部インドの出身であること、紀元前三世紀にはアショカ王の王子マヒンダがセイロン北部に仏教をもたらしたことを考えると、インドは最も近い「外」である。釈尊その人がコロンボの東ケラニヤに滞在したとの伝説もある。しかしこのインドは「近い」とはいえ必ずしも「親しい」隣国ではなかったのだ。紀元前に遡るタミール族との戦いは今もなお続いている。アショカ王の国インドはヒンドゥー教に還り、スリランカは仏教国としてそのアイデンティティを確立していく。

私はここでまた海のシルクロードを考えた。セイロン中世の都ポロンナルーワでは宋代の完全な白磁が出土しているが、シナ大陸の歴代王朝とセイロンの外交は、西暦元年に遡り、朝貢貿易が確立していたこと、少なくとも五世紀には求道僧法顕《ほっけん》がこの地に滞在したこと、四世紀から十一世紀にかけて首都であったアヌラダプーラには、数々の寺院の中でも、長安はもとより日本ですら「無《む》畏山《いさん》」として知られたアバヤギリ僧院が建てられ、大乗仏教の一大拠点となったこと、等々を考えねばならない。一時は数千人の僧を擁したこのアバヤギリ僧院からは、多くのセイロン僧が海を渡っている。彼らの目指したのは、長安・洛陽また中央ジャワのシャイレンドラ王朝の、今は幻の都であった。ボロブドゥールがほかならぬアバヤギリ僧院の僧たちの介入によって建てられたことは第3章「南海の大乗仏教の道」で述べた。ペルシャ湾・紅海・インド洋・南シナ海はギリシャ・ローマ・アラビア・インド・セイロンそして中国の各王朝の共有する「海のシルクロード」であったのだ。シンハラ王朝のインドネシアやビルマ（ミャンマー）との歴代の親族関係はこの道の存在で理解される。

アバヤギリ僧院がこの海の回路で中国にもたらされた大乗仏教と深く繋がっていたことは疑いを入れない。のちにこの僧院が新たに台頭した上座部仏教との勢力争いに敗れ、ついに十二世紀勅令によって廃寺とされたとき、勝った上座部派の文献には「シナ」の名が意図的に抹消されていることからも、それは明らかである。

そんなことを考えていると、私の瞼には、五世紀に法顕が目撃したという、セイロンの北西部、今は廃港となった、ギリシャ風の名を持つ、マンタイの港で風を待っている三五隻の貿易船の姿、十五世紀に一二五隻の艦船をもって西海岸を圧した鄭和の大艦隊の影が浮かんでくるのであった。

隋から唐の時代、中華の都は多民族の留学僧や文人を受け入れた。その中にはセイロン僧も居た。日本からは遣隋使・遣唐使が同じ都を目指し、東シナ海の荒海を越えた。最澄や空海もその中に居た。長安はインド人・セイロン人・ペルシャ人・ジャワ人・新羅人・日本人のひしめく国際都市であった。そこにセイロン僧と日本の留学僧との出会いがあったとしても不思議ではない。五世紀、法顕は陸路天竺を目指し、海路で帰国している。彼が一番長く滞在したのがセイロンのアヌラダプーラ、とりわけアバヤギリ僧院であった。七世紀に求道の旅に出た玄奘もまた、そのセイロンに渡ろうとしたが、戦乱のためそれが果たせず、やむなくインド西岸を北上、そこには得るものなしと知るや、もう一度、往路で滞在し多くを学んだガンジス河中流域のナーランダに戻ろうとした形跡がある。ナーランダこそがセイロンと結ばれた大乗仏教の一大学堂だったからだ。また空海の真言宗

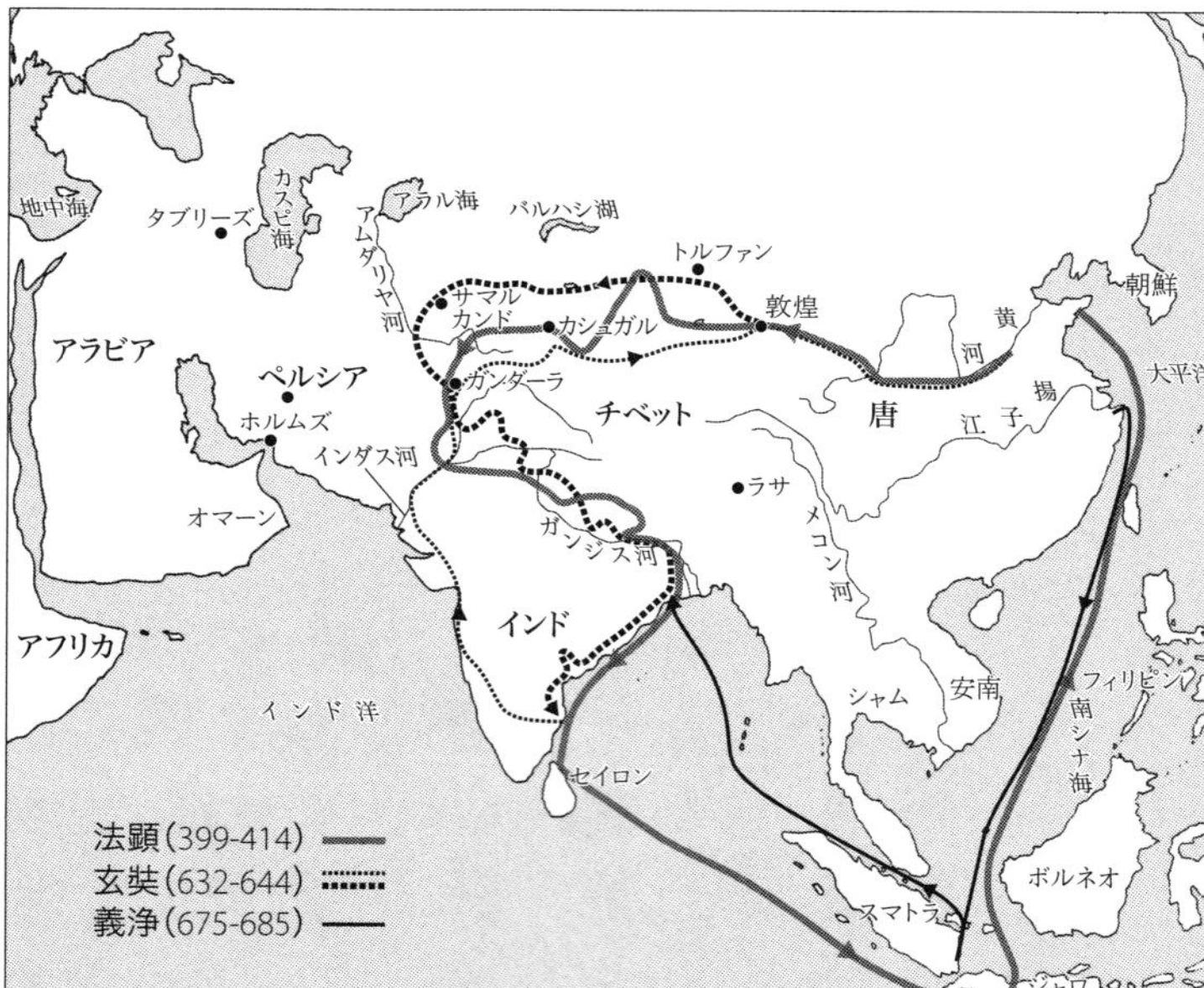

図 11–4　3 人の求道僧の道。
(Atlas de la Découverte du Monde (Fayard) による)

の開設にセイロン僧の影響があったことは確実である。真言《マントラ》（呪）とはまさしくパーリ語によるセイロン発の密教なのだ。空海に真言の法を伝授した恵果自身は金剛智、不空という共にセイロン出身の僧から法を受けている。殊に大日経に関しては善無畏というアバヤギリ僧院すなわち無畏山と名を通じる「西域人」がこれを長安に伝えたのだから、接触の可能性は高い（図11―4）。

すでに三世紀以来、ガンダーラを出て移動を開始した大乗仏教の仏像群は「帰らずの砂漠」タクラマカンの北道・南道を経て四世紀、敦煌に至った。その莫高窟の菩薩像や天女が天平の法隆寺に飛来したことは明らかである。とすると同じ頃、セイロン僧も同じ仏教造形を自国に持ち帰ったはずだ。父王を裏切り、シギリヤの空中宮殿を造営したカシャパは、暴君で、のちに兄弟に追放されたとされるが、その名を見る限り仏教徒なのだ。すなわちカシャパとは漢語では迦葉《かしょう》、ブッダの入滅後弟子たちの筆頭とされ第一次結集の座長を務めた大迦葉その人の名なのである。法隆寺とシギリヤの天女は長安・敦煌という萃点で結ばれていたのではないか、と私は推理する。

四　水の崇拝と火の路

私はシギリヤの空中宮殿を訪ねた時、天空に作られた大きな貯水池に圧倒された。このような巨大なプールを岩山の頂に作るには、水へのただならぬ思いがなければならぬ。それは生活用水であったのみならず、崇拝の対象であったのではないか？　このようなプールを私はモヘンジョダロで見た。発見は遅れたが、インダス河口のドーラビーラも又まさに水の都である。「水の信仰」はアーリア民族に追われたドラヴィダ民族の南下と共にインド南部に至り、カンチープラムの寺院群の大貯水池、シギリヤの天空の貯水池となったのではないのか？　そこには「水への思い」が中核をなす文明があった、と私は感じた。その思いは、スリランカの文化局長ローラン・シルバに案内された、観光客の絶えて行かない、アヌラダプーラ郊外の「西の僧院《ウエスターン・モナストリー》」の庭を見たとき決定的となった。これは中世ヨーロッパのシトー派にも比すべき一つの瞑想僧院の跡で、装飾を廃し、簡素な集団生活を送っていたらしい。もしかしてそれは禅に近いものではなかったのか？　私の心中の問いはその庭を見たときゆるぎないものとなった。四方に泉水を廻らしたたたずまい、渡り廊下、その水を白砂に置き換えれば竜安寺さながらの庭、そこに見たのは、シギリヤと同じく、石と水への限りない趣向、そして岩上に住居を構える技術であった。シギリヤの水の庭にはこれと同じく、四方に水の回廊を廻らした住居跡が残っている。

　この水へ深い思いと信仰が更に海路を東に取れば、どこに着くか？　クメール王朝のカンボジアだ。それはアンコール地区の巨大な貯水池、東西のバライとなる。その中心には祖霊崇拝「ネアク・タ」の寺が置かれる。水を噴く山、クレン山と結ばれたアンコールワットは、その構造そのものが水の寺、更にこの地区のすべての寺院が水の神ナーガと結ばれている。私が驚いたのは、ボロブドゥールでさえ、その一つの階段下が船着き場の形をしていることだった。するとこの類まれな曼荼羅型大乗寺院も、当初は池に浮かぶ形で構想されていたのかもしれないのだ。

この水への信仰が日本にもたらされたのは飛鳥時代である。それはほぼ七世紀、特に女帝、斉明天皇の時代だが、飛鳥は一時倭国の文化の中心となった形跡がある。数々の石造物が渡来人の存在を語っている。石人像・亀石・猿石・須弥山石・酒舟石そして誠に不思議な益田岩船、これらは何を物語るのか？（図11―5、6）その精緻な石の彫刻、巧みな水の誘《いざな》い方、私はここに胡人の滞在の証拠を見る。実はシギリヤの精巧な水の庭は、セイロンでも他に例を見ないものだ。記録には無いが、あるいはそこにも胡人の一団が呼ばれたのかもしれない。では倭国にも渡来したその胡人とは一体何者なのか？

図 11–5　飛鳥の酒船石遺跡。亀形石造物は水への限りなき嗜好を示す。

一番可能性が高いのはペルシャ人、砂漠の道ではイラン（ペルシャ）系ソグド人であろう。長安では彼らは「胡人」と呼ばれた。だが海の道を考えるとき、ササン朝ペルシャがここでクローズアップされる。ササン朝（二二六～六五一年）はアケメネス朝の末裔の自負を持ち、パルチアを滅ぼしたイラン系のゾロアスター教徒である。彼らはクシャナ王朝も制圧、ビザンチンとも戦った。七世紀台頭したイスラームの新勢力によって滅ぼされるまで、中東・アラビア・中央アジア文化に大きな影響を与えている。ユーラシア・アラビアの多くの地で、農耕の水は彼らの卓越した灌漑の技術によって賄われた。カナートあるいはカレーズと呼ばれるその技術が、砂漠を踏破するシルクロード交易も可能にした。たわわに葡萄の実るトルファンやカシュガールはその一例だ。それだけでなく、海の道でアラビア半島からインドにも影響を与えた。彼らはペルシャ人特有の芸術性も兼ね備え、すぐれた美術品を残すと同時に、キリスト教のネストリウス派、アリウス派、それに仏教とも交わり、その習合体としてマ

図 11–6　斉明天皇の頃、酒船石はゾロアスターの霊酒ハオマを造ろうとしたのか？

図 11–7　泉州のマニの寺草庵の奉納柱。（207 頁参照）

図 11–8　伊勢朝熊岳、金剛證寺の卒塔婆群。日本でも独自の形は泉州と関係ないのか？

ニ教が誕生する（図11―7。第7章図7―16参照）。その教えは、東はシナ大陸の東岸、西はローマにも至った。東では摩尼という大光明仏が出現する。西では闇と闘う光の神の物語、アウグスティヌスの『神の国』の基礎概念となった。

ゾロアスターの神はこのように変身し転生しつつシルクロードを旅し、大和にも至った、と私は考える。伊勢の聖地朝熊岳《あさまだけ》金剛證寺の本堂は実は摩尼殿《まにでん》である。この寺の金剛の名そのものがこの地に空海の存在を感じさせる。マニは大光明仏、真言の大日のイメージと重なる。それが日本古来の山岳信仰と結ばれている（図11―8）。

奈良はシルクロードの終点というが、ササン朝のガラス器も収められた正倉院に匹敵する音楽が、日本にはある。「雅楽」だ。それはペルシャから朝鮮半島を経て奈良時代の大和に至る各民族の音楽と楽器とその発展様式を大切に保管している。雅楽は世界で只一つの「音楽の正倉院」なのだ。

考えれば、大日如来という光明神が空海によって日本にもたらされたのは、こうしたユーラシア全域の文明間対話の鼓動の最中であったのだ。松本清張が「火の路」と呼んだ道は確かにあった。それは「水の崇拝」と連動していたことを私は指摘したい。

五　転生と取り込み

私はここで、諸宗教の生き残り術として現われる、「転生《てんしょう》」と「取り込み」という現象に注意したい。日本の鎌倉期に起こった「本地垂迹説《ほんじすいじゃくせつ》」もまたその一つの形である。バラナシ（ベナレス）はシヴァ信仰の聖地であるが、その中に一つヴィシュヌの寺がある。その信者にとってブッダはヴィシュヌの一〇番目の生まれ変わりと位置付けられている。つまり「転生」として「取り込まれて」いるのだ。また大乗仏教だが、前に取り上げたガンダーラでのブッダの形象化にも秘密がある。入滅後五百年の間、ブッダは姿を現さなかった。それが形を取って現われる経緯を明かすのが「梵神《ぼんしん》勧請図《かんじょうず》」（第7章**図7―4**参照）である。釈迦の出自であるバラモン教の主神ブラフマー（梵神）と天空の神インドラ（帝釈天）が、釈尊に「どうぞ姿を見せて法を説いてください」と請願したというのだ。かくしてブッダは、正当化されると同時にバラモン教（インド教）の神々を「取り込んで」

いくことになる。天・明王あるいは力士として。

　文明が旅した世紀としては、特に七世紀という世紀に注意すべきであろう。ムハンマドが啓示を受け、イスラームがアラビア半島に出現した世紀である。それは直ちに近隣諸国を圧するものとなった。栄華を誇ったササン朝ペルシャはこの新宗教によって滅ぼされる。この時イランから逃亡するゾロアスター教徒はどこに向かったのか？　当然ながらシルクロード交易のあった国々である。東方への旅が始まる。すでに述べたようにガンダーラではゾロアスター教の痕跡が明らかであるが、更に昔、前六世紀頃、ゾロアスター教を国教としていたバビロンで、捕囚の民、イスラエルの子ら（ユダヤ人）の聖書に取り込まれたゾロアスターの「光と闇」の思想は、キリスト教に入り、異端とされたネストリアンと共に長安に至る。景教である。また、本来のゾロアスターの教えを守っていた方は祆教《けんきょう》と呼ばれた。大光明仏はゾロアスターから生まれた総合宗教、マニ教の主神であるが、それとほぼ同時に南方ではマハ・ヴァイローチャナというブッダが現われる。その音訳は毘盧遮那《ビルシャナ》仏略して盧舎那《ルシャナ》仏、東大寺の大仏だ。それを意訳すれば大日如来、ボロブドゥールと空海を繋ぐ仏である。これが光の神アフラ・マズダの転生であった、という強力な仮説が成り立つ。それは太陽神でもあるからだ。つまりゾロアスター教の神がそのままの姿で日本に入ったのではない。転生した姿で入ったということだ。また「天にましますわれらが主」の思想は、ゾロアスターとも合体した景教の思想であるが、統一新羅から秦氏によって大和にもたらされたと見ることが出来る。七世紀のことである。すると幼いイエスの生誕物語も同時に導入されたはずだ。それが厩戸皇子の誕生

表 11–1　古代の神々の転生

Egypt	Greece	Rome
Osiris	Dionysos	Bacchus
Isis	Demeter/Aphrodite	Venus
Horus	Apollo	Phaethon
Horus kid	Eros	Cupid
Amon	Zeus	Jupiter
Mut	Hera	Juno
Thot	Hermes	Mercury
Sekhmet	Artemis	Diana

となる。

イランを起源とするゾロアスター教の思想がチベットにも入っていたことは「鳥葬」の習慣でわかる。今でもインドのムンバイ（ボンベイ）地方にはパーシと呼ばれるゾロアスター教の末裔が住み、私はそこで妖しくも哀しい「沈黙の塔」すなわち鳥葬の塔を見たことがある。ところが八世紀以来ラマ教と呼ばれる仏教徒となったチベットにも、その風習が残っている。チベットではガンダーラから渡来した密教とボン教という独自のアニミズム、それにインドの輪廻思想が混然一体と融合しているのだが、そこにゾロアスターの影も残っているということだ。このチベット仏教の「死者の書」が日本にも伝えられたことも確かである。「三途の川」「賽の河原」「閻魔大王」等が日本語化している。また日本の葬儀では四十九日を大切な日としているが、それはチベットの死者が転生して他生に生まれ変わる日なのだと気が付いている人は少ない。チベットやブータンでは、インドの六道輪廻思想により死者は四十九日目に必ず転生するから、墓がない。

転生した神々は世界に遍在する。参考までにここに示すのは、エジプト↓ギリシャ↓ローマと移り行く神々の転生である（表11―1）。

これはほんの一部の紹介だが、古代エジプトの神々が消え去ることなく、転生してギリシャ・ローマに、そして現世界に至っていることを示すものだ。ナイルの豊穣の女神イシスが、死せる夫オシリスの霊で子を孕み、生まれたのがホルス。鷹の形をしているが、その子供時代がギリシャ／ローマではエロス／キューピッドとなって愛されている。またデウス（天主）の語源であるゼウスが、エジプトの太陽神アモンに由来していることにも気が付く。

六　秦始皇帝の墓は何を語るか？

一九七四年、西安近くの農民が井戸を掘っていると、奇妙な土器のかけらの山が出てきた。駆けつけた調査員は、それが秦の始皇帝の陪葬品ではないかと判断した。翌年から発掘が開始され、現われてきたのが、あのカーターによるツタンカーメンの墓発見以来の考古学的事件とされた、秦の始皇帝の兵馬俑である。広大な面積を占め、一つ一つ異なる等身大の人馬の数は当時で六千体、今では四号抗までで八千体と言われる。

私は、西安でこそ人類の文化遺産保護の国際セミナーを開くべきと考え、準備に取り掛かったが、それが実現したのは一九八〇年だった。それは悪名高き文化大革命の後、四人組が断罪され、鄧小平によって中国がようやくその重い扉を開きかけた時である。

その発掘現場に一歩立ち入った時、目の前にあったのはまさに息を呑む光景だった。秦の始皇帝が東方六カ国を征服したことを象徴するかの如く、兵団は整然と東方を向いて立ち並び、方形陣を組んでいる。ところどころで馬たちが戦車を引き、弩弓を引く射手はあるものは立ち、あるものは座している。後方はまだ未発掘で土の中であった。

この時、国際ジャーナリストチームに写真を撮らせるか否かでひと悶着があったが、私が一人だけを指名し、一地点に三脚を置き二度のシャッターを切らせることで決着した。これが世界に出回る兵馬俑の最初のユネスコの公式写真となった。

この兵馬俑は始皇帝陵の東方一・五キロに位置している。私はその時、博物館長に言った。「中国の伝統に従うなら、陵の四方に埋蔵物があるべきではないですか？　東にこれがあれば、西にも何かあると思いませんか？」

館長は即座に同意し、

「私もそう思います。しかし未だ調査の余裕が無いのです。」

それが一九八〇年七月のことだった。そして、パリで中国代表部の親しい友人が興奮した声で電話してきたのが十一月である。

「服部、出たよ！　西側に別の軍隊が見つかったのだ！　しかも土偶《テラコッタ》ではなく、銅製だ！」

そして彼が走るようにして持ってきてくれたのが、今は修復され、展示されている「銅車」の発掘時の写真であった。

始皇帝の陵墓本体は未だ開かれていないが、司馬遷の『史記』はその構造を語っている。

「始皇帝は即位と同時に自らの陵墓の構築に取り掛かった。七〇万人が動員され、地下宮殿に至る隧道は三度地下水脈を破って掘り下げられた。百もの部屋のある宮殿には財宝が満ち、それを開けようとするものは機械仕掛けの矢で射殺される。王室は星辰をちりばめた蒼穹の下、水銀で象った両河（黄河と揚子江）が大海となり、その中央に皇帝の棺が安置されている」、そして……「皇帝はその墓の周りに近衛師団を配した」。

まさに幻想的だ。

しかし実は最近の科学的調査でも、この陵の中からは水銀の反応が出ているのだ。とすれば司馬遷の記述は真実かもしれない。秦の始皇帝は、永世を祈願して道家に頼り、不老不死の薬を求めて徐福を東方の仙境たる倭国に派遣した、という説もまことしやかに語られている。地下宮殿《ネクロポリス》はその願望の発露である。この思想は漢にも受け継がれ、咸陽市博物館には秦を滅ぼした前漢の彩色兵馬俑三千体がある。ただそれは秦の兵馬俑より小さく、また代々小さくなっていく。つまり形式化していく。だが内部の不変の模様は、時を経た唐の墓陵、更に降れば明の十三陵でうかがい知ることが出来る。西安の北西七〇キロには「王家の谷」と呼びたい衝動に駆られる計一七〇基にも上る、唐代の見事な古墳群がある。第二代太宗の墓、昭陵、第三代高宗と則天武后の乾陵、これらは開かれていないが、多くの陪塚があり、中規模のものとしては、永泰公主（王女）の墓が章懐太子の墓と共に開かれていた。地下隧道を降りてたどり着いたその棺は、高松塚のように優雅な側女達のフレスコで飾られ、日月星辰を描いた蒼穹の下に置かれていた。

実は秦の始皇帝の始めた墓陵は、革新的なものであったのだ。それまでの王の墳墓はただ小さな丘の上に置かれていたにすぎない。始皇帝は、果たしてどこから地下宮殿の構想を得たのだろうか？

「これはやはりピラミッドではないのか！」と私は思った。ピラミッドは地上より地下にその本体がある。だから未だ多くのピラミッドがエジプトの砂漠の下に眠っている、という学者もいる。ネクロポリス（地下宮殿）なのだ。エジプトと中国、この二つの遠く離れた国でこの構想が偶然生まれたのか？　中国の皇帝陵の多くは自然の山を使っている。山を円とし、その側面から隧道で内部に降りる。その前に方形壇がつくられ祭祀用の建物が建つ。すなわち日本独特とされる「前方後円墳」の形をとる。

私は一瞬考えた。

「山を陵とする方が自然な発想ではないか？　砂漠に山を造ろうとすればピラミッドになる。あるいはこの地下宮殿の考えも中国から西に渡ったのか？　すると『死者の書』もチベットのそれがエジプトに届いたのだろうか？」

しかしその考えはすぐに覆る。時系列が致命的なのだ。エジプトにピラミッドが現われるのは紀元前二五五〇年、中国では地下宮殿は前三世紀の秦の始皇帝以前には皆無なのだ。やはり情報は西から東へ、だったのだ。エジプトが中国に多くの影響を与えてきたことを知ったのは、あのカルナックの臥した山羊の参道と全く同じものを唐代の陵墓の参道で見たときだった。

「ピラミッドが始皇帝の墓陵の原型だったのかもしれない。よく見れば巨大な陵本体の形は平たいとは言え、〈四角錐〉ではないか！」

この思いは私の胸中に芽生え、やがて確信に変わっていった。だがこのような仮説を確信するに至るには長い時間が必要だったのだ。つまり、当時すでに西方への道が開かれていたのか、という問題がある。中国では、シルクロード西方への道は、前一三九年、武帝が大月氏の国に張騫を送ったのが嚆矢とされ、その取った道は天山北路だという。約一世紀の空白を埋めねばならない。しかし私はこう思い直した。

「張騫の旅を嚆矢とする歴史、これは中国側の見方だ。ペルシャ側から見たらどうか。〈西へ〉ではなく〈西から〉の道を考えたらどうなるか？」

問題は、文書の不在である。ある歴史学者は、「歴史は世界に二つしかない。ギリシャのヘロドトスと中国の司馬遷による歴史だ。あとの歴史はこの延長上に書かれたものだ」と喝破した。言い換えれば中国中心史と西欧中心史だ。すると中央アジア史はすっぽりと抜け落ちることになる。書物がないときは、何を見ればいいのか？「モノ」である。

私の注目したのは、兵馬俑に見る秦の軍隊が混成部隊であったことだ。明らかに匈奴ないし胡人と思われる人物がいる。「胡服」すなわちイラン系騎馬民族の短衣があり、馬上から矢を射る「胡服騎射」も採用されていたことを窺わせる。「胡」とはペルシャ人ないし拡大したイラン系を指す言葉で、大宛国（フェルガナ）の大月氏がそうだ。ほかならぬクシャナ王朝を建てた大民族だ。先述した武帝はその大月氏と結んで匈奴の西方への道を断とうとしたのだった。ということは、武帝は天山を越えれば天馬の国フェルガナがあり、サマルカンドがある、と知っていたということだ。さらに始皇帝の発掘品の中には、明らかにスキタイの獣紋が見られるものもある。スキタイこそが騎馬民族の最たるものなのだ。秦が馬を飼っていた咸陽近くの渭水、それはのちにシルクロードの起点となる長安のすぐ西である。この秦が前六世紀から三世紀、黒海北部及びカスピ海沿岸で栄えたスキタイと何らかの糸で結ばれていた、と私は考えるに至った。そして私の思いは前六〜五世紀、このあたりも席巻していたアケメネス朝ペルシャに辿りついた。

ダリウス一世はスキタイ人による騎馬戦術を用い、「王道」を四方に通じ、メソポタミアからエジプト、東地中海一帯を手中に収めるばかりか、南は西北インド（今のパキスタン）、インダス河、北は中央アジアのソグド地方、サマルカンドに至っている。いわゆる西トルキスタンはその傘下に入った。ここから東に一歩入れば東トルキスタン、現在の新疆ウイグル地区、漢からは西域と呼ばれたところだ。しかも東・西トルキスタンとはのちにヨーロッパの学者によってなされた分け方に過ぎない。ターキッシュ・ロードとして本来は一体だったのだ。ソグディアナからラピスラズリや紅玉が長安に運ばれたという。

ダリウス大王はまたエジプトからインダスまでの航路も開き、ナイル河口と紅海を運河で結んだ、とされている。彼は貿易こそが国家の繁栄をもたらすものである、と確信した最初の王であった。この王が開いた「王道」を高速で移動したのが歩兵・騎兵の混成部隊である。そして一世紀ののち、このダリウスの道をたどったのがマケドニアのアレクサンダーであった。前四世紀、秦の始皇帝の一世紀前のことである。私の注意したのは、この時点で、すでにエジプトからソグド地方までの道が開かれており、キャラバン・サライを点々と置いた道路網が出来ていたことだ。だからダリウスの国を引き継いだアレクサンダーの国では、エジプトの驚異も天山の西までは聞こえていたに違いない。

ダリウスもアレクサンダーも天山は越えていない。しかし北方の遊牧民、ソグド人はどうか？　彼らは騎馬を駆る遊牧民として、また商人として、西方の情報を天山北路を経て河西回廊に運んだ可能性がある。彼らには国境というものが無かった。彼らが運んできた西からの情報をいち早くわが物とした人物、それが秦の始皇帝ではなかったのか？

そう考えると多くのことが理解されてくる。まず兵馬俑に見る「歩兵騎兵の混成部隊」（ダリウスの特徴）、胡服（ペルシャ服）、始皇帝による戦車の高速移動を可能にした馳道《ちどう》（ダリウスの王道）、灌漑（カレーズ）、貨幣制度、巨大建築等々。すると、しばしば行われるこうした大事業のローマとの比較は、単にペルシャの歴史の無視から起こっているに過ぎないのだ。実際にはローマはギリシャに学び、ギリシャはペルシャに学んでいる。アレクサンダーがダリウスに学んだ「方形陣《ファランクス》」がまさしく秦の始皇の兵馬俑に見られる。マケドニア帝国が崩壊し、パミール高原を望むバクトリア王国がその名残として生まれるのがちょうど始皇帝の頃である。この国はシルクロードの中間点として栄えたが、この時点で東西の情報を遮るものはもはや無かったのだ。

中央アジアの歴史の無視、あるいは矮小化が、見えるべき道を見えない道、地下の水脈にしているのではないか？　そのことがもし、十八世紀の産業革命を経て巨大化した西欧が行った植民地化、それと同時に勃興する白人中心主義《エスノセントリズム》、その西欧が奉じてきたキリスト教と、十六世紀レパントでの敗戦以来主導権を失ったイスラームの、宗教を根に持った争いに由来するのならば、それは悲しいことである。歴史家の良心はそれと戦わねばならない。欧米でも少数の学者たちはそれに挑んでいるが、この二つの宗教から距離を置くものにこそ、それは可能になる。加藤九祚はその一人であった。

七　古代文明は我々の中に生きている

我々は二十一世紀を生きており、古代文明からは程遠いところにいる、とふつう人は考えていないだろうか？　確かに私たちは現在メートル法で生きていて、昔の測量法は消え去った、かに見える。メートル法は十八世紀末、啓蒙主義を謳歌するフランスで世界共通に使える統一された単位制度の確立を目指して提唱され、それが欧州諸国の賛同を得て制定されたものだ。地球の北極点から赤道までの子午線弧長の「一千万分の一」と定義され、そのプラチナ製のメートル原器は今もセーヴルに置かれている。これが世界に普及し、覇権主義のアメリカがいかにマイルやヤードを普及しようとしても叶わない。ゴルフや自動車レース等の少数の世界以外ではフィートやオンスを知らない。日本でも丈・尺・寸や升・合はとっくに消え、我々はセンチやリットルで生きている。かろうじて生きているのは不動産の売買で使う「坪」くらいだが、それもメートル四方に押され気味だ。フランス人はよくアメリカ文化に押され気味なことを嘆いているが、その必要はない。人間の一部、例えば上腕、あるいは足裏の長さを尺度とした尺やフィート——エジプト尺はファラオが変わるごとに変わった——は消え、人間味の消去されたフランス発の純理性的尺度が世界を制覇しているからだ。クーベルタンの創設した近代オリンピック競技がこの啓蒙主義によるメートル法を世界的かつ不動のものにした。今や全世界で日常生活は十進法によって画一化した、かに見える。

しかし実は、我々は依然としてメソポタミア文明を生きているのだ。一日は何故一〇時間でなく二四時間なのか？　一時間はなぜ六〇分で、一〇〇分ではないのか。一分も六〇秒だ。メソポタミアでは想像もできなかった時間の単位、〇・一秒からやっと十進法が入る。一〇〇分の一秒というように。平面観測はどうか？　一八〇度の展望とは何か？　一周すると三六〇度というのはなぜか？　高さの角度も垂直ならば九〇度、同じ原理だ。これはメートル法の世界で不思議ではないのか？　啓蒙主義の十進法はどこへ行ったのか？　実は現在も我々の使っているのは、紀元前三〇〇〇年〜二〇〇〇年頃からシュメールとバビロニアで使われた六十進法なのだ。それは余りにも日常に入り込んでいるため、意識されない。

同じく古代バビロニア文明の一端を担ったカルデア人による暦もそうだ。我々は今も彼らの曜日を生きている。このことに気が付いたのは、バンコクである人の葬儀に出席した時だった。見ると式場のすべてが黄色で統一されている。何故黄色一色なのか？　と聞くと、それはその人の生まれた曜日の色なのだという。その色が一生その人の色となる。人民に心から慕われつつ二〇一六年に亡くなったプーミポン国王の盛大な葬儀も黄色一色であったが、それは誕生日が月曜日であったことを示している。黄色は月の色なのだ。

カルデア人は星空を眺めて暦を編み出した。本来は惑星であるが、当時は天動説だから月も入ってくる。星空を眺めるため、一日は夕べに始まる。聖書が「夕ありて、朝ありき」と一日を数えているのはそのためだ。その人が生まれた日の夕べ最初に現われる星が、その人の支配星つまり守護星である。火・水・木・金・土は支配星の名で、それぞれ色を持っている。日曜日は特別だ。六日で世界を創られた神が七日目に休まれた安息日《サバト》としてのちに加えられたらしい。この曜日と星の色の関係を、ギリシャでは「輝き」を意味するＨＥＭＥＲＡで表した。例えば「アレスの輝き」は軍神 Ares →ローマで Mars →火星の輝きの日、すなわち火曜日、色は赤となる。それを一覧表にすればこうなる（**表11―2**）。

こうした伝播の話を知るまで、私も何気なく使っていたが、明治時代に七曜表を訳した人は、英語からではなく、原語にさかのぼって訳していたのだ。曜日の「曜」とは「輝き」に他ならない。星の色がすべての曜日の基であったのだ。

表 11–2　七曜表

日本語	ギリシャ語		色	英語	仏語 （ローマ神話との関係）	曜日
日	HEMERA-HELIOU	ヘリオス	赤	Sun	Soleil 太陽の神	Dimanche 主の日
月	HEMERA-SELENES	セレネ	黄	Moon	Luna Luna、Diana 月の神	Lundi
火	HEMERA-AREOS	アレス	ピンク	Mars	Mars 戦いの神	Mardi
水	HEMERA-HERMOU	ヘルメス	緑	Mercury	Mercure 商、旅、盗人の神	Mercredi
木	HEMERA-DIOS	ゼウス	オレンジ	Jupiter	Jupiter 雷神	Jeudi
金	HEMERA-APHRODITES	アフロディテ	青	Venus	Venus 愛の神	Vendredi
土	HEMERA-KURONOU	クロノス	黒	Saturn	Saturne 農耕の神	Samedi

※ HEMERA ＝曜（かがやく）
※色＝インドから渡って現在タイ国で使われている色

古代エジプトもまた我々の周囲にある。最高裁判所のシンボルの秤は、パピルスに描かれた「死者の書」の正義の神マートの秤だ。ギリシャも身近にある。商業学校の徽章についている蛇の模様は、商業の神ヘルメスの杖に巻き付いた蛇だ。しかもその蛇は、もっと古いエーゲ海文明の大地母神の象徴であり、北方から渡来したオリンポスの神々がこの地に降り立った時、先住民族の大地母神の蛇を取り入れることにより和解したヘルメスの姿なのだ。

だがこのような細部に立ち入ることはない。すでにこの書の各章で立証したように、日本という国は世界各地からもたらされた諸文化を、余すことなく取り入れ、習合していった。この国自体が「世界文明の正倉院」といった性格を帯びているのである。

およそ世界では革新にはことごとく破壊が伴っていた。ところが極東のこの「海に育まれた国」では、外からくるものを先験的に良きものとし、体内に吸収し、融合し、育成する文化を生きてきた。極東ではなく極西とまで呼ばれることもあった。その負の面としては、吸収して出さない、「世界文明のブラックホール」とも言える側面があった。だが、世界が再び分断と保護主義に向かいつつある今、このブラックホールの正倉院はメッセージを発すべき時を迎えている、と私はいいたい。ＷＡＲではなくＷＡのメッセージを、である。

おわりに——深みにおける出会い

伊勢の神宮では毎朝大切な行事が行われる。御饌《みけ》といい、神さまにご飯を差し上げるのだ。その差し上げ方に順序がある。まず海の幸、次に山の幸、そして里の幸だ。この一見何気ない順序がこの国の成り立ちを物語っていることに私は気が付いた。海から来た民族、そして狩猟採集の時代を経て、やがて農耕を始め国が出来る。伊勢の御饌はそれを物語っていたのだ。海の幸の中でも鮑《あわび》は鯛と共に最高位で、ひも状にそがれた干しアワビは熨斗《のし》となって日本人の贈答品のしるしとなっている。

海の道に注目することにより、多くのことが分かってきた。近年石垣島で発見された白保人《しらほじん》と呼ばれる人骨は実に三万年前のもので、おそらくは台湾から、その頃陸続きに近い状態だった島々を伝って日本列島にやってきた列島最古の人々という。その骨格から復元された顔立ちは縄文人に近い。すると縄文一万五千年の歴史もいつか遡るかもしれない。弥生人の渡来の年月が前三〇〇年から前一〇〇〇年に遡ったように。よく考えれば、この列島に住む我々はみな渡来人なのだ。その渡来が太古か、中世か、近年かの違いに過ぎない。

この書は、この青い惑星の上に現われた人類文明という虹の大河の歴史ではなく、一つの「文明誌」の試みであった。すなわち世界の文明が絶えず旅をし、伝播と収斂によって対話している姿を、「転生と変貌の物語」として描き出したかったのだ。それが少しでも出来たかどうかは読者の判断に待つほかはないが、私のこころに世界各地で立ち現われてきたその姿を、できる限り忠実に書きとどめたつもりである。しかし謎は謎のまま残った、というお叱りもあろう。それはまた筆者に新たな探求の楽しみをもたらすもの、と感謝したい。

サラスヴァティという河

文明の伝播の道の特定は、地図に描かれた道を辿るようにはいかない。第11章「秘められた地下の水脈」で扱ったように、時にはその道が姿を消す。考えればユーフラテスもチグリスも太古からその流れを変えてきた。インダスも中央アジアのアムダリアもそうだ。ヴェーダやアヴェスタに登場するサラスヴァティは、ブラフマーの娘であり妻でもあるが、また川でもある。ただその川はインダス河とガンガに挟まれた砂漠の地下にもぐっていて地上からは見えない。この化石流ともいわれる川の存在は、およそユーラシア全域に存在した山岳信仰とも結びついていることに私は注意したい。メール山、須弥山、天山はその本質を一にしている。「太初の母、命の源」だ。チョモランマ（エベレスト）という名がまさにそれである。シヴァはヒマラヤ山脈の奥の秀峰カイラスに住むという。その雪解け水がガンガ（ナーガ=ガンジス河）となり、インドの大地を潤す。

山がないとき人類は意識の中に山を創りだす。ペルシャ文明を育んだイランには実は高山が無い。それなのにゾロアスターの神話には光の神ミスラの住むハラー山という山が描かれ、そこからたぎり落ちる水がアナーヒータという河になる。さらにそれはヴェーダではサラスヴァティとなる。インド・イラン文明の強い結び付きを想えば、その互換性は納得できる。イランではインドのサラスヴァティをハラフヴァティと呼ぶ。同一の川の神である。もっとさかのぼれば、それはアナーヒータであった。この女神は日本にも弁財天の名で大陸から渡来する。

問題はその幻の川サラスヴァティが、アラビア半島に点在するワディと同じ特徴を持っていることだ。それは時に地下に潜り、時に地上に姿を現す。地下の水脈となったときもそれは川なのだ。見えないけれどそこにある。このような仕方での伝播の姿が、日本では東大寺に繋がる若狭の水すなわち閼伽《あか》の井となった、と私は考えたのだった。マルタ島を初めとする巨石文明は、イギリスのストーンヘンジ、ブルターニュのメンヒルやドルメンへと遷移するが、同じものがスラウェシ島のトラジャ部落に出現し、また飛鳥の石舞台となっている。飛鳥・藤原の里を中心に点在する誠に不思議な、しかし

タナ・トラジャの一部落に現われたメンヒル。

精緻を極めた石造物の遺跡の数々は、このサラスヴァティ型の遥かなる伝播を考えねば理解できない。

転生と変身、そしてその先住文化への取り込みが、あるいは霊薬ハオマさえこの日本で作り出そうとしたかも知れない渡来人の存在を物語っている。ゾロアスターの文化は習合と変身を繰り返したため、ふつう人々の意識には上らない。しかし日本各地の火祭りはもちろん、ヴェスタという処女の斎王たちに守られ、太陽によってともされた火は、「聖火」となって、今もオリンピック競技のシンボルとなっている。

人類は祈りと共に生まれた。ホモ・サピエンスが約七万年前に起こった認知革命によって、全人類の中で唯一生き残ったとは、ノア・ハラリの述べたところだ。それはノーム・チョムスキーに言わせれば言語の出現ということになろう。しかし私はおよそあらゆる生類《しょうるい》の中で人類を証しするのは「祈り」であった、と言いたい。近年、農耕の始まる前の文化を物語る遺物が注目された。アナトリアのギョベクリ・テペである。中央に六メートルもの石碑を有するこの「神殿」は一万一五〇〇年前に遡るという。するとこの祭祀の場は農業革命以前の建造物ということになるのだ。何が狩猟採集時代の人々をこのような巨大な祭壇の建設事業に取り組ませたのか？　それは「命を与えてくれるサムシング・グレイト」に畏敬の念を捧げた祈りの場であったとしか考えられない。ほぼ同年代の岩窟壁画としてはラスコー（フランス）、アルタミラ（スペイン）があるが、二十世紀の終わりに発見された南仏ショーヴェ洞窟の壁画は三万二千年前に遡るとされる。サピエンスがネアンデルタールと同居していた時代だ。これらのすべてに描かれているのは、人類に命を与えた動物たちである。これらの洞窟も祈りの場であったことは疑いの余地がない。

読者も気が付かれたと思うが、本書で扱ったボロブドゥールを初めとする数々の文化財も、人類に通底する「祈り」の形象化に他ならなかった。

深みにおける出会い

私が初めてTransversal（通底）という言葉を使った時、「早くそれを登録してください」と電話をくれたのは鶴見和子さんだった。だから私はそれをユネスコの公式シンポジウムのテーマとし、公式文書にも載せたのだった。

この言葉に関して、私には一つの「原風景」がある。

私がまだソルボンヌの院生だったころ、恩師である西谷啓治先生がフランスに来られた。少ない日数で行先を任せられた私は、ためらわずシャルトルを選んだ。私がヨーロッパで最も美しいと思う十三世紀の教会だ。そのファサードに立ち並ぶ初期ゴチックの聖人像を前にしたわが師が発した言葉を、私は生涯忘れない。

「これは、ほとけ様ですね！」

キリスト教と仏教を峻別していた私にとって、それは目から鱗が落ちる言葉だった。今も目に浮かぶこの瞬間こそが、私の生涯の思考方向を決めた原点なのだ。異なった文化を生きる人間にも「深みにおける出会い」がありうる。それを私は「通底」と呼ぶことにしたのであった。

この書の出版に際しては、日本の学術出版界をリードする藤原良雄氏、またそのもとで優れた編集者として活躍する刈屋琢氏の大きな協力があった。お二人と藤原書店の皆さんに心から感謝したい。装丁は初めて私の姪、芥陽子に依頼した。このネット時代にあって、注や参考文献を省いたこの小書が、紙での出版の意義付けに少しでも役立てば幸いである。

二〇一九年（令和元年）五月

服部英二

著者紹介

服部英二（はっとり・えいじ）
1934年生まれ。京都大学大学院にて文学修士。同博士課程単位取得後、仏政府給費留学生としてパリ大学（ソルボンヌ）博士課程に留学。1973〜94年ユネスコ本部勤務、首席広報官、文化担当特別事業部長等を歴任。その間に「科学と文化の対話」シンポジウムシリーズ、「シルクロード・対話の道総合調査」等を実施。94年退官後、ユネスコ事務局長顧問、同官房特別参与、麗澤大学・同大学院教授、国際比較文明学会副会長等を経て、現在、麗澤大学比較文明文化研究センター客員教授、地球システム・倫理学会会長顧問、比較文明学会名誉理事。1995年フランス政府より学術功労章オフィシエ位を授与される。
著書に『文明の交差路で考える』（講談社現代新書、1995年）『出会いの風景——世界の中の日本文化』（1999年）『文明間の対話』（2003年）『文明は虹の大河』（2009年、共に麗澤大学出版会）"Letters from the Silk Roads" "Deep Encounters"（University Press of America）『「対話」の文化』（鶴見和子との共著、2006年）『未来世代の権利——地球倫理の先覚者、J–Y・クストー』（編著、2015年、共に藤原書店）ほか。

転生《てんしょう》する文明《ぶんめい》

2019年6月10日　初版第1刷発行©

著　者　服部英二
発行者　藤原良雄
発行所　株式会社 藤原書店

〒162-0041　東京都新宿区早稲田鶴巻町523
電　話　03（5272）0301
FAX　03（5272）0450
振　替　00160 - 4 - 17013
info@fujiwara-shoten.co.jp

印刷・製本　中央精版印刷

落丁本・乱丁本はお取替えいたします
定価はカバーに表示してあります

Printed in Japan
ISBN978-4-86578-225-7